本書係「敦煌文獻系統性保護整理出版工程」項目成果

二〇二一—二〇三五年國家古籍工作規劃重點出版項目

「十四五」國家重點出版物出版規劃項目

國家古籍整理出版專項經費資助項目

中國國家圖書館藏敦煌文獻

中國國家圖書館 編

第六八冊

BD01006～BD01015

國家圖書館出版社

DUNHUANG MANUSCRIPTS IN THE NATIONAL LIBRARY OF CHINA

068

BD01006 ~ BD01015

compiled by the

National Library of China

National Library of China Publishing House

顧問　方廣錩　郝春文　榮新江　李際寧

編纂出版　張志清　魏　崇　陳紅彦　殷夢霞　薩仁高娃
謝冬榮　劉　波　林世田　廖生訓

編纂　林世田　薩仁高娃　常藎心　于　瑞　劉毅超
烏心怡　劉　波　劉炳梅　周升川　劉　婷
程佳羽　沈艷麗　高　雅

編輯　潘　竹　程魯潔　黄　鑫　苗文葉

審稿　孫　彦　耿素麗　宋志英　鄧咏秋

凡例

一　本書刊布中國國家圖書館藏敦煌文獻，以館藏編號爲序編排。

二　館藏編號采用「BD+流水號」格式，如 BD00001, BD16579 等。背面在編號後加 v 表示。一個編號包含多件文獻者，編號後分別綴以字母 A, B, C 等。一件文獻含有多個内容者，以數字 -1, -2, -3 等標明順序。

三　圖版有縮印或放大處另加説明，尺寸超出本書幅面的以摺葉形式呈現。

四　卷軸裝、梵夾裝、經摺裝等裝幀形制的敦煌文獻，各附外觀圖像。

五　每件文獻依次呈現外觀、正面、背面等。背面僅刊布有文字、圖像或其他要素的圖版，而略去素紙部分，背面圖版同樣以從右到左順序編排。凡有外題者，遵從以上原則。

六　除個别特殊情况外，爲保證閲讀連貫、流暢，圖版儘量通欄呈現。

七　各葉上方附該件文獻全圖，以高亮形式顯示本葉大圖在全卷中的位置。部分長卷文獻全圖衹能分多段呈現時，在上段末以 ◎ 符標示下段接續。卷尾内容不足一葉時，文獻全圖使用該圖卷尾部分，亦以 ◎ 符標示。背面圖版文字與正面文字方向相反時，文獻全圖按原貌顯示，正文翻轉呈現，以便閲讀研究，用 ◎ 符標示。

八　文獻題名大體沿用中國國家圖書館此前所編多部敦煌文獻目録的考證，部分吸收學界最新研究成果略作調整和完善。文獻題名綜合參考原卷首題、尾題、外題確定，如原卷題名與該文獻正式名稱不同，則采用正式名稱；無題名者，或比定題名，或擬定新名。非漢文文獻在題名前標注語種。有分卷不同等其他情况者，括注於文獻名稱後。

九　本書著録使用通行繁體字，涉及原文中的人名、地名等，必要時保留原字形。

About this publication

1. The documents are presented in shelfmark order.
2. The shelfmarks are in the form BD plus a running number, eg. BD00001, BD16579, &c. If a given shelfmark contains multiple documents, these are distinguished by the letters A, B, C, &c. If a document has multiple contents, they are distinguished by the numbering 1, 2, 3, &c. The verso side of an item is indicated by the letter v.
3. If it has been necessary to reduce or enlarge the size of an illustration, the dimensions are indicated. If the size of an illustration exceeds the size of the book, a folding sheet is used.
4. If the document is a scroll, a folded sutra, or has a stitched binding, a picture of the whole object is provided to show its external appearance.
5. The cover, front, and back of each document are reproduced in sequence. The back of a document is only reproduced if it contains text, illustrations, or other markings, and it is oriented from right to left. If it is blank it is not reproduced.
6. Except in a few special cases, the lines of text are reproduced unbroken to make them coherent and easier to read.
7. An illustration of the complete document is reproduced at the top of each page, and the section where the main illustration appears is highlighted in order to indicate its position. If it has only been possible to reproduce a long scroll in sections, the direction symbol has been used to indicate where one illustration ends and the next one begins. If the end of the scroll occupies less than one page, the direction symbol is used to indicate its position in the illustration of the complete document. If the text on the back of the document has a different orientation from the text on the front, it is reproduced as it is, but is also rotated (indicated with the rotation symbol) so that it can be read easily.
8. The titles of the documents generally conform with those already established by the Library, but in some cases have been amended by drawing on the most recent scholarly research. The titles are derived firstly from the beginning of the text, then from the end of the text, and lastly from the cover. If the title of a document differs from its authoritative form, the authoritative form is used; and if a document has no title, one is either supplied by comparison with similar documents, or a new one is devised. If the document is not in Chinese, its language is indicated before the title. If the number of juan is different from that of the authoritative version, or if there are other irregularities, this is noted.
9. The documents in the book are in traditional Chinese characters. Where the title contains personal or place names, the original characters used for these names are retained.

(Translated by David Helliwell)

第六八册目録

BD01006 摩訶般若波羅蜜經（异卷）卷二七

（後秦）鳩摩羅什 譯

896.5cm×27.7cm

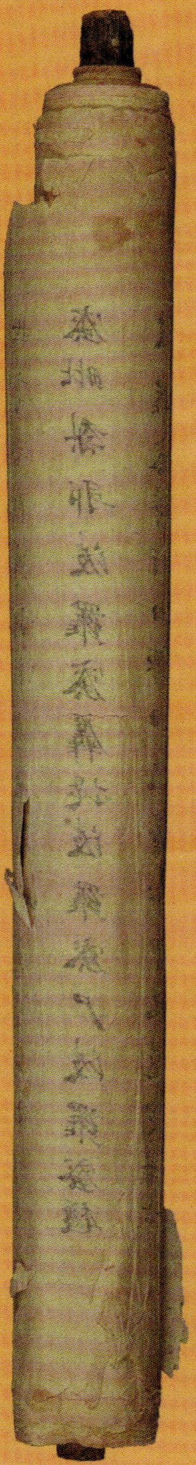

[illegible]不可得法

[illegible]不可得法性[illegible]不可得[illegible][illegible]空无始空故

世尊菩薩摩訶薩行般若波羅蜜行禪波羅

蜜毗梨耶波羅蜜羼提波羅蜜尸波羅蜜檀

波羅蜜時行四禪四无量心四无色定卅七

助道法十八空行空无相无作三昧八解脫

九次第定佛十力四无所畏四无㝵智十八

不共法卅二相八十隨形好云何住報得五

神通為衆生說法衆生實不可得衆生不可

得故色不可得乃至識亦不可得五陰不可

得故六波羅蜜乃至八十隨形好皆不可得

是不可得中无衆生无色乃至无八十隨形

好世尊云何菩薩摩訶薩行般若波羅蜜為

衆生說法世尊菩薩行般若波羅蜜時菩薩
尚不可得何況當有菩薩法佛告須菩提如
是如是如汝所言衆生不可得故當知是內
空外空內外空空空大空第一義空有為空
无為空畢竟空无始空散空諸法空自相空
性空不可得空无法空有法空无法有法空
當知十二入十八界空十二因緣空四諦空
我空壽者命者生者養者育者衆數者人者
作者使者作起者使起者受者使受者知者
見者皆空當知四禪空四无色定空四无量
心空當知四念處空乃至八聖道分空空无
相空无作空八解脫空九次第定空當知佛
十力空四无所畏空四无㝵知智空十八不

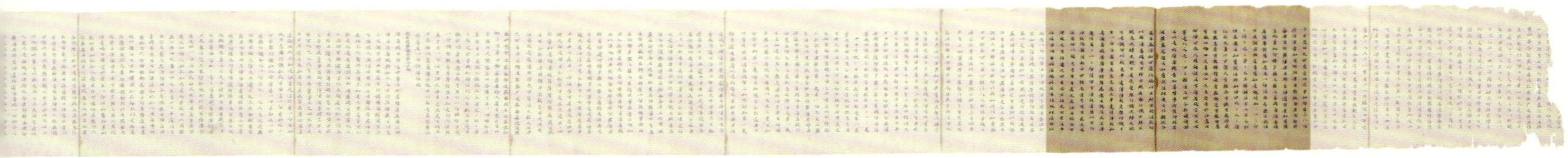

十力空四无所畏空四无㝵知智空十八不
共法空當知須陁洹果空斯陁含果空阿那
含果空阿羅漢果空辟支佛道空當知菩薩
空地當知阿耨多羅三藐三菩提空須菩提
菩薩摩訶薩如是見一切法空為衆生說法
不失諸空相是菩薩如是觀時知ゝ一ゝ切
ゝ法ゝ无ゝ㝵ゝ已不壊諸法不二不分別
但為衆生如實說法辟如佛所化ゝ人ゝ復
化作无量千万億人有教令布施有教持戒
有教忍辱有教精進有教禪定有教智慧
有教四禪四无量心四无色定者於汝意云
何佛所化人破壊諸法不須菩提言不也世
尊是化人无ゝ心ゝ數法云何分別破壊諸

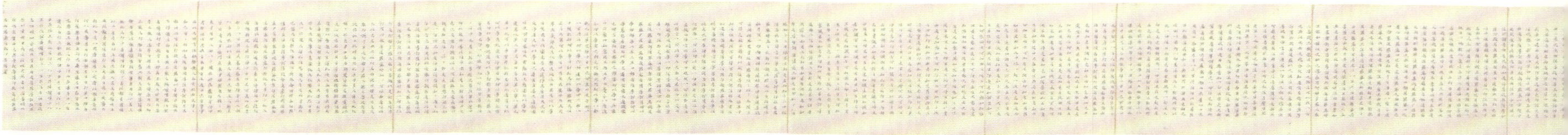

法以是故須菩提當知菩薩摩訶薩行般若
波羅蜜為眾生如應說法拔眾生於顛倒令
眾生各得如所應住處以不縛不脫法故何
以故須菩提色不縛不脫受想行識不縛不
脫色无縛无脫不是色受想行識无縛无脫
不是識何以故色畢竟清淨故受想行識乃
至一切法若有為若无為亦畢竟清淨故如
是須菩提菩薩摩訶薩為眾生說法亦不得
眾生及々一々切法不可得故菩薩以不住
法故住諸法相中所謂色空乃至有為无為
法空何以故色乃至有為无為法自性不可
得故无有住處无所有法不住无所有法自
性法不住自性法他性法不住他性法何以

性法不住自性法他性法不住他性法何以
故是一切法皆不可得故不可得法當住何
處如是須菩提若菩薩摩訶薩行般若波羅
蜜以是諸空能知如是說如是行般若波羅
蜜於諸佛及聲聞辟支佛无有過何以故諸
佛及菩薩辟支佛阿羅漢得是法已爲衆生
說法亦不轉諸法相何以故如法性如實際
不可轉故所以者何諸法性无故須菩提白
佛言世尊若法性如實際不轉色与法性異
不色与如實際異不受想行識乃至有爲无
爲法世間出世間有漏无漏異不佛言不也
色不異法性不異如不異實際受想行識乃

至有漏无漏亦不異須菩提白佛言世尊若
色不異法性不異者云何分別異法有異報
所謂地獄餓鬼畜生白法有白報所謂諸天
及人異白法有異白報不異不白法有不異
不白報所謂須陀洹斯陀含阿那含阿羅漢
果辟支佛道阿耨多羅三藐三菩提佛告須
菩提世諦故分別說有果報非第ミ一ミ義
ミ中不可說ミ因緣果報何以故是第一義
實无有相无有分別亦无言說所謂色乃至
有漏无漏法不生不滅相不垢不淨畢竟空
无始空故須菩提白佛言世尊若以世諦故
分別說有果報非第一義者一切凡夫人應
有須陀洹果斯陀含阿那含阿羅漢果辟支

BD01006　摩訶般若波羅蜜經（异卷）卷二七

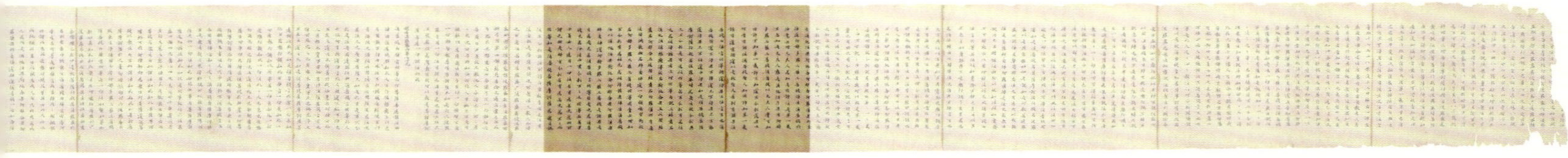

有須陀洹果斯陀含阿那含阿羅漢果辟支
佛道阿耨多羅三藐三菩提佛告須菩提於
汝意云何凡夫人為知是世諦法是第一義
不若知是凡夫人應是須陀洹乃果至阿耨
多羅三藐三菩提須菩提以凡夫人實不知
世諦不知第一義諦不知道不分別道果云
何當有諸法須菩提聖人知世諦知第一義
諦有道有脩道以是故聖人差別有諸果須
菩提白佛言世尊脩道得果不佛言不也須
菩提脩道不得果不脩道亦不得果亦不離
道得果亦不住道中得果如是須菩提菩薩
摩訶薩行般若波羅蜜時為衆生故分別果
亦不分別是有為法世尊若不分別有為法

无為性得諸果者云何世尊自說三結盡名
須陁洹婬怒癡薄故名斯陁含果五此閒結
盡名阿那含五波閒結盡名阿羅漢所有集
法皆滅散相名辟支佛道一切煩惱習斷故
名阿耨多羅三藐三菩提世尊我當云何知
不分別有為性无為性得諸果佛告須菩提
汝以須陁洹果斯陁含阿那含果阿羅漢果
辟支佛道阿耨多羅三藐三菩提是諸果是
有為是无為須菩提言世尊皆是无為須菩
提无為沖法中有分別不〻也世尊若善男
子善女人達同一切法若有為若无為相所
謂无相是時有分別若有為若无為不〻也
世尊如是須菩提菩薩摩訶薩為衆生說

BD01006　摩訶般若波羅蜜經（异卷）卷二七

世尊如是須菩提菩薩摩訶薩為衆生說
法不分別諸法所謂內空故乃至无法有
法空故是菩薩自得无所著法亦教人令得
无所著法若檀波羅蜜尸波羅蜜羼提波羅
蜜毗梨耶波羅蜜禪波羅蜜般若波羅蜜初
禪乃至第四禪慈悲喜捨无邊空處乃至非
有想非无想處若四念處乃至一切種智是
菩薩自不著故亦教他人令得无〻所〻著
〻故无所㝵辟如佛所化人布施亦不受布
施報但為度衆生故乃至行一切種智不受
一切種智報菩薩摩訶薩亦如是行六波羅
蜜乃至一切法有漏无漏有為无為不住亦
不受報但為度衆生故何以故是菩薩摩訶

薩善達一切諸法相故

般若波羅蜜品第七十九

須菩提白佛言世尊云何菩薩善達諸法相
佛告須菩提譬如化人不行婬怒癡不行色
乃至識不行內外法不行諸煩惱結使不行
有漏法无漏法世間法出世間法有為法无
為法亦无聖果菩薩亦如是无有是事不分
別是法是名達諸法相須菩提言世尊化人
云化何有脩道佛言化人脩道不黙不淨亦
不在五道生死須菩提於汝意云何佛所化
人有根本實事有垢有淨不須菩提言不也
佛所化无人无有根本實事亦无垢无淨亦
不在五道生死如是須菩提菩薩摩訶薩善

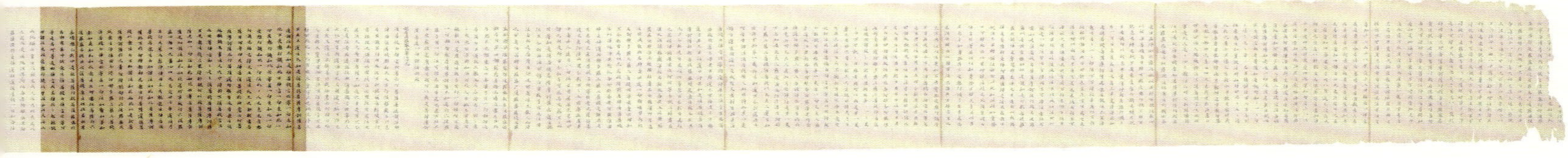

不在五道生死如是須菩提菩薩摩訶薩善
達諸法相亦如是須菩提言世尊一切色如
化不受想行識如化不佛言一切色如化一
切受想行識如化世尊若一切色如化一切
受想行識如化一切法化化人无色无受想
行識无垢无淨无五道生死亦无解脫處菩
薩有何等功夫佛告須菩提於汝意云何菩
薩摩訶薩本行菩薩道時頗有見有衆生從
地獄餓鬼畜生人天中得解不須菩提言不
也世尊佛言如是如是須菩提菩薩摩訶薩
不見衆生從三界得解脫何以故菩薩摩訶
薩見知一切法如幻如化世尊若菩薩摩訶
薩見知諸法如幻如化為何事故行六波羅

蜜四禪四无量心四无色定卅七助道法乃
至行大慈大悲淨佛國土成就衆生佛告須
菩提若衆生自知諸法如幻如化菩薩摩訶
薩終不於阿僧祇劫為衆生行菩薩道須菩
提以衆生自不知諸法如幻如化以是故菩
薩摩訶薩於无量阿僧祇劫行六波羅蜜成
就衆生淨佛國土得阿耨多羅三藐三菩提
須菩提白佛言世尊若一切法如嚮如夢如
影如炎如幻如化衆生在何處住菩薩行六
波羅蜜而拔出之須菩提衆生但住名相虛
妄憶想分別中是故菩薩行般若波羅蜜於
名相虛妄中拔衆生須菩提白佛言世尊何
等是名何等是相佛言此名強作〻假施設
所謂此色此受想行識此男此女此大此小

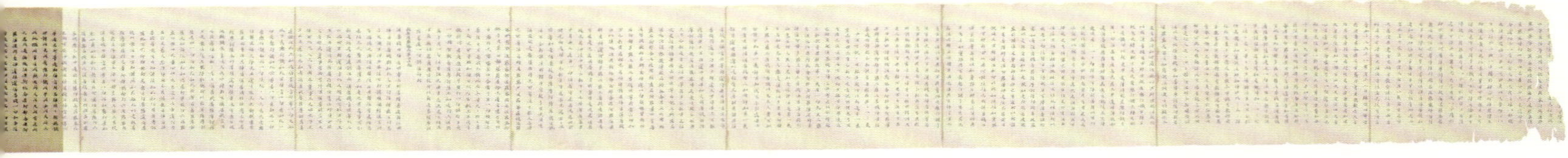

等是名何等是相佛言此名彊作〻假施設
所謂此色此受想行識此男此女此大此小
此地獄此畜生此餓鬼此人此天此有為此
无為此是須陁洹果斯陁含果阿那含果阿
羅漢果辟支佛道佛道須菩提一切和合法
皆是假名以名耶諸法是故假名一切有為
法但有名相凡夫愚人於中生著菩薩摩訶
薩行般若波羅蜜以方便力故於名字中教
令遠離作是言諸衆生是名但有空名虛妄
憶想分別中生汝等莫著虛妄憶想此事本
末皆无自性空故智者所不著如是須菩提
菩薩摩訶薩行般若波羅蜜以方便力故為
衆生說法須菩提是為名何等為相須菩提

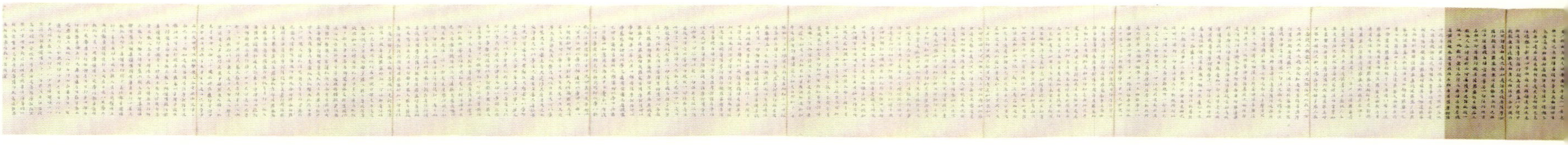

有二種相凡夫人所著處何等為二一者色
相二者无色相須菩提何等名色相諸所有
色若麁若細若好若醜皆是空法中憶想分
別著心是名為色相何等是无色相諸无色
法憶想分別著心取相故生煩惱是名无色
相是菩薩摩訶薩行般若波羅蜜以方便力
故教衆生遠離是相著无相法中令不隨二
法所謂是相是无相如是須菩提菩薩摩訶
薩行般若波羅蜜教衆生遠離相令住无相
性中須菩提白佛言世尊若一切法性但有
名相云何菩薩行般若波羅蜜能自饒益亦
教他人令得善利云何菩薩身是諸地從一
地至一地教化衆生令得三乘佛告須菩提
若諸法根本定有非但名相者菩薩摩訶薩

BD01006　摩訶般若波羅蜜經（异卷）卷二七

若諸法根本空有非但名相者菩薩摩訶薩
行般若波羅蜜時不能自益亦不能利益他
人須菩提諸法无有根本實事但有名相是
故菩薩行般若波羅蜜時能具足禪波羅蜜
无相故毗梨耶波羅蜜羼提波羅蜜尸波羅
蜜檀波羅蜜无相故具足四禪波羅蜜四无
量心波羅蜜四无色定波羅蜜无相故具足
四念處波羅蜜无相故乃至具足八聖分波
羅蜜无相故具足內空波羅蜜无相故乃至
具足无法有法空波羅蜜无相故具足解脫
波羅蜜九次第定波羅蜜无相故具足佛十
力波羅蜜乃至具足十八不共法波羅蜜是
菩薩无相故自具足是諸善法亦教他人令

身[illegible]善法无相故須菩提若諸法相當實如
有衆聲許者菩薩摩訶薩行般若波羅蜜時
不能知諸法无相无憶念得阿耨多羅三藐
三菩提亦教衆生令得无漏法何以故一切
无漏法无相无憶念故如是須菩提菩薩摩
訶薩行般若波羅蜜以无漏法故利益衆生須
菩提白佛言世尊若一切法无相无憶念云
何數是聲聞法辟支佛法是菩薩法是佛法
佛告須菩提於汝意云何无相法与聲法聞
異不不也世尊无相法与辟支佛法菩薩法
佛法異不不也世尊佛告須菩提无相法即
是須陁洹果斯陁含果阿那含果阿羅漢果
辟支佛法佛菩薩法佛法須菩提言如是世
尊須菩提以是因緣當知一切法皆是无相

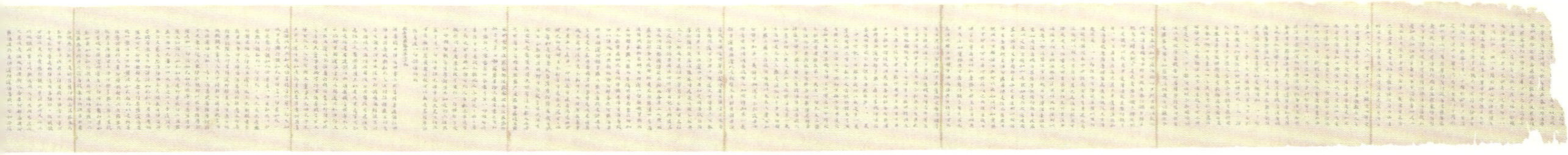

辟支佛法佛菩薩法佛法須菩提言如是世
尊須菩提以是因緣當知一切法皆是无相
須菩提菩薩摩訶薩學是一切法无相得增
益善法所謂六波羅蜜四禪四无量心四无
色定四念處乃至八十不共法何以故菩薩
不以餘法為要如三解脫門所謂空无相无
作所以者何一切善法皆入三解脫門何以
故一切法自相空是名空解脫門一切法无
相是名无相解脫門一切法无作无起相是
名无作解脫門若菩薩摩訶薩學三解脫門
是時能學五陰相能學十二入相能學十八
界相能學四聖諦十二因緣法能學內空外
空乃至无法分別能學佛十力四无所畏四

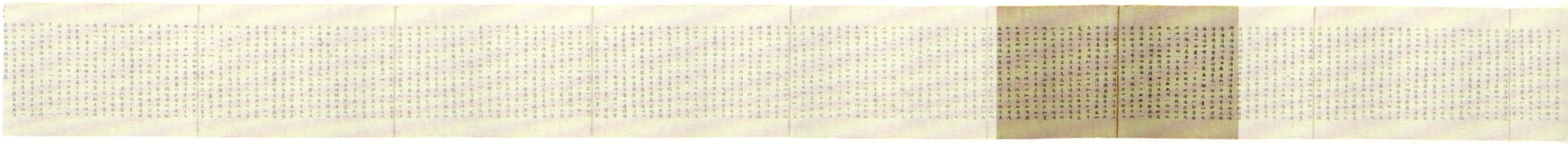

无㝵智十八不共法須菩提白佛言世尊云
何菩薩摩訶薩行般若波羅蜜能學五陰相
佛告須菩提菩薩摩訶薩行般若波羅蜜知
色相知色生滅知色如云何知色相知色畢
竟空内分異虚无實辟如水沫无堅固是為
知色相云何知色生滅色生時无所從來去
无所至若不來不去是為知色生滅相云何
知色如是色如不生不滅不來不去不增不
滅不垢不淨是名知色如須菩提如名如實
不虚如前後中亦尔常不異是為知色如云
何知受相云何知受生滅云何知受如菩薩
知諸受相如水中泡一起一滅是為知受相
知受生滅者知諸受无所從來去无所至是
為知受生滅知受如者是如不生不滅不來

為知受生滅知受如者是如不生不滅不來
不去不增不減不垢不淨是為知諸受如云
何知想相云何知想生滅云何知想如知想
相者是想如炎水不可得而妄生水想是為
知想相知想生滅者是想无所從來去无所
至是為知想生滅知想如者諸想如不生不
滅不來不去不增不減不垢不淨不轉於實
相是為知想如云何知行相云何知行生滅
云何知行如知行相者行如芭蕉除去不
得堅實是為知行相知行生滅者諸行生无
所從來去无所至是為知行生滅知行如者
諸行不生不滅不來不去不增不減不垢不
淨是為知行如云何知識相云何知識生滅

无有實識亦如是知識生滅者是識生時无
所從來去時无所去是爲知識生滅知識如
者知識不生不滅不來不去不垢不淨不增
不減是爲知識如云何知諸入眼〻性乃至
意〻性空色〻性空乃至法〻性空云何知
界眼〻界空色〻界空眼〻識〻界空乃至
意識界亦如是云何知四聖諦知苦聖諦時
遠離二法知苦諦不二不別是名苦聖諦集
滅道亦如是云何知苦如苦聖諦即是如如
即是苦聖諦集盡道亦如是云何知十二因
緣知十二因緣不生相是名知知十二因緣
須菩提白佛言世尊若菩薩摩訶薩行般若波
羅蜜時各〻分別知識法將无以色性壞法

羅蜜時各々分別知識法將无以色性壞法
性乃至一切種智性壞法性耶佛告須菩提
若法性外更有法者應壞法々性々外法不
可得是故不壞何以故須菩提佛及佛弟子
知法性外法不可得不得不說法性外有法
如是須菩提菩薩摩訶薩行般羅蜜應學法
性須菩提白佛言世尊菩薩摩訶薩若學法
性為无所學佛告須菩提菩薩摩訶薩學法
性則學一切法何以故一切法即是法性須
菩提白佛言世尊何因緣故一切法即是法
性佛言一切法皆入无相无為性中以是因
緣故學法性則學一切須菩提白佛言世尊
若一切法即是法性菩薩摩訶薩何以學般

若波羅蜜禪波羅蜜毗梨耶波羅蜜羼提波
羅蜜尸波羅蜜檀波羅蜜菩薩摩訶薩何以
學初禪第二第三第四禪菩薩摩訶薩何以
學慈悲喜捨何以學无邊虛空處无邊識處
无所有處非有想非无想處何以學四念處
四正懃四如意足五根五力七覺分八聖道
分何以學空无相无作解脫門何以學八解
脫九次第定佛十力四无所畏四无㝵智十
八不共法何以學六神通何以學卅二相八
十隨形好何以學生剎利大姓婆羅門大姓
居士大家何以學生四天王天處卅三天夜
摩天兜率陁天化樂天他化自在天何以學
生梵天王住處光音天遍淨天廣果天无相
天淨居天何以學非无邊虛空處无邊識處

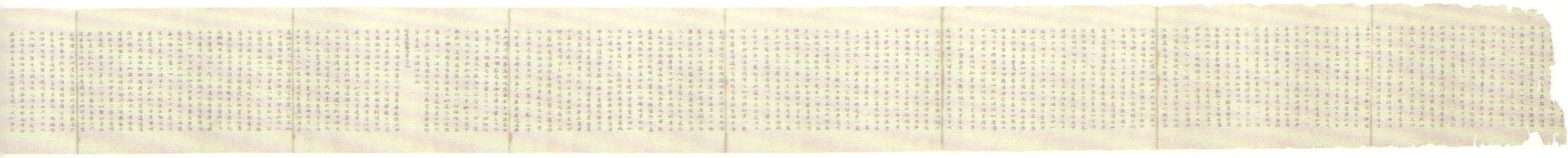

生梵天王住處光音天遍淨天廣果天无相
定淨居天何以學生无邊虛空處无邊識處
生无所有處生非有想非无想處何以學初
發意地第二第三第四第五第六第八第九
第十地何以學聲聞地辟支佛地菩薩法位
何以學成就衆生淨佛國土何以學諸陀羅
尼何以學樂說法何以學阿耨多羅三藐三
菩提學已得一切種智知一切法世尊諸法
〻性中无是分別世尊將无菩薩墮非道中
何以故世尊法性中无如是分別法性中无
色无受想行識法性〻不遠離色受〻想行
識色即是法〻性〻即是色受想行識〻如
是一切法〻如是佛告須菩提如〻是〻如

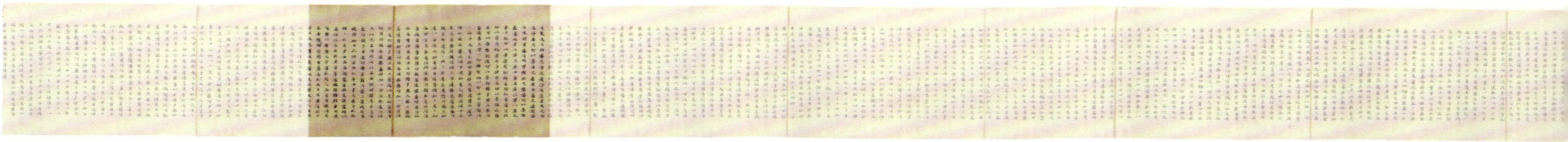

法所言色即是法性受想行識即是法性法
菩提菩薩摩訶薩行般若波羅蜜時若法性
外見有法者為不求阿耨多羅三藐三藐提
菩薩摩訶薩行般若波羅蜜時知一切法性
即是阿耨多羅三藐三菩提以是故菩薩摩
訶薩行般若波羅蜜時知一切法即是法性
已以无名相之法以名相說所謂是色是受
想行識乃至是阿耨多羅三藐三菩提須菩
提譬如工幻師若師幻弟子多人處立幻作
種ゝ形色男女象馬端嚴園林及諸廬館流
泉浴池衣服卧具香華瓔珞餚饍飲食作衆
伎樂以樂衆人有須幻作人令有布施持戒
忍辱精進禪定脩智慧是幻天王天處須弥山
卅三天夜摩天兜率陀天化樂天他化自在

忍辱精[進]禪定脩智慧是乩天王天處須弥山
卅三天夜摩天兜率陁天化樂天他化自在
天以示衆人復乩作梵衆天乃至非有想非
无想天復別作須陁洹斯陁含阿那含阿羅
漢辟支佛菩薩摩訶薩從初發意行檀波羅
蜜尸波羅蜜羼提波羅蜜毗梨耶波羅蜜禪
波羅蜜般若波羅蜜行初地乃至行十地入
菩薩位遊戲神通成就衆生淨佛國土遊戲
諸禪解脫三昧行佛十力四无所畏四无㝵
智十八不共法大慈大悲具足佛身卅二相
八十隨形好以示衆人是中无智之人歎未
曾有是人多能巧爲衆事娛樂衆人種種形
色乃至卅二相八十隨形好莊嚴佛身其中

而以无所有法娛樂衆人令有於相无事ミ
相无有ミ相如是須菩提菩薩摩訶薩不見
離法性有法行般若波羅蜜以方便力故唯
不淨衆生而自布施亦教人施讃嘆施法歡
喜讃嘆行布施者自持戒亦教人持戒自忍
辱亦教人忍辱自精進亦教人精進自行禪
亦教人行禪自脩智慧亦教人脩智慧讃嘆
脩智慧法歡喜讃嘆脩智慧者自行十善亦
教他人行十善讃嘆行脩十善法歡喜讃嘆
行十善者自行五戒亦教人受五戒讃嘆五
戒法歡喜讃嘆受行五戒者自受八戒齋亦
教他人受八戒齋讃嘆八戒齋法歡喜讃嘆
行八戒齋者自行初禪乃至自行第四禪自

者教人受八戒齋讚嘆八戒齋法歡喜讚嘆
行八戒齋者自行初禪乃至自行第四禪自
行慈悲喜捨自行无邊空處乃至悲有想非
无想處亦教他人行自行四念處乃至八聖
道分自行三解脫門佛十力乃至自行十八
不共法亦教他人行十八不共法讚嘆十八
不共法歡喜讚嘆行十八不共法者須菩提
若法性如前後中有異者是菩薩摩訶薩不
能以方便力故亦法性戒成就衆生須菩提以
法性前後中无異是故菩薩行般若波羅蜜
為利益衆生故行菩薩道

般若波羅蜜品第七十

須菩提白佛言世尊若衆生畢竟不可得菩
薩為誰故行般若波羅蜜佛告須菩提菩薩

於實際故行般若波羅蜜須菩提實際衆生
際異者菩薩不行般若波羅蜜須菩提實際
衆生際不異以是故菩薩摩訶薩為利益衆
生故行般若波羅蜜復次須菩提菩薩摩訶
薩行般若波羅蜜時以不壞實際法立衆生
於實際中須菩提白佛言世尊若實際即是
衆生際菩薩則為建立實際於實際世尊若
建立實際於實際則為建立自性於自性世
尊不得建立自性於自性世尊云何菩薩摩
訶薩行般若波羅蜜時建立衆生於實際佛
告須菩提實際不可建立於實際自性不可
建立於自性須菩提今菩薩摩訶薩行般若
波羅蜜時以方便力故建立衆生於實際實

波羅蜜時以方便力故建立衆生於實際實
際亦不異衆生際實際衆生際无二无别須
菩提白佛言世尊何等是諸菩薩摩訶薩方
便力用是方便力菩薩摩訶薩行般若波羅
蜜時建立衆生於實際亦不壞實際相佛告
須菩提若菩薩摩訶薩行般若波羅蜜時以
方便力故建立衆生於布施建立已說布施
前後際相作是言如是布施前際空後際空
中際亦空施者亦空施報亦空受者亦空諸
善男子是一切法實際中不可得汝等莫念
布施〻異施者異施報異受者異若汝等不
念布施異施者異施報異受者異是時名為
布施能與甘露味得甘露味果汝善男子以
是布施故莫着色莫着受相行識何以故是

（20–15）

布施布施相空施〻者〻空施報施報空受
者受者空〻中施不可得施者不可得報不
可得受者不可得何以故是諸法畢竟自性
空故復次須菩提菩薩摩訶薩行般若波
羅蜜時以方便力故教衆生持戒語衆生言
汝善男子除捨殺生法乃至除捨邪見何以
故善男子如汝所分別法无如是性汝善男
子當諦思惟何等是衆生而欲奪命用何等
物奪命乃至邪見亦如是須菩提菩薩摩訶
薩如是方便力成就衆生是菩薩摩訶薩即
為衆生說布施持戒果報是布施持戒果報
自性空知布施持戒果報自性空已是中不
〻著〻故心不散能生智慧以是智慧斷一

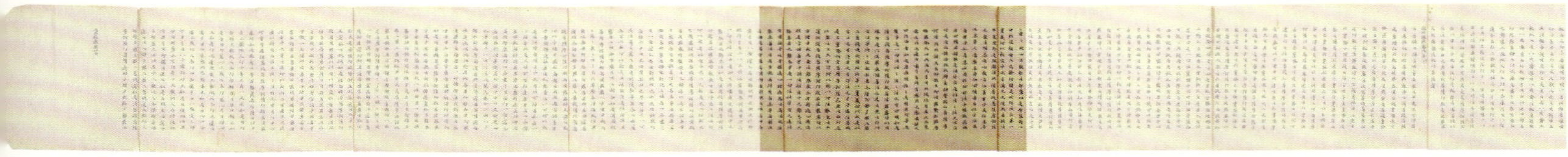

〻著〻故心不散能生智慧以是智慧斷一
切結使煩惱入无餘涅槃是世俗法非第一
實義何以故空中无有滅亦无使滅者諸法
畢竟空即是涅槃復次須菩提菩薩摩訶薩
見衆生瞋恚惱心教言汝善男子來脩忍辱
作忍辱人當樂忍辱汝所瞋者自性空汝來
善男子如是思惟我於何所法中瞋誰為瞋
者所瞋者誰是法皆空是性空〻法无不空
時是空非諸佛作非辟支佛聲聞非菩薩摩
訶薩作非諸天鬼神龍王阿脩羅緊那羅摩
睺羅伽非四天王天乃至非他化自在天非梵
衆天非无邊空處乃至非有想非无想處諸天
所作汝當如是思惟瞋誰〻是瞋者何等是
瞋事是一切法性〻空〻去无有所瞋如是

須菩提菩薩摩訶薩行般若波羅蜜時以四
緣即是六波羅蜜諸善法也建立眾生於性
空汝莫漸漸亦教利喜令得阿耨多羅三藐
三菩提是世間法非第一實義何以故是性
空中无有得者无有得法无有得處須菩提
是名實際性空菩薩摩訶薩為眾生故行是
法眾生不久可得何以故一切法離眾生相
復次須菩提菩薩摩訶行般若波羅蜜時以
方便力故見眾生懈怠教令身精進心精進
作是言諸善男子諸法性空中无懈怠法无
懈怠者无懈怠事是一切法性皆空无過性
空者汝等生身精進心精進為生善法故莫
懈怠善法者若布施若持戒若忍辱若精進
若禪定若智慧若諸禪定解脫三昧若四念

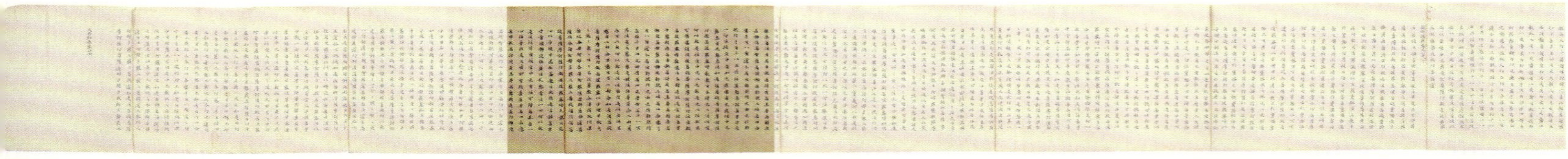

懈怠善法者若布施若持戒若忍辱若精進
若禪定若智慧若諸禪定解脱三昧若四念
處乃至八聖道分若空解脱門无相无作解
脱門乃至十八不共法莫懈怠諸善男子是
一切法性空中當知无遮處者无遮法中无
懈怠者无懈怠法如是須菩提菩薩摩訶薩
行般若波羅蜜時教衆生令得无二法性空
何以故是性空中无二无别是无二法則无
可瞋處復次須菩提菩薩摩訶薩行性空般
若波羅蜜時教衆生令精進作是言諸善男
子懃精進若布施若持戒若忍辱若精進若
禪定若智慧若禪定解脱三昧若四念處乃
至八聖道分若空解脱門无相无作解脱門

若佛十力四无所畏若四无㝵智若十八不
共法若大慈大悲是諸法汝等莫念二相莫
念不二相何以故是法性皆空是性空法不
應用二相念不應用不二相念如是須菩提
菩薩摩訶薩行般若波羅蜜以方便力故成
々就々眾々生々已次第教令得須陁洹果
斯陁含果阿那含果阿羅漢果辟支佛道菩
薩位令得阿耨多羅三藐三菩提復次須菩
提菩薩摩訶薩行般若波羅蜜時見眾生亂
心以方便力為利益眾生故作是言諸善男
子當脩禪定汝莫生亂想當生一心何以故
是法性皆空性空中无有法可得若亂若一
心汝等住是三昧所有作業若身若口若意
若布施若持戒若忍辱若懃精進若行禪定

若布施若持戒若忍辱若懃精進若行禪定
若脩智慧若行四念處乃至若行八聖道分
若諸解脫次第定若行佛十力四无所畏四
无导智十八不共法大慈大悲卅二相八十
隨形好若聲聞道若辟支佛道若菩薩道若
佛道若須陁洹斯果陁含果阿那含果阿羅
漢果辟支佛果若一切種智若成就衆生若
淨佛國土汝等皆應當隨所願得行性空故
如是須菩提若菩薩摩訶薩行般若波羅蜜
方便力為利益衆生故從初發意終不懈怠
常求善法利益衆生從一佛國至一佛國供
養諸佛從諸佛聞法捨身受身乃至阿耨多
羅三藐三菩提終不妄失是菩薩常得諸地

羅已諸根具足所謂身根語根意根何以故
是菩薩摩訶薩常脩〻一〻切〻種〻智〻故
一切諸道皆脩若聲聞道若辟支佛道若菩
薩神通道行神通道菩薩常利益眾生終不
忘失是菩薩住報得神通利益眾生入生死
五道終不耗減如是須菩提菩薩摩訶薩行
般若波羅蜜住性空以禪定利益眾生復次
須菩提菩薩摩訶薩自行般若波羅蜜住性
空方便力故利益眾生作是言汝等諸善男
子觀一切法性空善男子汝等作諸業若身
業若語業若意業趣甘露味果後得甘露果
性空中无有法退何以故性空不退亦无退
者以性空非法亦非〻法於无所有法中云
何當有退須菩提菩薩摩訶薩行般若波羅

何當有退須菩提菩薩摩訶薩行般若波羅
蜜時如是教衆生常不懈廢是菩薩自行十
善亦教他人行十善五戒八戒亦如是自行
初禪亦教他人令行初禪乃至第四禪亦如
是常自行慈心亦教人令行慈心乃至捨心
亦如是行无邊空處亦教他人令行无邊空
處乃至非有想非无想處亦如是自行四念
處亦教他人令行四念處乃至八聖道分佛
十力乃至八十隨形好亦如是自須陁洹果
中生智慧亦不住是中亦教他人令得須陁
洹果乃至阿羅漢果亦如是自辟支佛道中
生智慧亦不住是中亦教他人令得辟支佛
道自生阿耨多羅三藐三菩提道亦教他人

阿耨多羅三藐三菩提道如是須菩提菩薩
摩訶薩行菩薩道時方便力故終不懈廢也

大品經卷第廿七

大品經卷第廿七

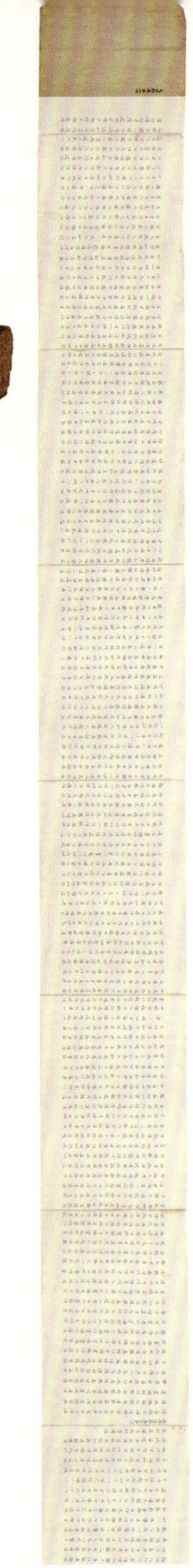

BD01007 金光明最勝王經卷一〇

（唐）義淨 譯

285.8cm × 26.3cm

大威力　隨緣興濟度　爲利於人天　從地而涌出
尒時世尊說是往昔因緣之時无量阿僧企
耶人天大衆皆大悲喜歎未曾有悉發阿
耨多羅三藐三菩提心復告樹神我爲報恩
故致礼敬佛攝神力其窣覩波還沒于地

金光明最勝王經十方菩薩讚歎品第廿七

尒時釋迦牟尼如來說是經時於十方世界
有无量百千万億諸菩薩衆各從本土詣鷲
峯山至世尊所五輪著地礼世尊已一心合
掌異口同音而讚歎曰
佛身微妙真金色　其光普照等金山
清淨柔耎若蓮花　无量妙彩而嚴飾
三十二相遍莊嚴　八十種好皆圓備
光明炳著无與等　離垢猶如淨滿月

其聲清徹甚微妙　如師子吼震雷音
八種微妙應群機　超勝迦陵頻伽等
百福妙相以嚴容　光明具足淨无垢
智慧澄明如大海　功德廣大若虛空
圓光遍滿十方界　隨緣普濟諸有情
煩惱愛染習皆除　法炬恒然不休息
哀愍利益諸衆生　現在未來能与樂
常爲宣說第一義　令證涅槃真寂靜
佛說甘露殊勝法　能与甘露微妙義
引入甘露涅槃城　令受甘露无爲樂
常於生死大海中　解脫一切衆生苦
令彼能住安隱路　恒与難思如意樂
如來德海甚深廣　非諸譬喻所能知
於衆常起大悲心　方便精勤恒不息
如來智海无邊際　一切人天共測量
假使千萬億劫中　不能得知其少分

如來智海无邊際　一切人天共測量
假使千万億劫中　不能得知其少分
我今略讚佛功德　於德海中唯一渧
迴斯福聚施群生　皆願速證菩提果
尒時世尊告諸菩薩言善哉善哉汝等善
能如是讚佛功德利益有情廣興佛事能滅
諸罪生无量福
金光明最勝王經妙幢菩薩讚品第廿八
尒時妙幢菩薩即從座起偏袒右肩右膝著
地合掌向佛而說讚曰
牟尼百福相圓滿　无量功德以嚴身
廣大清淨人樂觀　猶如千日光明照
焰彩无邊光熾盛　如妙寶聚相端嚴
如日初出映虛空　紅白分明間金色
亦如金山光普照　悉能周遍百千土

能滅衆生无量苦　皆與无邊勝妙樂
諸相具足悉嚴淨　衆生樂觀无猒足
頭髮柔㮚紺青色　猶如黑蜂集妙花
大喜大捨淨莊嚴　大慈大悲皆具足
衆妙相好爲嚴飾　菩提分法之所成
如來能施衆福利　令彼常獲大安樂
種種妙德共莊嚴　光明普照十方土
如來光相極圓滿　猶如赫日遍空中
佛如須彌功德具　示現能周於十方
如來金口妙端嚴　齒白齊密如珂雪
如來面貌无倫匹　眉間毫相常右旋
光潤鮮白等頗梨　猶如滿月居空界
佛告妙幢菩薩汝能如是讚佛功德不可思
議利益一切令未知者隨順修學
金光明最勝王經菩提樹神讚歎品第廿九
爾時菩提樹神亦以伽他讚世尊曰

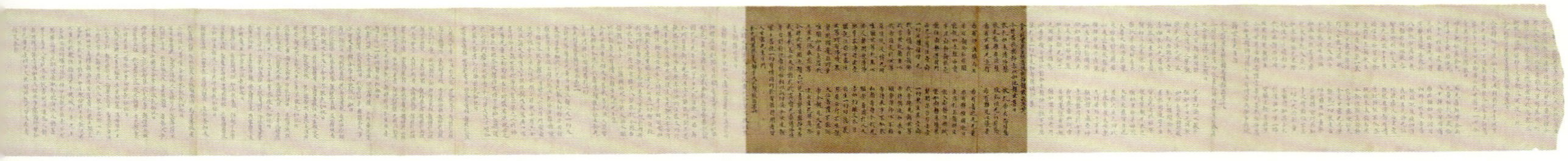

金光明最勝王經菩提樹神讚歎品第廿九
尒時菩提樹神亦以伽他讚世尊曰
敬礼如來清淨慧　敬礼常求正法慧
敬礼能離非法慧　敬礼恒无分別慧
希有世尊无邊行　希有難見比優曇
希有如海鎮山王　希有善逝光无量
希有調御弘慈願　希有釋種明逾日
能說如是經中寶　哀愍利益諸群生
牟尼寂靜諸根定　能入寂靜涅槃城
能住寂靜等持門　能知寂靜深境界
兩足中尊住空寂　聲聞弟子身亦空
一切法體性皆无　一切衆生悉空寂
我常憶念於諸佛　我常樂見諸世尊
我常發起慇重心　常得值遇如來日
我常頂礼於世尊　願常渴仰心不捨

悲法流演情无闕　常得奉事不離

唯願世尊起悲心　和顏常得令我見

佛及聲聞衆清淨　願常善齊於人天

佛身本淨若虛空　亦如幻燄及水月

願說涅槃甘露法　能生一切功德聚

世尊所有淨境界　慈悲正行不思議

聲聞獨覺非所量　大仙菩薩不能測

唯願如來哀愍我　常令覩見大悲身

三業无倦奉慈尊　速出生死歸真際

尒時世尊聞是讚已以梵音聲告樹神曰善

哉善哉善女天汝能於我真實无妄清淨法

身自利利他宣揚妙相以此功德令汝速證

㝡上菩提一切有情同所修習若得聞者皆

入甘露无生法門

金光明㝡勝王大辯才天女讚歎品第卅

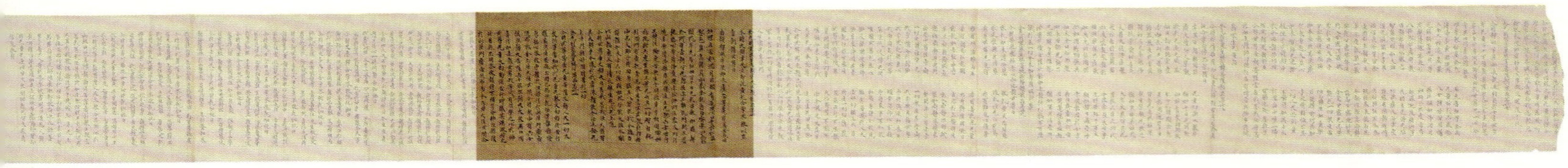

金光明最勝王經大辯才天女讚歎品第卅

尒時大辯才天女即從座起合掌恭敬以直
言詞讚世尊曰
南謨釋迦牟尼如來應正等覺身真金色咽
如螺貝面如滿月目類青蓮脣口赤好如頗
梨色鼻高脩直如截金鋌齒白齊密如拘物
頭花身光普照如百千日光彩暎徹如瞻部
金所有言詞皆无謬失示三解脫門開三菩
提路心常清淨意樂亦然佛所住處及所行
境亦常清淨離非威儀進止无謬六年苦行
三轉法輪度苦衆生令歸彼岸身相圓滿如
拘陁樹六度熏脩三業无失具一切智自他
利滿所有宣說常爲衆生言不虛設於釋種
中爲大師子堅固勇猛具八解脫我今隨力
稱讚如來少分功德猶如蚊子飲大海水願

以此福慶及有情永離生死至无上道
尒時世尊告大辯天曰善哉善哉汝久脩習
具大辯才今復於我廣陳讚歎令汝速證无
上法門相好圓明普利一切

金光明最勝王經付囑品第卅一

尒時世尊普告无量菩薩及諸人天一切大
衆汝等當知我於无量无數大劫勤修苦行
獲甚深法菩提正因已為汝說汝等誰能發
勇猛心恭敬守護我涅槃後於此法門廣宣
流布能令正法久住世間尒時衆中有六十
俱胝諸大菩薩六十俱胝諸天大衆異口同
音作如是語世尊我等咸有欣樂之心於佛
世尊无量大劫勤脩苦行所獲甚深微妙之
法菩提正因恭敬護持不惜身命佛涅槃後
於此法門廣宣流布當令正法久住世間尒

於此法門廣宣流布當令正法久住世間尒
時諸大菩薩 即於佛前説伽他曰
世尊真實語 安住於實法 由彼真實故 護持於此經
大悲爲甲胄 安住於大慈 由彼慈悲力 護持於此經
福資粮圓滿 生起智資粮 由資粮滿故 護持於此經
降伏一切魔 破滅諸邪論 斷除惡見故 護持於此經
護世并釋梵 乃至阿蘇羅 龍神藥叉等 護持於此經
地上及虚空 久住於斯者 奉持佛教故 護持於此經
四覺住相應 四聖諦嚴飾 降伏四魔故 護持於此經
虚空成質礙 質礙成虚空 諸佛所護持 无能傾動者
尒時四大天王聞佛説此護持妙法各生隨喜
護正法心一時同聲説伽他曰
我今於此經 及男女眷屬 皆一心擁護 令得廣流通
若有持經者 能作菩提因 我常於四方 擁護而承事
尒時天帝釋合掌恭敬説伽他曰

諸佛說此法　為欲報恩故　饒益菩薩衆　出世演其經
我於彼諸佛　報恩常供養　護持如是經　及以持經者
尒時覩史多天子合掌恭敬說伽他曰
佛說如是經　若有能持者　當住菩提位　來生覩史天
世尊我慶悅　捨天殊勝報　住於贍部洲　宣揚是經典
時索訶世界主梵天王合掌恭敬說伽他曰
諸靜慮無量　諸乘及解脫　皆從此經出　是故演斯經
若說是經處　我捨梵天樂　為聽如是經　亦常為擁護
尒時魔王子日商主合掌恭敬說伽他曰
若有受持此　正義相應經　不隨魔所行　淨除魔惡業
我等於此經　亦當勤守護　發大精進意　隨處廣流通
尒時魔王合掌恭敬說伽他曰
若有持此經　能伏諸煩惱　如是衆生類　擁護令安樂
若有說是經　諸魔不得便　由佛威神故　我當擁護彼
尒時妙吉祥天子亦於佛前說伽他曰
諸佛妙菩提　於此經中說　若持此經者　是供養如來

尒時妙吉祥天子亦於佛前說伽他曰
諸佛妙菩提 於此經中說 若持此經者 是供養如來
我當持此經 為俱胝天說 恭敬聽聞者 勸至菩提處
尒時慈氏菩薩合掌恭敬說伽他曰
若見善菩提 与為不請友 及至捨身命 為護此經王
我聞如是法 當往覩史天 由世尊加護 廣為人天說
尒時上坐大迦攝波合掌恭敬說伽他曰
佛於聲聞乘 說我有智慧 我今隨自力 護持如是經
若有持此經 我當攝受彼 授其詞辯力 常隨讚善哉
尒時具壽阿難陁合掌向佛說伽他曰
我親從佛聞 无量衆經典 未曾聞如是 深妙法中王
我今聞是經 親於佛前受 諸樂菩提者 當為廣宣通
尒時世尊見諸菩薩人天大衆各各發心於
此經典流通擁護勸進菩薩廣利衆生讚言
善哉善哉汝等能於如是微妙經王虔誠流布

乃至於我般涅槃後不令散滅所是无上
菩提正因所獲功德於恒沙劫說不能盡若有
苾芻苾芻尼鄔波索迦鄔波斯迦及餘善
男子善女人等供養恭敬書寫流通為人解
說所獲功德亦復如是是故汝等應勤修習尒
時无量无邊恒沙大衆聞佛說已皆大歡喜
信受奉行

金光明最勝王經卷第十

臆去劍 航胡郎 鵽仕于 擒巨今 鏈庭頂 瘠情昔 㨉胡本 鯁庚杏

BD01008 妙法蓮華經卷三

（後秦）鳩摩羅什 譯

94.5cm × 26.2cm

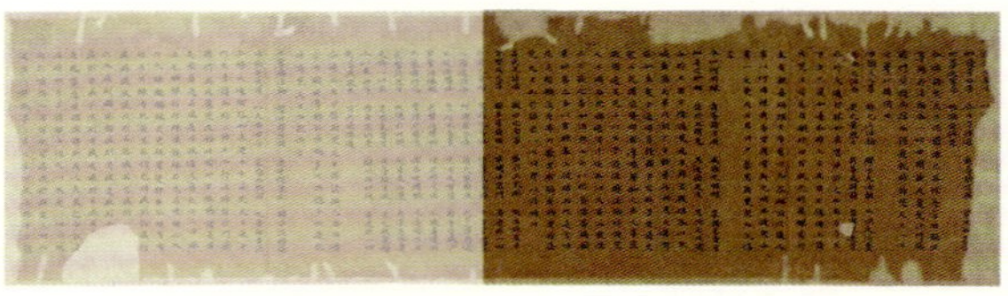

諸飢渴衆生　以
如優曇鉢華　今日乃值遇　我等諸宮殿　蒙光故嚴飾
世尊大慈悲　唯願垂納受
尒時諸梵天王偈讚佛已各作是言唯願世
尊轉於法輪令一切世間諸天魔梵沙門婆
羅門皆獲安隱而得度脫時諸梵天王一心
同聲以偈頌曰
唯願天人尊　轉无上法輪　擊于大法鼓　而吹大法蠡
普雨大法雨　度无量衆生　我等咸歸請　當演深遠音
尒時大通智勝如來嘿然許之西南方乃至
下方亦復如是尒時上方五百万億國土諸
大梵王皆悉自覩所止宮殿光明威曜昔所
未有歡喜踊躍生希有心即各相詣共議此
事以何因緣我等宮殿有斯光明而彼衆中
有一大梵天王名曰尸棄為諸梵衆而說偈

言

今以何因緣　我等諸宮殿　威德光明曜　嚴飾未曾有
如是之妙相　昔所未聞見　為大德天生　為佛出世間
尒時五百万億諸梵天王與宮殿俱各以衣
裓盛諸天華共詣下方推尋此相見大通智
勝如來處于道場菩提樹下坐師子座諸天
龍王乾闥婆緊那羅摩睺羅伽人非人等恭
敬圍遶及見十六王子請佛轉法輪時諸梵
天王頭面禮佛遶百千匝即以天華而散佛
上所散之華如須弥山并以供養佛菩提樹
華供養已各以宮殿奉上彼佛而作是言唯
見哀愍饒益我等所獻宮殿願垂納處時諸
梵天王即於佛前一心同聲以偈頌曰
善哉見諸佛　救世之聖尊　能於三界獄　勉出諸眾生
普智天人尊　哀愍羣萌類　能開甘露門　廣度於一切
於昔無量劫　空過無有佛　世尊未出時　十方常闇冥

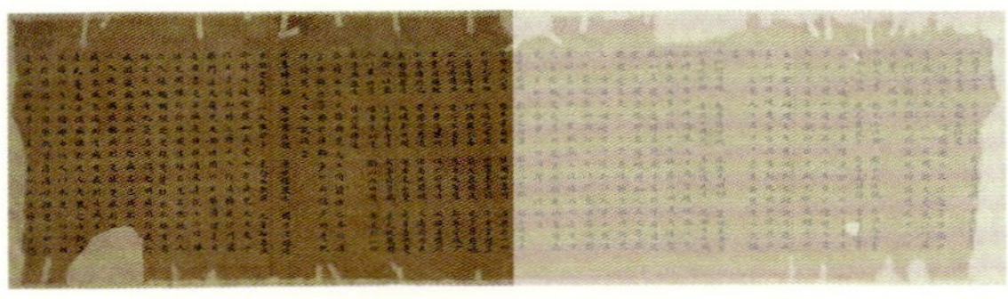

普智天人尊　愍哀羣萠類　能開甘露門　廣度於一切
於昔无量劫　空過无有佛　世尊未出時　十方常闇冥
三惡道增長　阿脩羅亦盛　諸天衆轉減　死多墮惡道
不從佛聞法　常行不善事　色力及智慧　斯等皆減少
罪業因緣故　失樂及樂相　住於耶見法　不識善儀則
不蒙佛所化　常墮於惡道　佛爲世間眼　久遠時乃出
哀愍諸衆生　故現於世間　超出成正覺　我等甚欣慶
及餘一切衆　喜歎未曾有　我等諸宮殿　蒙光故嚴飾
今以奉世尊　唯垂哀納受　願以此功德　普及於一切
我等與衆生　皆共成佛道
尒時五百万億諸梵天王偈讚佛已各白佛
言唯願世尊轉於法輪多所安隱多所度脫
時諸梵天王而說偈言
世尊轉法輪　擊甘露法鼓　度苦惱衆生　開示涅槃道
唯願受我請　以大微妙音　哀愍而敷演　无量劫集法

尒時大通智勝如來受十方諸梵天王及十
六王子請即時三轉十二行法輪若沙門婆
羅門若天魔梵及餘世間所不能轉謂是苦
是苦集是苦滅是苦滅道及廣說十二因緣
法无明緣行行緣識識緣名色名色緣六入
六入緣觸觸緣受受緣愛愛緣取取緣有有
緣生生緣老死憂悲苦惱无明滅則行滅行
滅則識滅識滅則名色滅名色滅則六
六入滅則觸滅觸滅則受滅受滅則愛
滅則取滅取滅則有滅有滅則生滅生
老死憂悲苦惱滅佛於天人大衆之中說是
法時六百万億那由他人以不受一切法故
而於諸漏心得解脫皆得深妙禪定三明六
通具八解脫第二第三第四說法時千万億

BD01009

大方廣佛華嚴經卷一八

（東晉）佛馱跋陀羅 譯

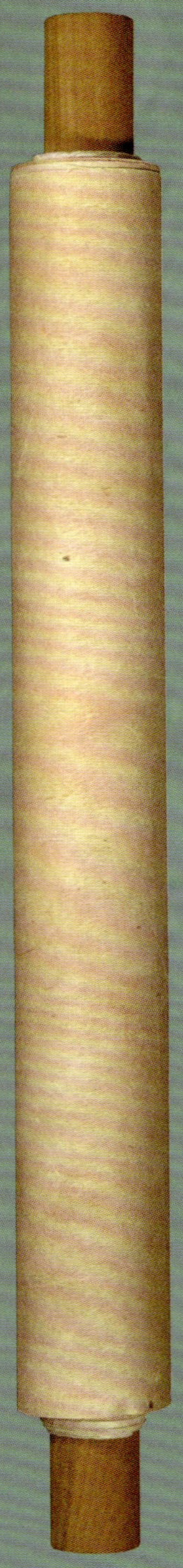

233.6cm × 27.6cm

調伏成就一切衆生
[虛]空界等世界衆生
生界於摩訶衍令
[…]善根齊等是
王位善根迴向令一切
之處菩薩摩訶薩見有
嚴飾大城以歡喜心施不亂
一向正求菩提心施[…]願心施大慈
大悲心施清涼心施[…]一切衆生故施
自安立摩訶衍故施以諸佛法平等心施
行善法心施欲一切智王心施求法王自在意
故施欲增上智慧心故施欲一切清淨功德
心施堅固廣大心施長養一切善根故施遠
離衆魔恐怖具足佛智故施安住菩薩心

大故施究竟一切境界一切智菩薩所行及
諸大願故施菩薩摩訶薩布施京都嚴飾大
城所攝善根迴向衆生令一切衆生淨一切刹
施佛令住令一切衆生常樂阿蘭若處安住
寂靜令一切衆生不著一切國土都邑聚落
大小諸城究竟離欲得上寂靜令一切衆生
心不親近一切世間悉皆永離世間語言令
一切衆生得離欲心布施所有心不中悔令
一切衆生不著家業得淨直心令一切衆生
悉捨一切无所縛著善施成就令一切衆生不
著住處捨離一切居家貪著令一切衆生
捨諸苦惱除滅一切恐怖憂慼令一切衆生
以一切世界為嚴淨刹奉施諸佛是為菩薩
摩訶薩布施京都嚴飾大城善根迴向令一

摩訶薩布施京都嚴飾大城善根迴向令一
切衆生嚴淨佛住菩薩摩訶薩布施寶女侍
人眷屬伎術悉備才能巧妙善於言戲威儀
具足奉給恭順能感人心世間功德无不備
舉莊嚴綺麗迴動天人言音和雅而无厭陋
侍主盡礼不失其意姿容殊妙見者无猒千
億使直供侍寶女皆是菩薩淨業果報而用
布施以无著心施離虛妄心施不縛一切欲施
於一切色无所著施不貪欲樂施離欲覺
觀施於寶女形色不生想施菩薩摩訶薩布
施寶女眷屬善根迴向迴向一切衆生出離
生死迴向悉得諸佛喜樂迴向不堅固中而
得堅固迴向金剛界智不可壞心迴向如来
固爲大衆迴向爲求堅固眞實迴向无上菩

持之心迴向智慧分別諸法迴向出生一切善
根迴向不違三世佛教菩薩摩訶薩住如
是法生如来家生一切智道深入一切菩
薩智業捨離一切世間塵垢調伏寶心切德
圓滿无上福田廣說妙法安立衆生令一切
衆生皆悉清淨脩習攝取一切善根菩薩摩
訶薩布施寶女眷屬所攝善根迴向衆生令
一切衆生逮得无量三昧眷屬又得菩薩不
壞三昧令一切衆生悉入諸佛莊嚴三昧常
樂觀佛令一切衆生悉行菩薩不可思議自
在遊戲三昧安住无量自在三昧令一切衆
生入如實三昧不壞其心令一切衆生悉得
菩薩甚深三昧於一切三昧皆得自在令一
切衆生皆悉成就三昧眷屬心得解脫令一

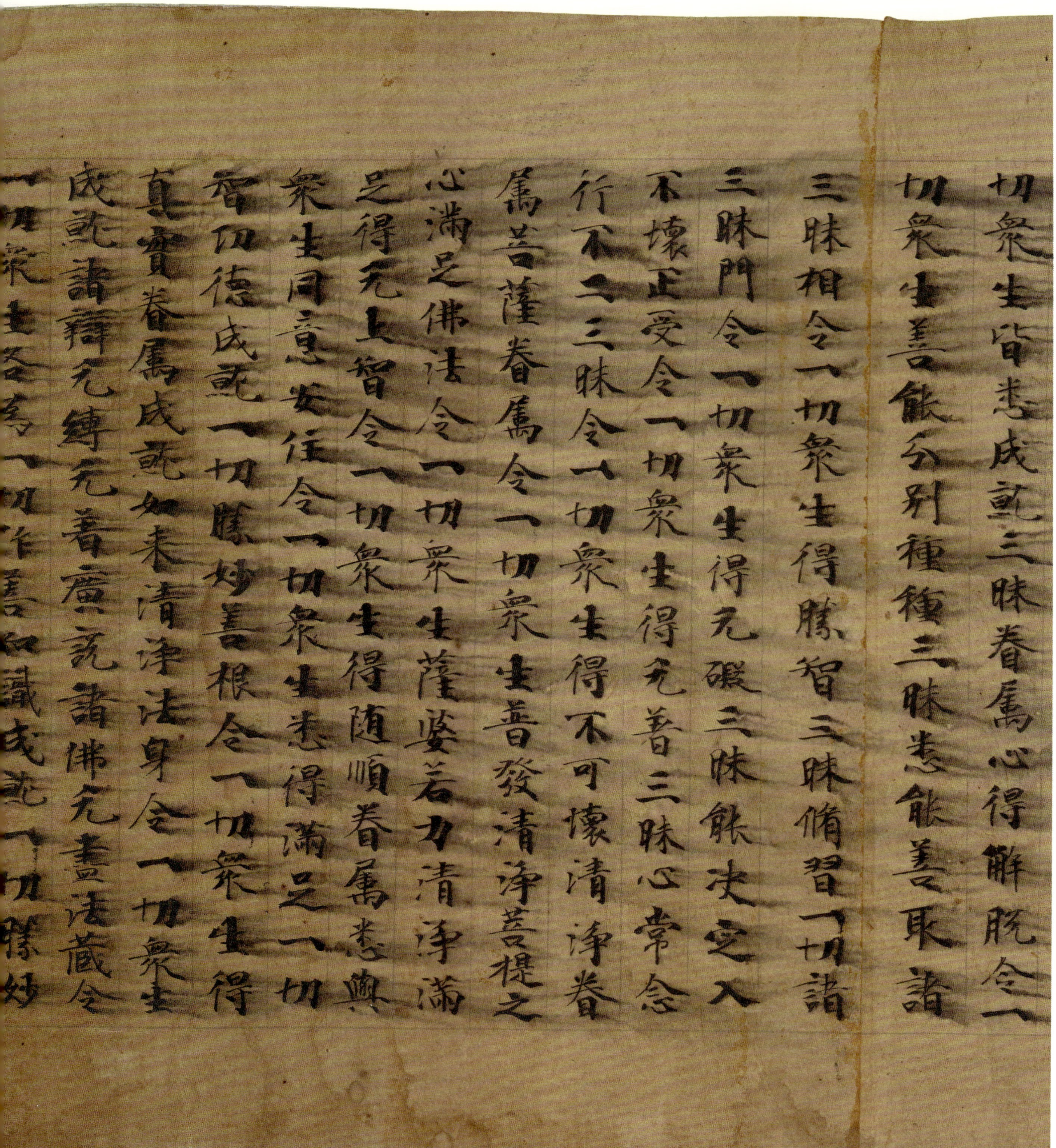

切衆生皆悉成就三昧眷屬心得解脫令一
切衆生善能分別種種三昧悉能善取諸
三昧相令一切衆生得勝智三昧脩習一切諸
三昧門令一切衆生得无礙三昧能决定入
不壞正受令一切衆生得无著三昧心常念
行不二三昧令一切衆生得不可壞清淨眷
屬菩薩眷屬令一切衆生普發清淨菩提之
心滿足佛法令一切衆生薩婆若力清淨滿
足得无上智令一切衆生得隨順眷屬悉與
衆生同意安住令一切衆生悉得滿足一切
智功德成就一切勝妙善根令一切衆生得
真實眷屬成就如來清淨法身令一切衆生
成就諸辯无縛无著廣說諸佛无盡法藏令
一切衆生咸為一切作善知識成就一切勝妙

善根令一切衆生淨業滿足成就一切諸
清淨法令一切衆生滿足諸佛淨妙法門以
諸淨法莊嚴世間是爲菩薩摩訶薩布施
寶女眷屬善根迴向
復次菩薩摩訶薩布施妻妾男女如須達拏
太子現莊嚴王菩薩如是等无量菩薩摩訶
薩乘菩薩婆若乘行一切施具足成滿檀波羅
蜜嚴淨菩薩布施之道長養清淨不悔施心
入一切施實菩薩婆若心令一切衆生皆悉清
淨具足直心具足清淨正直心已一切菩提皆
悉滿足志常樂求菩薩淨道受持諸佛菩
提願門脩習一切如來家心如是菩薩摩訶
薩意力成就求如來處自知己身係屬一切
不得自在隨彼走使菩於衆生行一切施於
未滿足者悉令滿足護持安慰一切衆生欲

欲

未滿足者悉令滿足護持安慰一切衆生欲
令自身善爲世間作第一塔令一切衆生皆
悲歡喜欲於一切其平等心欲爲世間作清
凉池欲爲世間作施樂主欲爲一切作大施
主智慧爲首習菩薩行如說脩行欲成一切
種智大悲莊嚴欲常專求智慧福田悲請衆
生長養善根建立已身崇順正教普爲一切
作智慧明正念菩薩一切施心一切諸佛常
現在前菩薩摩訶薩以布施妻妾男女所攝
善根無縛無著解脫心迴向衆生令一切衆
生普出無量變化之身充滿十方一切世界
轉不退法輪安立一切衆生於無上道令一
切衆生不貪著身諸願具足悉詣十方諸佛
世界令一切衆生尋離曾愛心斷愛悲結令

磨

一切衆生爲佛眞子行如來家令一切衆生
於諸佛所生自己心不可沮壞令一切衆生常
爲佛子從法化生令一切衆生得正悕望成
薩婆若令一切衆生修習善根究竟具足
无上菩提令一切衆生成就諸佛菩提解脫
施无上法令一切衆生得无生心不壞因緣
令一切衆生生菩提樹得㝡正覺成无上道
化生无量眞法男女是爲菩薩摩訶薩布施
妻妾男女善根迴向令一切衆生得无著解
脫无礙智慧菩薩摩訶薩見有人來從乞
家者以家莊嚴具具足莊嚴而布施之修習
威儀於家无着遠離居家一切覺觀猒惡家
業資生之具於家珎妙翫好之物不生貪心无
所味著於家衆具无染縛心解家磨滅須臾
變易出家求道究竟佛法安住菩薩住佛法

變易出家求道究竟佛法安住菩薩住佛法
莊嚴心能捨一切所不中悔常為諸佛之所
稱嘆於資生物一切住處心无染著見來求
者歡喜无量能决定施菩薩摩訶薩以家布
施所攝善根如是迴向衆生令一切衆生捨
離妻子常樂出家令一切衆生信家非家捨
家求道於佛法中淨脩梵行令一切衆生樂
一切施心不中退安住離慳令一切衆生永離
家法少欲知足无所藏積令一切衆生不樂
俗家常樂佛家令一切衆生悉皆永離鄣
礙之法滅除一切諸鄣礙道令一切衆生不
染家屬雖現在家心无所著令一切衆生善
化一切雖現在家說正覺智令一切衆生亦
住家主佛所住心常随順如来智慧令一

切衆生在家悲能惱害衆生住佛所住是
菩薩摩訶薩以施家善根迴向令一切衆生
悲行菩薩種種諸行滿足諸願智慧自在菩
薩摩訶薩布施莊嚴遊戲園林時作如是念
我當爲一切衆生作愛樂法林我當爲一切
衆生示現悅樂之處我當與一切衆生无量
歡喜我當爲一切衆生開淨法門超出三界
我當與一切衆生无上菩提滿足諸願我當
爲一切衆生作慈父智慧觀察一切三界
我當惠施一切衆生資生之具令无所乏我
當爲一切衆生作慈母出生善根滿
願菩薩摩訶薩善根迴向无猒足之心遠離
切衆生諸惡迴向正心安隱
求報恩迴向布

求報恩迴向成

BD01010 無量壽經卷上

（三國魏）康僧鎧 譯

478.6cm × 25.2cm

切[illegible]
極消除諸漏殖衆德本具足功德微妙難量
極諸佛國普現道教其所循行清淨无穢譬
如幻師現衆異像為男為女无所[illegible]變[illegible]學
明了在意所為此諸菩薩亦復如[illegible][illegible]一切
法實綵纏練所住安諦靡不感化无毀佛土
皆悉普現未曾懈怠愍傷衆生如是之法一
切具足菩薩經典究暢要妙名稱普至導御
十方无量諸佛咸共護念佛所住者皆已得
住大聖所立而皆已立如來道化各能宣布
為諸菩薩而作大師以甚深禪慧開道衆人
通諸法性達衆生相明了諸國供養諸佛化
現其身猶如電光善學无畏之網曉了幻化
之法壞裂魔網解諸纏縛超越聲聞緣覺之

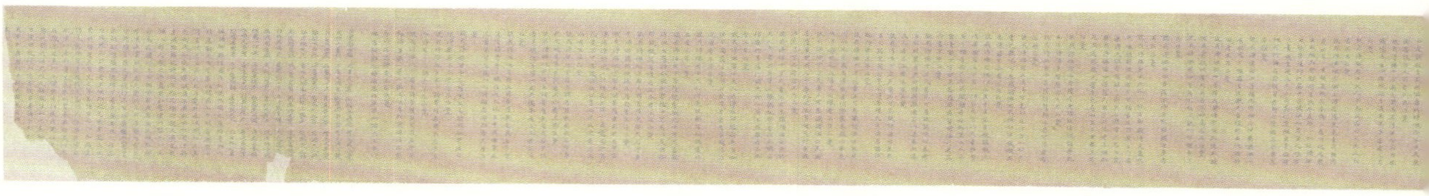

住空无相不願三昧善立方便顯示三乘
於此中下而現滅度亦无所作亦无所有不
起不滅得平等法具足成就无量惣持百千
三昧諸根智慧廣普寂定深入菩薩法藏得
佛華嚴三昧宣揚演說一切經典住深定門
悉覩現在无量諸佛一念之頃无不周遍濟
諸劇難諸閑不閑分別顯示真實之際得諸
如來辯才之智入衆言音開化一切超過世
間諸所有法心常諦住度世之道於一切物
隨意自在為諸庶類作不請之友荷負羣生
為之重任受持如來甚深法藏護佛種性常
使不絕興大悲愍衆生演慈辯授法眼杜三
趣開善門以不請之法施諸黎庶猶如孝子
愛敬父母於諸衆生視之若己一切善本皆
度彼岸悉獲諸佛无量功德智慧聖明不可

BD01010　無量壽經卷上

（11–2）

愛欲父母於諸衆生視之若已一切善本皆
度彼岸悉從諸佛無量功德智慧聖明不可
思議如是之等菩薩大士不可稱計一時來
[illegible]諸根悅豫姿色清淨光顏巍巍
合掌而白佛言今日世尊諸根悅豫姿色清
淨光顏巍巍如明鏡淨影暢表裏威容顯曜
超絕無量未曾瞻覩殊妙如今唯然大聖我
心念言今日世尊住奇特法今日世雄住佛
所住今日世眼住導師行今日世英住最勝
道今日天尊行如來德去來現在佛佛相念
得無今佛念諸佛耶何故威神光光乃爾於是
世尊告阿難曰云何阿難諸天教汝來問佛
耶自以慧見問威顏乎阿難白佛無有諸天
來教我者自以所見問斯義耳佛言善哉阿

問斯慧義如来以无盖大悲矜念三界所以
出興於世光闡道教普令羣萌獲真法利无
量億劫難值難見猶靈瑞華時時乃出今所
問者多所饒益開化一切諸天人民阿難當
知如来正覺其智難量多所導御慧見无閡
无數无量復過於此諸根悅豫

无能遏絶以一飡之力能住壽命億百千劫
无數无量復過於此諸根悅豫不以毀損

无能遏絶以一渧之力能住壽命億百千劫
无數无量復過於此諸根悅豫不以毀損
色不變光顏无異所以者何如來定慧究暢
无極於一切法而得自在阿難諦聽今為汝
說對曰唯然願樂欲聞佛告阿難乃往過去
久遠无量不可思議无鞅數劫錠光如來出
興於世教化度脫无量衆生皆令得道乃取
滅度次有如來名曰光遠次名月光次名栴
檀香次名善山王次名須弥天冠次名須弥
等曜次名月色次名正念次名離垢次名无
著次名龍天次名夜光次名安明頂次名不
動地次名流離妙華次名流離金色次名金
藏次名炎光次名炎根次名地種次名地像
次名日音次名解脫華次名莊嚴光明次名
海覺神通次名水光次名大香次名離塵垢

次名栴檀香次名寶英次名妙頂次名勇立
次名功德持慧次名蔽日月光次名日月琉
離光次名无上琉離光次名冣上首次名菩
提華次名月明次名日光次名華色王次名
水月光次名除癡冥次名度蓋行次名淨信
次名善宿次名威神次名法慧次名鸞音次
名師子音次名龍音次名處世如此諸佛皆
悉已過
尒時次有佛名世自在王如來應供等正覺明
行足善逝世間解无上士調御丈夫天人師
佛世尊時有國王聞佛說法心懷悅豫尋發
无上正真道意棄國捐王行作沙門号曰法
藏高才勇哲與世超異詣世自在王如來所
稽首佛足右遶三迊長跪合掌以頌讚曰
光顔巍巍　威神无極　如是炎光　无與等者

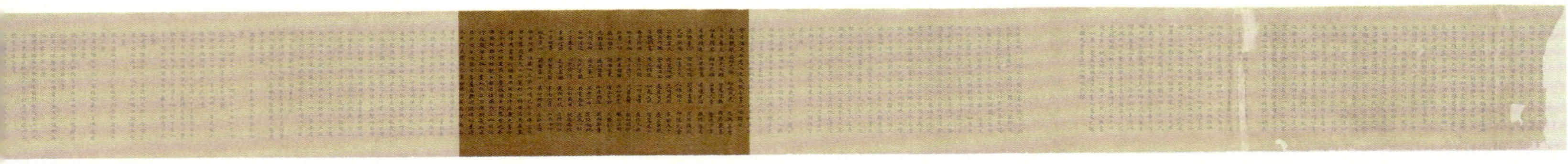

稽首佛足右遶三匝長跪合掌以頌讚曰

光顔巍巍　威神无極　如是炎光　无與等者

日月摩尼　珠光火耀　皆悉隱蔽　猶若聚墨

如来顔容　超世无倫　正覺大音　響流十方

戒聞精進　三昧智慧　威德无侶　殊勝希有

深諦善念　諸佛法海　窮深盡奧　究其崖底

无明欲怒　世尊永无　人雄師子　神德无量

功勳廣大　智慧深妙　光明威相　震動大千

願我作佛　齊聖法王　過度生死　靡不解脫

布施調意　戒忍精進　如是三昧　智慧為上

吾誓得佛　普行此願　一切恐懼　為作大安

假令有佛　百千億万　无量大聖　數如恒沙

供養一切　斯等諸佛　不如求道　堅正不却

譬如恒沙　諸佛世界　復不可計　无數刹土

光明悉照　遍此諸國　如是精進　威神難量
令我作佛　國土第一　其衆奇妙　道場超絶
國如泥洹　而无等雙　我當愍哀　度脫一切
十方來生　心悅清淨　已到我國　快樂安隱
幸佛信明　是我真證　發願於彼　力精所欲
十方世尊　智慧无閡　常令此尊　知我心行
假令身心　諸苦毒中　我行精進　忍終不悔
佛告阿難法藏比丘說此頌已而白佛言唯
然世尊我發无上正覺之心願佛為我廣宣
經法我當脩行攝取佛國清淨莊嚴无量妙
土令我於世速成正覺拔諸生死懃苦之本
佛語阿難時世饒王佛告法藏比丘如所脩
行莊嚴佛土汝自當知比丘白佛斯義弘深
非我境界唯願世尊廣為敷演諸佛如來淨
土之行我聞此已當如說脩行成滿所願

土之行我聞此已當如說修行成滿所願尒
時世自在王佛知其高明志願深廣即為法
藏比丘而說經言譬如大海一人斗量經歷
劫數尚可窮底得其妙寶人有志心精進求
道不止會當剋果何願不得於是世自在王
佛即為廣說二百一十億諸佛剎土天人之
善惡國土之麤妙應其心願悉現與之時彼
比丘聞佛所說嚴淨國土皆悉覩見超發无
上殊勝之願其心寂靜志无所著一切世間
无能及者具足五劫思惟攝取莊嚴佛國清
淨之行阿難白佛彼佛國土壽量幾何佛言
其佛壽命卌二劫時法藏比丘攝取二百一
十億諸佛妙土清淨之行如是脩已詣彼佛
所稽首礼足遶佛三匝合掌而住白言世尊

我已攝取莊嚴佛土清淨之行佛告比丘汝
今可說宜知是時發起悅可一切大衆菩薩
聞已脩行此法緣致滿足无量大願比丘白
佛唯垂聽察如我所願當具說之
設我得佛國有地獄餓鬼畜生者不取正覺
設我得佛國中天人壽終之後復更三惡道
者不取正覺
設我得佛國中天人不悉真金色者不取正
覺
設我得佛國中天人不識宿命下至知百千
億那由他諸劫事者不取正覺
設我得佛國中天人不得天眼下至見百千
億那由他諸佛國者不取正覺
設我得佛國中天人不得天耳下至聞百千
億那由他諸佛所說不悉受持者不取正覺

設我得佛國中天人不得天耳下至聞百千
億那由他諸佛所說不悉受持者不取正覺
設我得佛國中天人不得見他心智下至知
百千億那由他諸佛國中衆生心念者不取
正覺
設我得佛國中天人不得神足於一念頃下
至不能超過百千億那由他諸佛國者不取
正覺
設我得佛國中天人若起想念貪計身者不
取正覺
設我得佛國中天人不住定聚必至滅度者
不取正覺
設我得佛光明限量下至不照百千億那由
他諸佛國者不取正覺
設我得佛壽命有能限量下至百千億那由

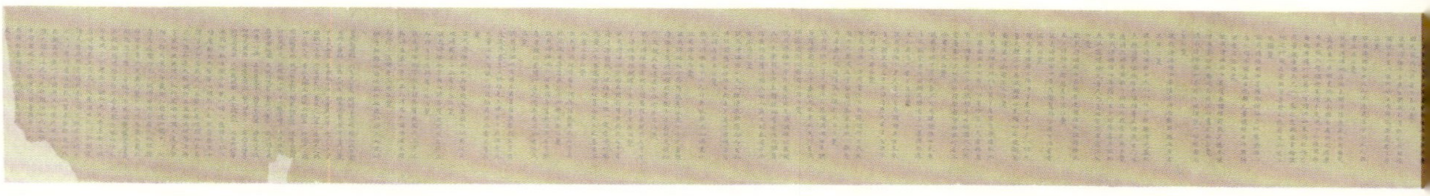

他去者不取正覺
設我得佛國中聲聞有能計量乃至三千大
千世界衆生緣覺於百千劫悉共計校知其
數者不取正覺
設我得佛國中天人壽命无能限量除其本
願脩短自在若不尒者不取正覺
設我得佛國中天人乃至聞有不善名者不
取正覺
設我得佛十方世界无量諸佛不悉咨嗟稱
我名者不取正覺
設我得佛十方衆生至心信樂欲生我國乃
至十念若不生者不取正覺唯除五逆誹謗
正法
設我得佛十方衆生發菩提心脩諸功德至
心發願欲生我國臨壽終時假令不與大衆

BD01010　無量壽經卷上

設我得佛十方衆生發菩提心脩諸功德至
心發願欲生我國臨壽終時假令不與大衆
圍遶現其人前者不取正覺
設我得佛十方衆生聞我名号係念我國殖
諸德本至心迴向欲生我國不果遂者不取
正覺
設我得佛國中天人不悉成滿卅二大人相
者不取正覺
設我得佛他方佛土諸菩薩衆来生我國究
竟必至一生補處除其本願自在所化為衆
生故被弘誓鎧積累德本度脫一切遊諸佛
國脩菩薩行供養十方諸佛如来開化恒沙
无量衆生使立无上正真之道超出常倫諸
地之行現在前脩習普賢之德若不尒者不
取正覺

設我得佛國中菩薩承佛神力供養諸佛一
食之頃不能遍至无數无量億那由他諸佛
國者不取正覺
設我得佛國中菩薩在諸佛前現其德本諸
所求欲供養之具若不如意不取正覺
設我得佛國中菩薩不能演說一切智者不
取正覺
設我得佛國中菩薩不得金剛那羅延身者
不取正覺
設我得佛國中天人一切万物嚴淨光麗形
色殊特窮微極妙无能稱量其諸衆生乃至
逮得天眼有能明了辯其名數者不取正覺
設我得佛國中菩薩乃至少功德者不能知
見其道場樹无量光色高四百万里者不取
正覺

見其道塲樹无量光色高四百万里者不取
正覺
設我得佛國中菩薩若受讀經法諷誦持說
而不得辯才智慧者不取正覺
設我得佛國中菩薩智慧辯才若可限量者
不取正覺
設我得佛國土清淨皆悉照見十方一切无
量无數不可思議諸佛世界猶如明鏡覩其
面像若不尒者不取正覺
設我得佛自地以上至于虛空宮殿樓觀池
流華樹國土所有一切万物皆以无量雜寶
百千種香而共合成嚴餝奇妙超諸天人其
香普勳十方世界菩薩聞者皆脩佛行若不
尒者不取正覺
設我得佛十方无量不可思議諸佛世界衆

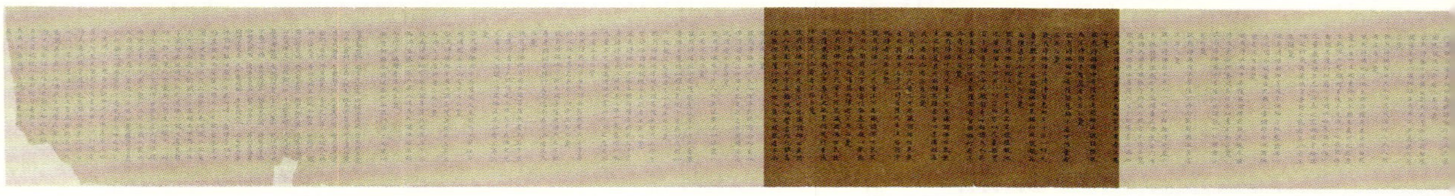

生之類蒙我光明觸其體者身心柔濡超過
天人若不尒者不取正覺
設我得佛十方无量不可思議諸佛世界衆
生之類聞我名字不得菩薩无生法忍諸深
捴持者不取正覺
設我得佛十方无量不可思議諸佛世界其
有女人聞我名字歡喜信樂發菩提心猒惡
女身壽終之後復為女像者不取正覺
設我得佛十方无量不可思議諸佛世界諸
菩薩衆聞我名字壽終之後常脩梵行至成
佛道若不尒者者不取正覺
設我得佛十方无量不可思議諸佛世界諸
天人民聞我名字五體投地稽首作礼歡喜
信樂脩菩薩行諸天世人莫不致敬若不尒
者不取正覺

信樂脩菩薩行諸天世人莫不致敬若不尒
者不取正覺
設我得佛國中天人欲得衣服隨念即至如
佛所讚應法妙服自然在身若有裁縫染治
浣濯者不取正覺
設我得佛國中天人所受快樂不如漏盡比
丘者不取正覺
設我得佛國中菩薩隨意欲見十方无量嚴
淨佛土應時如願於寶樹中皆悉照見猶如
明鏡覩其面像若不尒者不取正覺
設我得佛他方國土諸菩薩衆聞我名字至
于得佛諸根缺漏不具足者不取正覺
設我得佛他方國土諸菩薩衆聞我名字皆
得清淨解脫三昧住是三昧一發意頃供養
无量不可思議諸佛世尊而不失定意若不

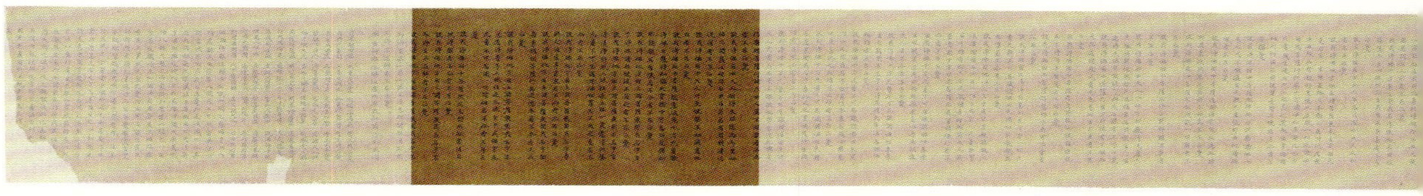

介老不取正覺
設我得佛他方國土諸菩薩衆聞我名字壽
終之後生尊貴家若不介者不取正覺
設我得佛他方國土諸菩薩衆聞我名字歡
喜勇躍脩菩薩行具足德本若不介者不取
正覺
設我得佛他方國土諸菩薩衆聞我名字皆
悉逮得普等三昧住是三昧至于成佛常見
无量不可思議一切諸佛若不介者不取正
覺
設我得佛國中菩薩隨其志願所欲聞法自
然得聞若不介者不取正覺
設我得佛他方國土諸菩薩衆聞我名字不
即得至不退轉者不取正覺
設我得佛他方國土諸菩薩衆聞我名字不

即得至不退轉者不取正覺
設我得佛他方國土諸菩薩衆聞我名字不
即得至第一第二第三法忍於諸佛法不能
即得不退轉者不取正覺
佛告阿難尒時法藏比丘說此願已而說頌
曰
我建超世願　必至无上道　斯願不滿足　誓不成正覺
我於无量劫　不為大施主　終莫濟貧苦　誓不成正覺
我至成佛道　名聲超十方　究竟靡所聞　誓不成等覺
離欲心正念　淨慧脩梵行　志求无上尊　為諸天人師
神力演大光　普照无際土　消除三垢冥　明濟衆厄難
開彼智慧眼　滅此昏盲闇　閉塞諸惡道　通達善趣門
功祚成滿足　威耀朗十方　日月戢重暉　天光隱不
為衆開法藏　廣施功德寶　常於大衆中　說法師子吼

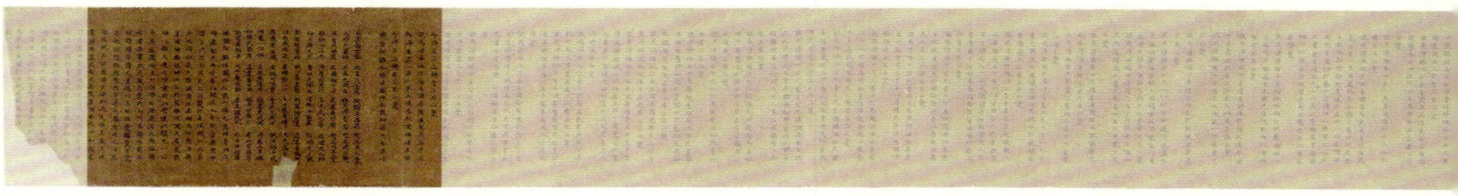

供養一切佛　具足衆德本　願慧悉成滿　得為三界雄
如佛无閡智　通達靡不照　願我功德力　等此最勝尊
斯願若剋果　大千應感動　虛空諸天人　必雨珍妙華
佛語阿難法藏比丘說此頌已應時普地六
種震動天雨妙華以散其上自然音樂空中
讚言決定必成无上正覺於是法藏比丘具
足修滿如是大願誠諦不虛超出世間深樂
寂滅阿難彼時比丘於其佛所諸天魔梵龍
神八部大衆之中發斯弘誓建此願已一向
專志莊嚴妙土所修佛國開廓廣大超勝獨
妙建立常然无衰无變於不可思議兆載永
劫積殖菩薩无量德行不生欲覺瞋覺害覺
不起欲想瞋想害想不著色聲香味之法忍
力成就不計衆苦少欲知足无染恚癡三昧
常寂智慧无閡无有虛偽諂曲之心和顏愛

BD01010　無量壽經卷上

常寂智慧无閡无有僞虚諂曲之心和顏愛
語先意承問勇猛精進志願无惓專求清白
之法以惠利羣生恭敬三寶奉事師長以大
莊嚴具足衆行令諸衆生功德成就住空
想无願之法无作无起觀法如化遠離
自害害彼彼此俱害循習善語自利利
我兼利棄國捐王絶去財色自行
教

BD01011

四分律刪繁補闕行事鈔卷下

（唐）道宣 述

2301.5cm × 26.5cm

以不見故　余於可訶頌見木葉樹皮赤黑色鮮明可以為深微有
香氣之々用作々者有如若見所說遺教法律經中五色者
此非正錄无私用之　四分云若青若黑若木蘭一々色中隨意壞
善見云若未作比丘凡盡無在肩青色黑泥赤色鮮明　准此木蘭色也
若見著五大色衣作比丘有智慧者出由上々此是遭賊失衣比
丘　准此赤色不合多也　准上律論及經並不得純色并須壞不成受持
者々得罪如通相中　四量是非四分云安陀會長四肘廣二肘
欝多羅長五肘廣三肘僧伽梨之亦然此下衣極成近小當取
通文律言量腹而食度身而衣取足而已准此無定量任時進
不雖爾之須指准故十誦中先立三品之量今准薩婆多中三衣長
五肘廣三肘若極大者長六肘廣三肘半若極小者長四肘廣二
肘半者並如法若過若減成受持以之可截續故鉢若過減不
成受不可截續故若過量外應說淨不者犯捨墮　說時應在受後以法衣外者為長
五分肘量長短不定亦隨身分量不過衣寸　五条衣內不可

十誦云若五七九十一名十五若過應割截作　薩婆多云僧伽
梨三品九條十一十三是下品十五十七十九名中品廿一廿三廿五條名上品
四分至十九條云若復過是名應畜錯注不字今時有卅三條者元正教
制聞聖迹說云如來著十三條大衣　智論云是麁布僧伽梨
也准此以為大准隨力辦之　六堤挍長短　四分文不了五條七條
具明定量長短大衣准同　婆論云大衣下者兩長一短中者
三長一短上者四長一短名如法作若手增減成受持著用得
罪　所以須割截者四分云不為怨賊所利　十誦為外道異故
律中沙門衣三種賤一刀賤謂割壞故二色賤不正色染三䩫賤謂糞掃世弃者七重
數多少　四分等律云不得細薄大衣二種餘二衣並一重此
謂新者若用故者十誦云四重作大衣二重作七條五條等
薩婆多若新大衣三重一重新二重故係如十誦故彼律云若三
重作大衣坐具若以新衣重縫作時者過限中墮聞悔摘却者吉
律中糞掃衣隨意多作　薩婆多云重縫三衣後有因緣摘分

中國國家圖書館藏
敦煌文獻·第六八冊

律中更有持衣隨意多少　若過是之名重從三衣設有因緣攝分
持行到村聚落名不離衣宿若是言者本界內從言已進與有
六洞又本身三衣同益又持等以手臨又以身之乞義　八作衣亡乃法四分大
衣之時要是新五條衣縟　僧祇若作衣諸人相助一日作不竟應
益衣之事并染作之教更回剃中合己之也身親者向那律說三衣等自比
丘同時為連合乃成四分尺五日不成僧伽梨得疊付丘把捉羅
若婆多有緣得一隔不相作三衣則不肥長若小衣五肘外三衣
古肘外有長者須說淨　四分律坐衣長四五肘若五割作衣深少
令持非式作若作五納衣得上色坐衣之時若作五納衣　五若
受緣衣作律又律並無有衣令持拭並納多從者或疊作衣若四分律衲衣不或手四上半
四下作之可一切五四羅若之雜色綵作有衣上作持福處以之外道
法論闕　四羅衣欲不請之作衣法若持若雜若持若雜中持之事
兩向雜若得衣不足乃至一長一短作若揩力若從化言作乃至不
足作作得長多寡　准此條之大衣少似不得成之義法正從三品
律有顯用　十誦中有緣情作制等　僧祇量作之時頭縫之應割
[illegible]

[illegible]

作三衣中先作淨安紐受持　十誦佛自教比丘施鉤紐法□肘去緣四指

施鉤後去緣八指施紐應如是作准此以左肩上常以衣右角覆故

出鼻奈耶律　十誦又云卻刺者是佛所許如法當用直縫不得是世

人衣爲異俗故又防外道故又云以一尺二尺物補衣皆應卻刺若直縫

者衣主命過應擿此物與僧及以與看病人四分但云縫僧伽梨准用

十誦三千威儀云三衣怙四角十誦名尒　四分揲角令安揲葉又云應

安鉤紐肩上揲障垢膩處十誦若垂揲衣比丘以佛制不著割截

衣入聚落便補怙作鉤爲衆施緣佛言即當割截上安揲得成受持

十誦比丘用者入准此貧少衣脈定用入俗　三明受衣法就中分付首

必答也初中四分但云三衣應受持若疑應捨已更受有而不受吉羅而

無說文昔有人依僧祇法者彼護衣與四分不同（僧祇一夜通會　四分唯對明相）今依

十誦（以受持相類故）若大衣中隨條數多少而有正從兩別大衣正有十八品從有

六品七條正有二品從有廿二五條正有三品從有廿一通合言之七十二種三

衣緣通三處合爲一也餘如鈔疏中　今先受法應知安陀會爲始

此衣正有三品謂割截褔葉褋葉也

[illegible]

此衣已有三品謂割截褊葉襟葉也
加法云大德一心念我比丘某甲此衣安多會五條衣受長一搩割截衣
持二云屈稱衣持 若揲葉令外相同割截刺遶明遶者云 揲葉衣持餘同十誦 若兩邊俱縫者但同縵衣 若論
從者 即用大衣十八品七條二品等 大德一心念我比丘甲某此安多會廿五條衣受四長一搩割截衣
持 揲葉准同乃至七條其文准用改之 若縵衣者 上明從者據安多會爲言若鬱多羅僧伽梨並准此改革縵衣改名爲別今據大衣 十誦云大德
一心念我比丘某甲是縵僧伽梨受持 餘二衣准改 若中衣之大德一心念我比丘某
甲此衣欝多羅僧七條衣受兩長一搩割截衣持 揲葉准改若從 衣中准前改法 若上衣者
云此僧伽梨若干條受若干條長若干搩割截衣持 揲葉准用六通元品條堤不同隨衣改之故不定指不同中下衣多相易明
上明三衣受竟律制並須三說彼律受衣前教言我某甲此衣僧伽
梨若干條受若割截若未割截是衣持三說乃至安陀會亦尒 此示割者揚云也衣全未割截
若得好來入受衣 薩婆多云五大色者下成受則袈僧白布袈裟等非法如是例
之多有黑青赤黃四色元多白者已言如上不成令以凡情若受此則一生无衣
覆身一死自負瞿責何慮元惡道分悲哉 次明捨法 准用僧祇四分元文 大德一心
念我比丘某甲此僧伽梨是我三衣數先受持今捨餘二衣同之 一時受一時捨越
毗尼 若尼受餘二衣者 十誦云大姊一心念我比丘尼某甲是衣厥脩羅受
長四肘廣二肘半是厥脩羅衣持三說 准以祇支 是衣長四肘廣二肘半是覆

肩衣持三衣如法作衣　財量應成　僧祇云當作衣覆肩衣者是宗

兩衣僧祇支得提羅尼祇支長佛四搩手廣二搩手手減過二提尼五衣者覆

肩衣水浴衣及三衣也 准此部別不同四分合有祇支覆肩等　二明心念法　五分獨住比丘三

衣中須有所換易應具儀手執衣心生口言我比丘某甲此僧伽梨若干條今捨

三說已然後受所長之衣一如前威儀云我比丘某甲此衣僧伽梨若干條受

餘三衣同准　四雜料簡分三初明受捨是非者　十誦云借衣離宿但懺

墮羅不得捨衣　五分諸比丘不捨先受持衣更受餘衣成受衣三衣說淨亦一

得不捨故吉羅　善見欲易三衣無人可對手提衣自說名字者成若不捉不說

者不成　諸受持衣雖被穿破不失受若上三衣廣邊八指內長邊一搩手內穿

不失餘處穿如小指甲失受有擿縷者不失要隨會廣邊四指內長邊一搩手內穿

不失條處穿失補竟受持　薩婆多但使緣斷即失受　善見云若施人賊奪

若失羅道作沙彌若捨若離宿並名失 穿失如上　四分中若失想道斷難緣等

失受具有四謂染漏情界失不失犯並如隨相及鈔疏　薩婆多三衣雖不受

持過日無離衣罪有壞威儀欽衣二罪 不同善見　若本說淨今作三衣即失本淨又

捨此衣已更受餘衣前衣說淨不者犯長　二補浣染者　十誦云以小

段物補衣若却刺者不須說淨若直縫者服服須說不者服服得二罪

毗尼母云若長衣未滿十日未作淨施內已作淨縫內著衣上得畜若內未淨縫也

BD01011　四分律刪繁補闕行事鈔卷下

比丘母云：若長衣未滿十日，未作淨施，內已作淨，縫內著衣上，得當若內未淨縫也。
淨衣著爲時衣，和合淨通二種淨法（文中縫之 准前時剎）。善見：若衣欲破未穿，或一條二條，先
以物補後割却，故亦不失受。袈裟法：衣背更欲破，當轉著兩邊，先令剝連相著，後
以刀破開，然後却剝，緣不失受（多論：縫斷便失，隨情兩論）。袈裟若大減却，若小以物裨，皆不
失受。若浣染色脫，色上色，皆不失受。　五分：衣若弊壞，聽補治，以複緣却剝
上得直縫（十誦：不開縫者，理須時剝一針）。四分中三衣壞，聽內重線編邊，隨孔大小方圓補，不得
孔大以少物補，令縮小，應及孔小，廣二指。大補治，應須捺張，依之律令，早補，并同
善見。多論：衣內大小縫不斷者，不失。此言通得兩用，无損四分。云縫亦患曲以請
色土送治
　十誦云：衣服恒須淨潔如法，不尒，則人非人呵
第三受用聚舉　十誦：護三衣如自皮，如眼目。著大衣者，不得捷木在土
草掃地、數臥具、坐具等，不得腳躡，敷坐臥上，擬身著。若入衆落，不得曳衣去
村遠，除著肩上。近村有池，注水洗手腳已，若无者，取草木拭塵土，然後著衣紐
而入。若逢奔車逆馬，當在上風避。若有泥棘道逢者，不得指突，门小側身
下者，曲身治禪病。經懺重罪者，脫僧伽梨著。安居會，供僧苦役，乃至掃塔除
糞，經八百日，滿已著僧伽梨入塔觀像等。　十誦：所行之處，與衣缽俱，无所顧戀，
猶如飛鳥。若不持三衣入衆落，從人處乞羅。　僧祇云：比丘三衣，衣缽盡須
[illegible]道[illegible]出界[illegible]兩[illegible]三衣口答息　五分：三衣[illegible]身[illegible]皮

常[illegible]

如飛鳥羽翮相隨諸部並制隨身令時但護離宿不應教矣　明了論受功德衣着

一披一得入衆落留衣　四分有五緣留僧伽梨若有恐怖若疑怖二若雨若

疑當雨三徑當僧伽梨四若浣染五若染藏舉入衆落必須着割截衣

十誦若內衣旋鉤蘭當割截入村衆僧祇得借着大衣入俗　五百問云不能

着大衣入衆落但持着肩行者不犯　僧祇若着脫三衣必須取衣近身然後

脫若之不得脫圓中衣着內衣求入衆落衣應先求入衆落衣自近脫圓中衣舉已

然後着入衆落衣從衆落出已應取圓中衣自近枏株入衆落衣着常處後

着圓中衣　此謂僧伽梨也　僧着內衣法不得脫入衆落內衣之方求定圓中內衣脫圓中

內衣着入衆落內衣二示二示得先着入衆落內衣於下挽出圓中內衣出先着圓

中衣不得挽衆落內衣出應從一邊着一邊出之不着者攤曬舉之回風

吹衣落割入衆者必帶紐行若无用針綴无針者不至手捉若衣无紐隨入家

家得越心悔　有而不着越毗尼　披衣時當通肩披着紐齊兩角左手捉時不得

手中出角頭如羊耳　五分二得四牒大衣枕之中含多處文云枕大衣臥七條中

婆沙中無示　三千威儀往不着泥洹僧不得有僧祇文如是重三乃至家上着

僧伽梨　故知三衣上下重着　五分律云比丘反着衣入村人見不喜呵云与不割截衣无異世尊呵責

縵衣着出村入村為草木鉤衣破裂風雨塵土汙坌入葉中日果壞色鳥汙者

聽為護衣故衆竟外反着之若衣下易壞聽顛倒着衣上下安鉤紐及帶兩

時人有[illegible]

BD01011　四分律删繁補闕行事鈔卷下

聽為護衣故衆泥外又著之柔衣下易壞聽顛倒著衣上下安鈎紐及帶兩
時不應倒著　四分又著衣因之　舍利弗問注初聽褊袒者謂執事
恭敬故後聽通肩披衣福田相故　律中至仏前上座前方褊袒也
經中通肩披衣五百世入鐵甲地獄　三千威儀若无塔寺无比丘僧有盜賊
處國者不樂道到彼國不著三衣者得著三衣在下身在高處坐不得
決正二部律論著大衣者入村見師僧上座別人不得礼由敬處尊當自陳意　三千威儀云
著三衣不得向仏塔上座師上師二莫背不得口銜及兩手舉　鼻柰耶云不
得垂三衣前角注云不桃著肩上而垂辟肘前以垂辟上名鳥鼻也　五百問云无中
衣時得著大衣上講礼拜小衣不近身淨潔者无七條者五條亦得入衆食
礼拜等准此踏行見塔著下衣者不得作礼　不著三衣受食犯墮借人三衣著不得出界經宿
界内不限日數　十誦亦云不著袈裟食者得罪下云三衣
五分得新衣令有德人暫著得福　僧祇得乞小片衣与俗人攘災難舍
似令承阿難蔫多羅僧与婆四吒女著　賢愚經師子敬著袈沙衣人故
成佛　二明作法攝衣界其自然攝衣界十五種不同如隨相中此但明
加羯磨者大義如鈔別疏今略明之一切大界凡有三種若界大无
伽藍但有住舍此須結之謂僧院外勢分内得護衣勢外界内
……等及界小……加藍此二不須結之竟究外

勢分內又成失衣故也　諸家並法不……
解不同有无並須結之以結隨其坊難難故若有村者現除懸
結（以村後去隨去置衣）若无村者現結懸除（未来村有不得置衣若村去者還得攝）以先結成故
直由染号情号隔号界号故失衣不由村来去便令衣界增減
也此是定義五分等律明文任情量乖薩婆多中所除者
五義一聚落不定衣界是定二為除誹謗為除鬪爭為讓梵
行等　四分中初衣結界二有村住後因有事方言除之加法大德
僧聽此處同一住處同一說戒若僧時到僧忍聽結不失衣界除
村村外界白如是　大德僧聽此處同一住處同一說戒今僧結不
失衣界除村村外界誰諸長老忍僧於此處同一住處同一說戒
結不失衣界除村村外界者嘿然誰不忍者說僧已忍此處同一
住處同一說戒結不失衣界除村村外界竟僧忍嘿然故是事如
是持　解衣界法（律云應先解衣界後解大界　十誦先解大界衣界二失故）文云大德僧聽此
住處同一住處一說戒若僧時到僧忍聽今解不失衣界白如是
大德僧聽此住處同一處同一說戒解不失衣界誰諸長老忍
僧同一住處同一說戒解不失衣界者嘿然誰不忍者說僧已忍同

僧同一住處同一說戒解不失衣界者，僧默然；誰不忍者說。僧已忍同

一住處同一說戒解不失衣界竟，僧忍默然故，是事如是持。

二明坐具者，四分為身為衣為臥具故，制長佛二搩〔此梵音又謂長大 梅指弓中相去〕

〔也此字應從法搩字手邊從桀也是造桀者此搩字也 言搩者乎及謂是一搩手為搩二搩手為步三尺依刃〕手廣一搩手半廣

長更增半搩手 諸部論搩不定，今依五分佛一搩手長二尺准

尺者則二尺六寸七分強，此用二尺為搩手，准姬周尺也，此通應隋陽

諸國常准不改〔即廣今三尺五寸 用一尺二寸為尺〕但隨俗流則不定也。量〔或此應用 用尺別廣〕

〔不五分六種 同明〕了論云人長八尺佛則倍之丈六是也〔依廣別亦 知是大小〕蓋十誦云新

者二律故者四重加縫一因 僧祇云不得趣介減續持小

依羯磨作數具上當二重作欲說羅一重。十誦具二重不得坐頭章縫

量水漉囊，欲令乾已長大者成便非道受用故縱越尼 身一不祇云新

新尼師壇故者緣四邊以亂其色，若作者應安緣 五分須揲四

角不揲則已 四分云若減量作若過量作兩重並得〔謂二重本為護故 量故揲〕

十誦不應單尼師壇雜色□□□□□□□□□□□□□

應齋宿但衣祇支更坡者二重三重莖豆去夫三指三過上波逸提

諸律增者於緣外增之　四分七百結集中得畜不截坐具是非法故擅而行之

准蓋縷之相不截不犯過量坐具不截而畜亦應无罪此䟦闍子擅行十事便集閻浮提

僧斷了此應久廢今往往重興則用䟦闍妄法也　十誦作不益縷邊

尼師檀淨　伽論言不接頭者隨今時通量取增文則長五尺等並結提羅如法者准初

量已截斷施緣若坐時膝在地上者依增量一頭邊接

裸之此是定教正文不依此法至元如法處坐也薩婆多仙在時比丘不臥者

多故小後開益縷際從纖邊唯一頭更益一搩手令比丘臥僧臥

具今時有武本一搩者此是十誦律四分有者錯用故准論凡長小尺六尺廣三尺增臥具八尺四尺四分明坐具法累不須

用之但用增法必欲准用二須畜之不成受持且將說淨僧祇坐具者此是隨坐衣不

得淨施及取薪草成臣磨此番牛屎唯得敷坐　善見云須受持

不合淨施不出其文義加云大德一心念我比丘某甲此尼師檀應量

作今受持三說其用法大同鉢也准例加持云若破壞須換易者當捨之文同受

法改下云今捨也　僧祇得敷坐在道行得長襟中疊著衣囊

上左肩上擔若至坐處當衆而坐若置本處當中掩之後徐

上左肩上搭若至坐處當衆而坐若置本處當中掩之後徐
舒而坐凡坐法應先手案然後乃坐　聲愚經舍利弗以尼師
擅著左肩上入衆降邪道　鼻奈耶多聞者肩上入山坐禪今在
左解之是非法　三漉水袋法物雖輕小所為極大出家慈濟
所意在此今上品高行尚飲用虫水況諸不肖焉可言哉故律中
為重命虫漏制飲用二式由事常現有用者多數故也餘緣如隨相
中今故抽現重明准仏意也　薩婆多欲作住處先看水中有虫
不有者作餘井猶有捨去凡用水法應清淨者如法漉水置一器中足一日
用眼上細疊一肘作囊令持戒審悉者漉水竟著淨器中向日諦視看
故有者如前說　僧祇虫大細者三重漉囊猶有虫者更造井
諦視有虫者捨去　四分作漉水袋如杓形若三角若作宏廓若作
漉瓶若患細虫出聽安沙囊中漉訖還著水中不得无漉袋行半
由旬无者以僧伽梨角漉　准須覆袋中以淨觸相涤故　此國多用絹作者余親取已
漉竟水內里色器中蔽小細虫无數同水塵量故涅槃有言塵邪虫邪
此言也言也爰取致東土式漉之方蓋文月此者由主帝實重之

唯在於漉袋，然不知所爲處，准損生妨道者，猶不畜漉袋
縱畜而不用，雖用而不寫，無雖寫而損之，命且在，無生一念，尚不
能遵奉，餘之威儀，見命常沒其中　二明聽門，分四。初百一
諸長，二糞掃衣，三檀越施，四亡人物。初中分二，謂百一供身，令受持之長物，及
餘令說淨畜。初中，薩婆多云：百一物各得畜一，百一之外皆是長物，若
似寶，入百一物數，不須說淨。餘者一切器與非器，一外皆應作淨。謂施僧祇俗人
我弟子者，三衣足，遮寒苦者，性不忍寒者，聽故衣隨意重著
五分云：三衣、襯身衣、雨浴衣、覆瘡衣、蚊廚、敷經行處衣、障壁虱衣、
單覆衣（覆僧床外具，可床四邊而下垂。四角著尼上坐具）、謢腨、膝、謢髀、謢頭衣、拭
身巾、拭手巾、拭面巾、針線囊、鉢囊、革屣囊，如此諸衣，若似
衣，皆應受持，下文聽畜針三口　十誦：諸如法所用衣，僧祇支、泥
洹僧是，衣名作波利迦羅衣（晉言助身衣也），云何受，應言是某色波利迦
羅衣，我受用故（應五衆邊而受，謂當法為言）　善見：三衣、雨衣、尼師壇等，此須受持
不合說淨，雖穿破，不失受，應道其名字。手巾得畜二，雜衣隨多
少，餘衣唯得受持，一不得多　十誦：七種衣不作淨施：三衣、坐具、雨衣、

BD01011　四分律刪繁補闕行事鈔卷下

少僧衣唯得受持一不得多　十誦七種衣不作淨施三衣坐具雨衣
覆瘡衣交及百一供身具　薩婆多云百一物中表一鉢必須受持
自外若受則可不受无過沙弥畜上下二衣并畜泥洹僧竭支富羅
隨身所著各得畜一自外一切盡是長財除錢縈其一切長衣十日內
同大僧法唯揔作吉羅悔爲異　次明長衣法分二初明長相後
開說淨　初中自鼻柰耶云長衣者一日成故　僧祇支法此是中國梵音也此昔云上狹
下廣衣
四分應繫僧祇支入聚落若安帶若縫之得上狹下廣衣當用
作僧祇支　十誦因入聚落露胸聽著僧祇支風吹落應著帶
不著吉羅五分不著僧祇支入聚落吉羅　僧祇云支覆肩衣四肘
廣二肘如是受持准此衣相猶有覆肩之量今時所著者同律上狹下廣此乃後魏中有師改法裁縫之又出疏解廣明也
涅槃僧法此云內衣　僧祇仏於僧前自著內衣教諸比丘因制戒　十誦作
時著小泥洹僧　三千云泥洹　著法一不持下著上二使四邊等三襞
頭近左面四結帶於右面五當三繞不垂兩頭餘法如彼　五百云大寒
得繫著腳　四分下得及攝著以白衣家解露故應作帶著不得以

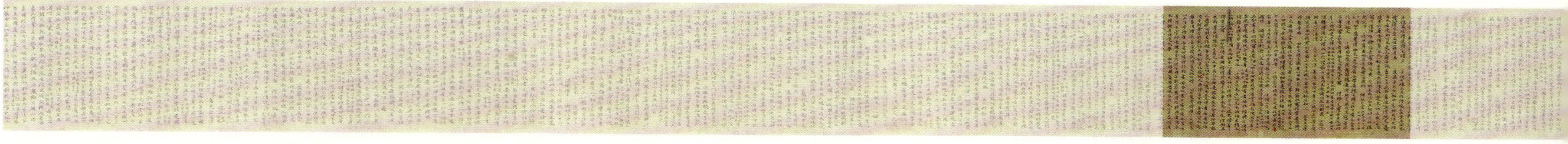

今吳蜀之僧多有用此着裙者　十誦五分作時取衣從後岐間過攝　用帶圍遶以遶之
前着下衣法左掩其上兩邊兩攝當後兩攝　十誦云泥洹僧破應
攤作　脩羅若軟體比丘近指蹲破下開五寸許應受之　此似裙而闕縫合也
五分有着拘脩羅衣者俗人呵言何異我等着貫頭衣便不許着之
安陀會壞聽權縫合作褺着　是類女人裙也　今時有着褊袒褡膊方裙諸
裙䙓衣蹲衣等並无正文可依　十誦五大色衣一切毛衣偏袖衣複衣
一切梅衣一切貫頭衣兩袖衣一切囊衣一切衫袴褌白衣衣服不得着着
得突吉羅　四分不得着襖褶袴行縢手衣草衣皮衣皮帽樹皮
衣樹葉衣珠瓔珞衣鳥毛衣牛馬毛衣如是諸衣並不合着汝等癡
人避我所制更作餘事自今以去一切白衣外道衣並不得着若着如法
治中阿含云我說一切衣服飲食牀褥人民得畜不得畜者皆不定
若畜便增長善法我說得畜反此不得　四分眾僧得種種衣聽畜
比丘須者借着若處所壞得移餘處若本所還立當依舊安置若
着僧衣當好愛護勿令汙泥不得上廁五分爲僧作時得着僧衣
不得襯身作竟浣舉　四分因開着檀越施衣故孤沙王送所着

不得襯身作竟浣舉　四分因開著擅越施衣故祇沙王送所著
貴價衣及貴價氍數仏令廣三肘長五肘毛長三指者應淨施
畜餘廣大長毛者不得若大價衣在地不得在上行
十誦得坐綾羅錦綺上不得行　五分繡錦褥敷者吉羅謂俗人家中
四分給住房比丘中聽與坐褥卧褥地敷襯體衣拭被三衣房衣諸
諸藥等若故不住者沙门一切所須皆与又云寒雪月患寒聽著
複貯衣又聽鉢囊草屣囊鍼筒禪帶要帶帽拭脚巾攝熱
巾裹革屣巾等及拭面巾拭身巾拥淚巾九高衣白衣舍必須染
壞色作沙门衣法　五分借俗人衣不還則已　四分不得皮上坐
除邊方得上色染衣上色錦衣不得畜壞色得畜得畜故厨不得
著皮帽若患瘡得畜覆瘡衣元者僧中取將出外亦得瘡差送
本處　中含何難得王貴價衣令仏蹈已然後自用令施主得
大福　餘依准此　四分邊方比丘曲開五事一持律五人受大戒以僧少故三年方集二者
重革屣以砂石多故三數數洗浴土地生苦故四數羯羊皮白羊皮鹿皮為卧具
以彼方無餘卧具故五聽比丘得衣以手數滿十日以元人所對故律云東方有國名白
木除已外更聽　業梁時貢賦圖云西蕃白木調國來貢獻則此在彼東南

在高大床上若獨坐繩床木床牙床覆以馬皮爲皮錦縟雜色
卧具氍氀若用狙毛貯縟等並不得坐唯白衣舍无餘怵蓐可
坐者開除寶床不得乞生皮若汲水繩新聽用皮作索若戶繩
壞聽用皮作若戶樞不轉若壞聽以皮治裹之若以皮作要帶
禪帶皮紫並不得若作帳軒不得道行患熱以衣爲覆障
二乎之當畜善助謂禪帶也廣一尺長八尺頭有鈎三重用甄革
條法如彼應私屏處著之　寒霜國須袜聽從非親俗人乞
作不得餘用　比丘尼母云處聽著俗人靴　五分作雜大澡
聽齋課上比丘作靴如韡法不得若餘國著富羅若履更有所著
隨意著之　比丘尼母云所以脫草屣遶佛行者以俗生人呵言起慢
心故五百問云淨潔韡鞋履得著禮拜　五分得新履令淨
人著七步　四分聽爲護身衣卧具故在寺内著一重草屣若
穿壞以樹皮補以筋以毛以皮爲縷線縫之若得生皮聽自
柔治若使人柔竟裁作一重草屣不得著入聚落中　文中回住
道在聚落脫草屣偏袒有發佛言若有所須與隨時　准此開

BD01011　四分律删繁補闕行事鈔卷下

道在聚落犯草屣褊袒有發仏言若有所取與隨時准此回入衆落
中不犯草屣 褊袒明文證 又不得用雜色皮若持絹布若編邊若青黃赤
白色等作草屣等並不合用若得錦色草屣壞色已聽畜若
以芒草等作草屣亦不得若在寺內聽著蒲草屣若破以
皮著底不得畜四種寶屣若木屣開上大小便廁屣洗足
屣也已外一切屣不得畜　二明作淨施法六門一料說意二三
施主六差別三開說進不四說之法用五辯施主存亡[illegible]以六
明失法不同　初中薩婆多問曰此淨施法真邪假邪答一切
九十六種外道无淨施法仏大慈悲方便力故教令淨施是方便
施非真施也令諸弟子得畜長財而不犯戒　問仏何以不直令
畜長財而殖与結戒設此方便答仏法以少欲為本是故結戒制
令不畜而衆生根性不同悟入各異如昔一時開七寶房舍比丘
入中便證羅道所以隨其機報先制後開　何故開十日答云
仏知法相不緩不急正開十日使籌量布施人縫治作衣及說
淨竟女若放逸不說淨者以惡心故不滿十日皆已舍墮也持

中菩薩法以有淨施法涅槃亦……二解施主法前中衣
藥鉢寶穀米等並須施主前明上三施主　僧祇云五衆得作
善見云展轉者五衆中隨得一人作施主　真實者至比丘所不
言對沙弥也　五分云五人不應作一不相識二未相諳悉三未相狎
習四非親友同師五非時類復有四人一不能讚歎人二不与人好
名稱三應淨施五衆四不得与白衣　義准前五真實淨主後
四展轉淨主　十誦不得拜二三人作淨應与一人若將他淨施
物不還應索取不得者强奪取語言佛有教為清淨故与汝
汝今將去已犯吉羅自今已去說淨者應籌量与一好人謂對首受淨者薩
婆多求持戒多聞有德者而作除惡邪四重得戒沙弥龍聾盲
瘖瘂顛狂心行別住六夜五法人等為令清淨作證明不生鬪諍
如上等人則不如法非此人者用為施主後得物已於一比丘邊稱施主名而
說淨錢寶穀米等並以俗人為淨施　涅槃云雖聽受畜要
須淨施篤信檀越　薩婆多云先不知法白衣等如後所說
三請法聽不　先明須請薩婆多云應求多聞人等若死者便更

BD01011　四分律删繁補闕行事鈔卷下

三請法聽下　先明須請薩婆多云應求多聞人等若无者便更
求清淨者作欲令作於明則名如法故知面請也乃至錢寶亦言
語令知比丘法令以檀越爲淨主此明文開請　次明以不須請五
分云於五衆中隨意与之　以當時指示當部无文隨二部用德望高　遠不可附及依多論用者可尤清者必須
請法應具儀至大德所前告本意許可已然後說言
大德一心念我比丘某甲今請大德爲衣藥鉢長轉淨
施主願大德爲我作衣藥鉢長轉淨施主慈愍故三
請　准善見文　五衆通得　若至所告云我今請比丘爲長轉淨施之
幸願爲之　下三衆例尔請法无文義加　真實淨者　善見對於比丘以親對說淨五等四衆無共作
法義　不由　文云大德一心念今請大德爲衣藥鉢真實淨施
主願大德爲我作真實淨施主慈愍故　三請實施主者
多論云先求知法白衣說之若不知者告令解之至彼所云
比丘之法不得畜錢寶金銀穀米等今以檀越爲淨施
主後得錢寶盡施……

作餘藥等並同長衣十日說事

五分心念說者具儀捉衣心生口言我此長衣淨施某甲從

彼取用得至十一日復如前威儀口言我此長衣從某甲取還

得至十日復如初說淨施與某甲從彼取用如是捨故

授新十日一易　僧祇心念說淨二成犯者內心說淨

而口不言是名非法淨越若口說者无罪律中捨故受

新十日一易應是不說淨者（或可說淨故令展轉）對面展轉者至一比

丘所具儀手捉衣口云大德一心念此是某甲長衣未作

淨為淨故施與大德為展轉淨故（彼受請者）言大德一心念汝有

此長衣未作淨為淨故與我我今受之（當語言汝施與誰）彼答言

施與某甲（即淨主若字）大德一心念汝是長衣未作淨為淨故施

與我我今受之汝與某甲是衣某甲已有汝為某甲故善

護持著用隨因緣（並盡葉並准此）外三律由前對面作淨而主淨

竟同制不得對面使知又施主後知恐犯長仏言不應

竟同制不得對面使私又施主後私從犯長仏言不應
許令私別處說之善見對面淨者并縛相著至一比丘所胡
跪言我有此長衣為淨故我今施汝正得賞護不用
得云何得用若云此是我衣隨長老用若尔者得用
若正作法者同前儀式大德一心念我某甲有此長衣
未作淨為淨故与大德為真實淨故二淨依四分文寫三淨成就
者善見言施与大德捨与大德与大德等並成若言願
大德受此衣等不成与真實受者言我取我受者成
成若云我當取欲取等不成受一說成不須三遍
五分淨擇說者其儀至比丘所云長老一心念我比丘某
甲此長財於長老邊作淨施彼應問言長老此衣於我
邊淨施我持与誰若言於五眾中隨意与之彼即語言我
今与某甲若須從彼取用好受護之謂展轉淨也淨法常又云草須說施主及財物所屬
徒令淨人看多　　戒寶淨者　數未等　聿云當寺至可言受

令淨人持應須使俗人令知是物准僧祇不信俗人使在前
行至淨主所如前作法若彼淨人得淨物來者應受持之
餘有進不隨相冊中廣明。五存亡進不僧祇齊三由旬知
其存亡 五分知其在世在道以不 薩婆多施主若死入
異國更求淨主等 四分無文隨意採用並淨施之法
必准論律名行高尚者令遠近通知然汎尔恒人同青
便成法失 以不知行業不應故 六作法失不之義 僧祇沙彌邊作
淨若受具稱無歲比丘若死者得停十日更須說淨 有人言真實主
亡財失展轉者不失此亡讀律 文明二淨俱亡以並非亡主 若不知施主存亡便失淨法不
得過十日 薩婆多施主若死更求淨主除錢寶穀米
一切長財盡五眾邊作淨 三寶俗施主二須十日內更請 十誦若淨施主是
弟子被師呵責者不得作淨應更淨餘施人施主若死二
須更覓施主亡者物不入僧以財屬他別人假名施也 准此前展
轉不須者課矣又上文一人為主不得稱二三人便与五分

[illegible]
轉不須青謀矣又上又一人爲主不得稱二三人便与五分
淨點有違戒是立法今承五家及至作法常指一人善見若因淨
施方便藏還不還計直犯罪本主故私屬僧祇若衣多忘不識
應取一切衣集着一處當捨言我此衣淨施与某甲我今還
捨應更說之　四分不忘者更說論問忘後十日此謂可薩婆分別者
多若從淨財寶及以衣財若人貸之後時寶還寶錢還錢
乃至衣財相當者不須說淨若還不相似物更須說淨以非異來貸
貯過少毗尼母若衣已說淨及野點淨納木二淨者纔衣着納是
名衣和合淨點淨隨相中如五正色并上色錦雖和合不成若
先以正不正色染後以餘色及正色染是名色和合淨畜
餘廣隨相中二糞掃衣剃着意此乃世人所棄无復任
用義同糞掃論云一體是賊物離自貪着二不爲王賊所
貪常資身長道又少欲者生事須濟形若故上土菩之
十住婆沙云着糞掃衣十種利一不以衣故与在家者和合二不以衣
故見[illegible]

行初受四依法九入糞衣數中十不爲人所貪奪言衣體者四分
十種謂牛嚼衣鼠齧衣火燒衣此三彼國衣用者諱故弃之月水衣產婦衣
若神廟中衣爲鳥銜風吹離處者得取及冢間衣求
願衣往還衣至冢上又擲來如上是也不問新淨上色不得直用
須作袈裟色受持又不得取未壞死人衣若見下至一針許壞若冢間
得錦文臥氈褥枕氍氀獨坐床唯除杖繩綖繩餘者應
畜又得革蓋步挺單水瓶澡灌杖扇鑊鉤刀鑷亦得
畜得錢打破自持作鋼用取糞掃物時本無共要往冢
取衣不得遥言云是我許隨先至者得若已移離置屬前移主不得取
神廟中衣比多有上品行人入諸神廟剥脫形像衣服仗
束幡蓋繒帛仙剥不爲理有深致若嚴而輒取犯盗
羅必知而爲之不无相惚致有遊神主而藏身劫奪者是
重波羅夷如隨相中　十誦取未壞死人衣得偷蘭

重波羅義如隨相中　十誦，衆未壞无人衣得偷蘭
善見死屍有小瘡如針頭皮未斷令從人取　十誦四種糞
掃一冢間糞无人二糞无人已持來施比丘者三无主衣四土
衣謂巷陌若冢間有棄弊物者　四分得糞掃衣浣染
四角頭點作淨畜若得貴價革屣雖重聞畜仏言以是
糞掃故　三揵越施衣有二謂時非時也　言時施者
謂夏竟无迦絺那衣一月有衣五月是仏餘益諸比丘五
利覺勞之時故名時施唯局前安居人　言非施時者
謂一年之月無簡冬夏有緣即施不問時節故曰非時施也
今次明位則有四別就時施中分二　初時現前者
施主將衣物至安居處數安居人多少爲分衣物也
是不須羯磨直亦分之四種定故一時定同是七月
十六日若夏未滿受衣得罪二處定同此界內前安居人三
人三非外界皆見…同主四法之一比直數人相…籌分

四分不得異處安居異處受衣尽至安居竟

又云僧得安居衣破爲二部令數人多少分又云以衣施仏請比丘人与

兩端疊一爲安居故若留夏食而分者仏言食隨施主意不應分

二時僧得者謂施主布施讃通一化安居之人是僧皆得故曰僧

得法作之時須僧羯磨律云得夏衣未分便行後分夏衣忘不留

行者分仏言成分又云若比丘安居大德僧夏衣應心念口言受之

若時中不分流入八月十六日非時分者即作非時僧得施以前安

居移至他方不得衣分佛罰諸住人還使通分僧祇云若安居

時衣沙弥持戒能作淨得比丘意隨意与五分難事破安居得

受安居衣施住日多處取　非時中亦二初非時現前者施主曰

僧至宅就寺設供數人多少隨物而施律云造池造井施續等

回而施物又云請檀越大送好衣与諸比丘仏令數人多少若十人爲十

分乃至百人爲百分好惡相參令不足者擲籌若大價不可分者聽

裁破分應以刀應以刀截衣　十誦若時非時僧施乃至亡人衣

一切布施物沙弥若亡若坐檀越次第自布施多少屬沙弥若

一切布施物沙弥若云若坐攞越次第自布施多少属沙弥若
攞越不分别分作四分三分与比丘第四分与下三衆　五分一比丘分与
三沙弥〻同　僧祇若沙弥得意者等与若半等 准此諸部二種見前
等与二種僧得随僧和合　四分五分但是僧得施下至净人皆受其分 如下亡人物中分之
次非時僧得衣施者謂施主運心周普通該三時不局一界将物至
寺或在俗家白僧鳴鍾以時用施便獨磨断之如分亡人輕物法
律云有住處現前僧大得衣物可分物時有客比丘數〻来分
衣疲極仏令差一人白二羯磨分　二部并亡亦有四種法
四分十誦若施比丘僧乃至无一沙弥若施尼僧乃至无一沙弥
弥尼如是五衆并承就寺不蘭僧尼得現前同合受故 莫非俱是
福田故二衆并受　五百問云有人施僧物後更比丘来在座打揵椎應得不
打不合若有餘嚫物本道人已去後人應問著當来不合若
永不来呪願取若或来不得取犯捨墮知而取犯弃僧物故
四明亡五衆物既財是小之所利非大士所懷然出家濟遠經劳涉
具谷䨝非葉唯存出道者則營生生甚槃不句句青性未

[illegible]素非法謬著明科是親至道志然上二士並預法流上違
立法以濟下違受法而隨懷俱須兩順仏法用通一道淨
行然亡僧衣物處斷多途並謂指南俱呈至説但由教有輕重
機悟賤深如序所明其例有六至論決斷每有遲疑臨事
詳之在於輕重今略事務繁雜非諸门无以別之且張十门用明進
不一初入僧餘處不得二對亡者分法不同三同活共財不同四囑授
是非五負債還不六定物重輕七具德賞勞八分物時節九亡加
分法十雜明受物　初门制意者所以五衆之後皆入僧者生
則依三寶出家而物不入仏法以出家六和同遵出要身行所
爲莫不爲僧法所攝故人施仏法比丘无分若施僧者依位
受之二不屬俗非福田故　僧祇阿若憍陳如空林中入涅
槃牧牛人送衣物与王王即許直五錢依法斷還沙门乃至仏言
屬僧　十誦跋難陀死衣物直卌万兩金國王剎利種及諸親里
各欲収取仏言王賜諸臣比丘不得乃至親里集會不見喚
及僧家財法並同俗人不合此屬僧物　二對亡人分法不同十
種斷割一者糞掃取如五分界內水漂死人衣鉢樹枝隨見者取

種斷剎一者糞掃取如五分界內水漂死人衣掛樹枝隨見者取
亡二入當時現僧如十誦學悔沙彌死故殯比丘死守戒比丘死隨
更牙直取 三入同見僧如四分那亡二部各執是非其人中道
死至被死皆同見自分 四入切能僧如四分被舉比丘死衣
物入同羯磨舉僧 五入二部僧如五分獨住比丘死薩婆多
二界中間死四分无住處白衣家死五衆先來者得 六入面所
向處僧如多論二界中間隨面向處僧應取七入和上僧祇
中沙彌死衣物入師和上等謂令和上分別財囑〃以師物自入法
孫物入僧（十誦剎同比丘五分二分莫問有戒无戒 並斷入僧僧依法分之以同利養）八入所親白衣薩婆
多城殯比丘死將衣鉢付生緣（以生不 同財法）九隨所在處得如十誦有
比丘持衣寄阿難三處共爭謂能寄人所寄者寄物處佛
言屬阿難處僧界內現前僧應分以人寄人不寄處故（准此寄處 不寄人者）
（物處 僧得）上來九種直爾分之第十和清衆死方入羯磨 三同活共財
不同若師本意正与弟子衣食不共同活已与者得未与者師亡已後
悉皆入僧實非假借取曾物者非重 若師本契所有財物決

心[illegible]

一切入僧　若師徒共契財物共有各別當分且在一處別活
逐道悉共半分是名共活　若分其物准俗制道已著之衣帳已
用之器物亦屬隨身並未須分餘有長財依式分率
若不同活又非共話妄言取分能所俱犯重輕則偷蘭善生經
中亦有兩斷並據輕物　四囑授是非四句分之一囑授善惡二人
物差別三重單授囑四成不之相初中有四　一囑授善者自
知背來非法儲積唯結不善今若命終无一隨者不如破著捨
貪順本初受使決誓願以財付他生福上處故是善也
言不善者恐此財物死後僧得慳貪俗態妄據白衣謂言
勝善此囑非善三不囑善者若病篤之時唯存出道於此身
中空无漏以此恨歎常私傳財本非真要縱有勸囑便生愛
壞但論前業福道此財俳已誠斷如此而終不囑亦善
四不囑不善謂前心欲捨後便慳愛展轉互相生不能自決遂便
捨命是不善也　五百問中比丘愛銅鋺事及慳衣事如隨
相訴　二差別者一人物俱現是囑是授奴婢田宅車牛庄

相訟　二差別者一人物俱現是囑是授奴婢田宅車牛莊
園等重物及輕物不可轉者　如氈毲布帛之例　若囑二可付與如絹疋衣服
寶物等是授三人物互現或俱不現是囑非授以人在他邦餘物
別處等四非囑授者任僧准式如前訟七　三重囑授相
僧祇囑與眾多人家後人等得授與眾多人在前者得准此決犯
如決心與他自言先出或對人陳隨一許竟後便差損理是他
財因不付他或轉餘施財主犯重　由決心與他屬彼已定後私本意迴他入己損他犯重後人受施亦犯
受之從賊得物仏田求用故　善生云先許他一衣後便餘大德未轉以施之是
得偷罪　明了論決心捨已不犯長　四或不相者凡言囑授
正是捨財捐應心要必決與生福勝處定無變悔皆悉
成就若去此物死後與我作墓買棺槨碑碣作像寫經
供僧等事並不成就以未死是物主定不自分死後更有主
未處斷不依前法　若犯土法知明日使間必死今日中前
隨時並成由未死心決成主　若以財物令人造像施

汝方說言取　四分云若臨終時囑物與佛法僧若
我死後與等作言一切屬僧以心不決故十誦大同唯三衣六物不
應自處分　僧祇若未付財或得已不作淨還置病人
邊並不成若作淨已置邊者得若言我死當與若差
即捨並不成
五負債進不者　五分若生時已與人而未持去僧應白二與之
以義分者佛法別人負亡人物亡人負佛法
別人物並舍輕重者有則相當還无則交絡還以並收入
須依本物重則入常住輕入現前僧若先負輕物今還
得重還須賣取輕物依法分之若本負重還輕者入常
住僧中不同共僧之法　若常住僧負亡者重物不須索
取以還入常住故　若負輕物還入現前僧得重物還者依前易取
輕物分之若全无可得者便止　十誦云若比丘生時負三
寶物應歸若三寶貸比丘物索取入現前僧故知並索依本而斷乃
至四分現前答舊比丘等亦同上若賒酒不便死取之衣

依本而斷
王罰現前答舊比丘等亦同上若賒酒不便死取之衣
盈還若无者取價物償怨出諸比丘惡名聲故 二不言當在足前之紛王
時隨
緣 若先与他衣價死時還索取之他衣未与價若
死還本衣无者賣衣餘還　又債息異處有五句一
衣並寄在餘處身在餘處死隨物處僧得二負債處
死處負債處僧得三死處出息處保任處僧得四
死處質物處取錢處質物處僧得五死處取錢處執
券書處執券書處僧得此中文猶不了若息物在俗邊索
未得者可准十誦依券簿取若物在僧邊者亦須隨物處
得僧終不以券書故攝他異界僧物如初句斷以彼此俱
僧故若論重物二不得取以不聽移此僧物而送彼僧除
羯磨法若負物在俗同无住處五衆先來者得重物隨見
者送寺若多人所知共爭不決者如十誦五斷或同前人處二
壽斷毗尼世若有生息物在外遣寺内僧祇人推求取之

得取本物不白而取得罪若僧不与强取或僧知而不還自他俱犯
祇云若索債者當看前人持戒可信者与不信者不應与若有可信
人證明者應与不信證者不應与　六定輕重者然此亡物諸部
未融隨情難信理須隨本受體何律受戒即以此律而定重輕
若亡人不憶看病者未知則隨別任何部行事即以此部處
斷是非不得自据心行妄與与奪實四分而受當奇行之便隨貪
欲多判輕物入僧便准十誦此由貪故犯非由教是罪今於斷割
之前預須揔住隨持律六種不同如序中列及論附事三階
處决
一者唯用四分一律有則依文而用无則不取外宗故律
中十三章門判物皆盡唯有重輕二別若決判者一切衣鉢坐具
盛衣貯器鍼筒俱夜羅器氍氀應量剃刀等物入輕餘者
一切衣物不列名者並判入重此一家正斷二無毛二不可抑
奪　二者四分先准諸部類分義决有无傍出輕重初略分
三一仏所制畜如六物等資道要務一向入輕二制不聽畜如

奪 二者四分先准諸部類分義決有无停出輕重 初明分
三一似所制畜如六物等資道要務一向入輕 二制不聽畜如
田園奴婢畜生金寶穀米船乘等妨道中寂不許自營唯
判入 此上二判通一切律 三似開聽中義含輕重如長衣百一及以器物隨
身衆具以物乃妨長容得濟形資道此則判有不同今
且依鈔者一意位分三別　一者性重如一切銅鐵木石瓦瓶
釜鍑車轝器物以體是重物不堪隨道判入重　二性輕者百一衆
具可得隨身布綃莫問多少唯判入輕 三從用輕重者或事
重用輕以剃刀函石盛衣貯器及以鍼筒銅盌鍉箸鍵鎡等
入輕或事輕用重如大小帳蓋行障枕扇揩褥牀席依人衣服
並是妨導入重而斷但以教網具周必須文顯然文衆類七種
分之後必有事依門門自判 准用十誦律中凡木等色隨事分物今二附事廣明 十誦病人死
看病者取其物衣浣洗果吞摒除擔入衆眦尼母五並取
衣物在僧前已遣一人分處可分物不可分各別者一處如是
[illegible]可名重物入白重文[illegible]

三肘毛長三指入輕此寒雪國中曲開氍毹相同袈沙衣
條葉具足毛內葉外乃皮作之然闡度爲外具此即三衣也被是
重物不可例之以僧祇中有氈僧伽梨故自餘准此爲重
被及被單入重薄軟氈堪可疊披入輕氍毹錦繡等綺
色分明入重律令緣色者之猶同三衣相也綾羅入輕
律開受王大價衣及施主種種好衣文中乃不明了不妨舍於
貴價絞绒等入輕下文聽著大價疎衣也
僧祇覆瘡衣雨浴衣漉水囊二種 腰帶臥具入輕
五分韌貝單敷襯身衣針綫囊鉢囊革屣囊入輕准此
被單雖是從被猶同襯身單敷不異可類在輕錦綺毛氈
若梢敷廚等入重准此四分藏量者入輕必依量等厚入
重不堪披著不同氍毹法服厚軟可服氍毹類同錦繡雜
是小梢而屬林几者相隨入重五大色衣入輕律中上色染衣

是小指而屬牀几者相隨入重五大色衣入輕律中上色染衣

上色錦衣驄作袈裟色畜者真緋等判入重者黄白不

應入輕白色似制不著尚制綃布入輕例於黄青赤二應

分也　若尔氍毹似制董入輕不五色者何判入重若彼雜

綺錯外同三衣餘葉具足同故入輕准五分文必純色者准律

非重　無麻紵線不問多少義准入輕然含靈含指便入

重色處衣袋者前至齊　後至腰准五分入輕連袋長袋被袋等入重

一切俗服襌襖之類已壞色折破入輕猶是白色俗衣用服者入

重雜綵色緣靴鞋及餘男女衣服補方巾袋等並入重綉

綺瓫盆隨盆者入輕　第二瓦石鐵木竹等所作　四分銅瓶

銅瓮繩床木牀水瓶澡灌錫杖扇斧鑿爐臺枕車轝及鐵

皮竹陶木五種作器入重此五種作器並謂能造物具故律云

木作器狼藉無安置處似令作皮囊盛之非謂所造之物

則通輕重　剃刀一[illegible]錢寶等入重下之家[illegible]等戈衆相作銅[illegible]

十誦云汗捉濟鼻箸鑷[illegible]香[illegible]熏[illegible]
已鉢支及鉢小鉢半鉢鍵鎡小鍵鎡鉗鑷截爪刀子截衣刀
戶排曲戶鉤等入輕若水精貝齒角作器謂如前小者入輕
以外過半升已上入重半升者准用所用斗一切染色若黃未黃不應分
僧祇錢金銀真珠瑠璃珂貝珊瑚頗梨車𤦲馬瑙玉石入
重臥床坐床木盤木瓶木瓮竹筐管竹二分過巻白鉢盛
凡鐵等入重准此過量好鉢二重似制不用善見針線
應分　入摺伽梨剃髮染衣故聽畜四寸刀頭如月刃
若生時造送終調度並入重檀篋屏風鄣子及諸鏁
鑰入重以物長故戶鉤准輕二有相隨入重
四分俱夜羅器即應量減量盆鈋等十誦入轉輕若是鋏
紵銅鉢等二判入重　供養香爐輕可隨身入輕准上
十誦有寶裝杖入重以杷寶杖制故若重大者入重根本
爲人去而作不自顯者隨本處安置不得迴奪若隨緣改

十誦有寶裝杖入重以捉寶故制故若重大者入重根本
為仏法而作不自攝者隨本處安置不得迴奪若隨緣改
賣不定者如上處分經架香案經函之屬輕可隨身同上入
輕各有別屬亦隨本位仏林經巾之屬亦隨本入仏法无定者入
重數珠入輕別屬也　第三田土園林房舍等四分云伽藍及屬伽
藍果樹別房屬別房物若捨布施為已造房者已易得
重物者入重充時猶是輕物者聽分若捨輕重物入仏法者
不合迴取為仏法有別主故還隨亡者處分若定莊嚴房舍
如障縵承塵等即入屬房物攝若當處三時分房无定客
主者依本安置若先法者僧家拆取入常住用十誦墻
土染色入重准此雌黃白墡同之　第四皮草等四分皮
衣樹皮衣等一切不得着則入重　十誦皮物者盛油囊
受半斗已下繫草屣韋靴韋履韋熟韋裹腳指韋應分
已上入重半靴斜靴入重非直長文餘者入輕此之母云至韋

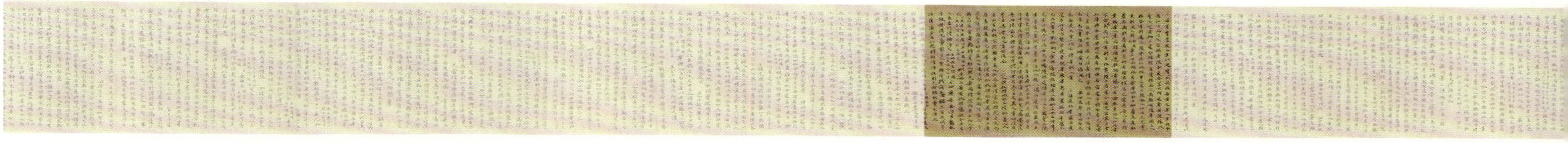

先有付囑即付彼若无付囑隨彼受持者與之不應賣也
書素畫入重紙筆墨等准此入輕以堪附道法故盛澡豆
者唯是瓷用十誦准斷　五畜生者此是世之駝馬驢等与
寺中常住僧邏役若私有小寺園果堂房飯食之屬養生之
具此現前不得分屬四方僧何者為養生之具人畜所須非
養生具者非人畜所須也　六人民奴婢四分云僧伽藍人入
重所有私物不問輕重並入私已若僧家奴婢死者衣物
与其親屬若无者常住僧用私奴婢死者義准有二若
同衣食所須資財自承入已隨任分處若不同活直不主
攝与衣食者死時資財入親无者同僧院內無主物入常
住入親者准藏腹比丘若无衣物若僧洪綄則不同之此是世之若有奴婢應放令去若
不放者作僧祇淨人　准此放去謂賜姓入良僕從依律　七四藥者無問生熟散
末餅湯丸膏煎並入重雖有殘宿惡觸亦有共明了
論　薩婆多云八死時斷清淨故則无宿觸販賣不淨也
今現前分

BD01011　四分律删繁補闕行事鈔卷下

論薩婆多云八死時斷清淨故則无宿觸敗賣不淨也
十誦伽論著僧中請食已命過同分衣法今現前分處一重前已命過後
得食者還歸本處受他施衣二不　餘有不盡之文事不
可委具如別判輕重物中二須類知而通解也
三者通用律藏處立之文及事要者不必承四分為定如
澡灌針錐諸截刀子等餘律判入輕則二類用文義廣在
如別卷述且依第二足為龜鏡也　七具德賞勞四分
有二五德初五明病人難看而能看表瞻者德滿一所不應
食而欲食不肯服藥二看者有至心而不如實語三應行不行
行應住不住四身有苦痛不能忍五少能堪能而不作仰地
他作又不能靜坐止息內心　次五明看者行滿一知病
人可食不可食可食應與二不惡賤病人大小便唾吐三有
慈愍心不為衣食四能經理湯藥乃至差若死五能為病人

不瞻視佛判不許　五分多人看病与究竟者　僧祇四種一輒作
二僧次差看三自樂福德四邪命而作並不合得若看祀王法死
者亦不合當賞若欲飲益病者欲令速差下至然一燈
遇終者應德此物　餘如瞻病法中次明所与物律中不論德有上
下俱与受持衣物若不知何者受持當極上看病与上三
衣中下看病与中下衣　十誦先問受持何衣盆一〻別問
若不問不知或不信者与不好不惡六物薩婆多重縫三衣
不以針刺着者不入看病人若先已刺着有緣分持衣主死
亦合賞之四分六物者三衣盛衣器襆盆及袋坐具針筒也
義准德具　六物下具等四句初德物俱具依法与之看德
具物不具乃至俱缺並隨事商度看德缺物具理非賞
法而事勞有功亦須優及並來入現前羯磨隨德有无取物
量行味僧乞与事情通斂簡人進不　五分十誦七衆看比丘

法兩事共有比丘法僧不□現前羯磨隨德有无可物
量行未僧乞与事情通皈簡人進不　五分十誦七衆看比丘
病唯二衆得沙弥及比丘餘五不足中三人得餘四不合雖父母
兄弟不應与 謂勞畢竟不満 摩得伽云白衣看比丘病應与少許尼
三衆同之沙弥應盡与　五分十誦与沙弥同等大僧
准此若衆多比丘沙弥看病應与究竟者若齊究竟應
与又已屏處分之十誦云若看病者出行爲病人乞衣藥者
留還付之亦可攝入現前唱和付与若餘處安居來看病者
合賞伽論外界看者亦合賞之　八分之時節五衆若死僧
祇不應即閉其户彼有共行弟子持戒可信者与户鉤若不可
信持户鉤付僧知事人已供養舍利料理竟若弟子持戒可信
者使出衣若不可信應使知事人出衣然後僧分
十誦云諸比丘在死邊分衣屍起譏物仏令死屍去後若僧
在異處應分　毗尼母云分比丘物者先將亡者去藏已迄

費僧未至寺取之物者但前至僧如上依法集僧分之

九明分法有二一先集錢財衣物二加法分之初中令瞻病者將亡

人輕重之物並集僧中若不勝舉林苑屋舍園林牛奴等並

須歷帳對僧明讀令知其多少　初明立法羯磨對首心念

三法初中若亡者得作賞勞分衣二法若四人者亡得用直分法如後明之

令明五人以上僧法乃至心念一人前緣一同此删　前集財已後鳴鍾遍告一同僧

式不得閉門限客假託屏夜意遮十方並非眾法非上緣者

自淨其心僧徒集已彼瞻病人在衣物所具儀捨之大德僧

聽比丘某甲命過所有若衣若非衣此住處現前僧應分三說

律明六物准論不必須集　眾中持律上座即處判之先問僧中誰知亡者

負三寶別人物又誰知三寶別人負亡者物一一撿問有

者如上處分　次明囑授雜相同活共財二別並准上斷已

次定輕重說如上分之重者一處依名抄記輕物一處依名抄

之并問看病者不將亡者輕重財物送喪不有者索替入

次定輕重說如上分之重者一處依名抄
之并問看病者不將亡者輕重財物送喪不有者索替入
法已唱和還若無者　先當作賞勞法但五德難具不
具不合依賞今時行事對衆問其德以不若答具者此
乃自代其功俗人所能者若不答具有功無賞違佛
仏正制与奪得所出自僧中故律云僧得自在若結不能隨
意也今亡未須問德律無正文若和寧苦有功者上座
告云長老看病有功仏令優賞當手跪受羯磨也看
病者謙退陳訴无德有愧不堪重賞僧當抑伏令受
然後索問欲和着作賞看病人六物羯磨
即白二与之大德僧聽比丘某甲命過所有三衣盋坐具鍼筒
盛衣貯器 随有言之 此現前僧應分若僧時到僧忍聽僧今与看病
比丘某甲白如是大德僧聽某甲比丘命過所有大衣七條坐具
餘者此見前僧應分僧今与某甲看病比丘誰諸長者

老忍僧与某甲看病比丘七條五條盆及鉢衣[illegible]上[illegible]者
嘿然誰不忍者說僧已忍与某甲看病比丘衣鉢坐具
鉢筒盛衣貯器竟僧忍嘿然故是事如是持 盛衣者即衣襆也 貯器者
鉢袋有多種襆中帊盛絡者應取常所 服用一事賞著三衣谷盛者三襆得与 輕物律令白二差人令
時行事但取知僧事者或臨時口差不用羯磨遠法
通得持律者先知不具德者沙弥法等 多論云三衣
餘處者豪來此賞著此德不具即隨彼分 故知通博 用和現物 著三
肘五肘肘外長隨多少應白僧令知和合者好 十誦沙弥
死所著內外衣与看病人餘輕物僧分羯磨云某甲沙弥死
所有內外衣及非衣鉢並同大僧法 令時行法者命知事人
在僧前胡跪白二与之 律中文少不具今 准非時僧施法 文云大德僧聽比丘
某甲命過所有著衣 謂堪著 用者 若非衣 謂盆器 衣財等 現前僧應
分若僧時到僧忍聽僧今持是衣物与比丘某甲當還
与僧白如是 大德僧聽比丘某甲命過所有[illegible]

分若僧時到僧忍聽僧今持是衣物与比丘某甲、當還
与僧白如是　大德僧聽比丘某甲命過所有若衣若
非衣此現前僧應分僧今持与比丘某甲某甲當還与僧誰諸長
老忍比丘某甲命過所有衣物現前僧應分僧持此衣物与
比丘物与比丘某ニ甲ニ當還与僧者嘿然誰不忍者說
僧已忍持此衣物与比丘某ニ甲ニ當還与僧竟僧忍嘿然
故是事如是持　作法已即數僧數量其衣物捐柰擲籌
乘分　五分若少衣不足者和僧与一无衣比丘　若見二若
了衣極好衆並有衣　准律分破行之 從上座行之須者直付　若衣物
極多徒衆有法准醒教分之此是非時僧得施功德遍十
方僧不須造像設齋更生漏過以出家人滿智分業
不以福分為懷縱設遠仏奉割諸部但明分用凡智不過
著外累不集者　僧祇為病人求衣醬藥及為塔為
醒心

仏法不合　次明与沙弥淨人分　四律並云若僧和合等
与乃至四中与一淨人五中与一若不与者不合分若分得罪
自餘废立如疏鈔中　如是総計大數抄名記數然後品物
付之律无賣物分法令時分賣非法非律至時諠咲一何顔厚
仏令分付為息貪情令各自省今反樂咲不惟終始此習俗生
常乃无悛革望諸有識深察斯過　若五人共住一人死衣
盂直三人口和賞勞已餘諸軽物依母論四人直作分衣羯磨
文中除僧令持此衣物与某〻甲〻當還与僧等字餘同前法
作此法已未得分入手来有客僧入界並須更共作法分之律故
非時僧施中亦尓故令与人〻之分令无人故更須分之有人无相不成　二明對首法毗尼母云四人共
住一人死三人應展轉分應二人口和八衣賞看病者餘物
三人彼此相語云二大德憶念此物應屬我等餘文亦如
是三説　若三人中一人死先取衣盋直付餘物二人展轉如

是三説　若二人中一人死先取衣鉢直付餘物二人展轉如
上法　四分文中直明彼此三諳受共分文詞如論説也
三明心念法　比丘尼母云一捐應法者二人共住一人死在者作念此
亡比丘物應屬我作此説已後來人不得分　理須入己　四分一人受僧
施中應心念口言此是我分得也　闇羯磨文中非者此何衣
那眷律不題捐文云　時有將非衣作鉢囊革屣囊仏不應作
之文云與比丘尼非衣亦不知何等衣也　今但通而述之无妨彼此俱攝
十明雜物法　若在私莊寺致死或作僧使在莊檢挍而死若有家人
及比丘守者重物入亡者本寺輕物隨現分之亦不得尼衆分也　縱
令近僧來攝重物亦不須与　以非仏正制　若者无住處而隨有常
住處隨近通攝　寺无僧法亦不得取　若无比丘守掌同白衣家法
四分　若比丘在无住處白衣家死彼有信心擅越應賞録此物
若有五衆先來者應与若无來者應送与近處僧伽藍僧
住比丘者　若比丘共尼同至道行同衆死各自取之文尋六七

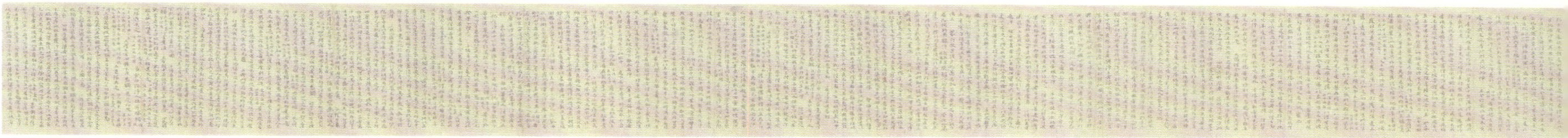

物當部亦不須加法直尒攝取不同共住隔礙加法也重於

如上量之隨情遠近若至白衣家知有亡物必須捉執作屬已

意方成雖見不得縱捉入手而俗人自攝入已此則屬俗已定盜僧

成軌亦不得又奪當勸示之与僧令无業道僧得作人物受僧祇比

丘持他衣行衣主命過將便衣判受不与同界比丘越准四分不成有

比丘无法若作羯磨已量彰恐容比丘來應知在羯磨前後謂羯僧界

大不知僧有无律中有比丘无想別眾分不成　問將亡人物出界分成

不著四分若衣物難分當唱令來其處其時分者遣人來若

自來應与分者得諸部結犯不云得成僧祇受衣如法者成是同活同意可十誦云

比丘寄衣缽与尼者應索取比丘分之尼寄比丘物亦〻不同白闍衣家法

將亡人物入界其內比丘不知還將出界得先見者分不著

得受由當界不知分時同法故也

四藥受淨法第十八

旅命支持勿過於藥若乃通要分爲四言時藥者從旦至

四藥受淨法第十八

報命支持勿過於藥名乃通要分為四言時藥者從旦至
中腥教聽服事順法應不生罪累言非時藥者諸雜漿等
對病而設時外開服限分無違七日藥者約能就法盡其分
齊從旨限用療深益盡壽藥者勢力既微故聽久服方能
除患形有三種一盡藥形二盡病形三盡報形　明了論有身
必病雖少差損後必重發加其口法任終而受　就此四中五分
明之一明藥體二淨地處所三識淨不同四淨法差別五二受
有別初中明藥有四　一就四藥明者時藥有二四分中有
五種蒲闍尼此云正食謂麨飯乾飯魚肉也五種佉闍尼此云不正
謂枝葉花菓細末磨食如隨相中僧祇時食者蔓菁根葱
根藕根蘿蔔根治毒草根即蒼差根是也時漿者一切米汁粉汁乳
酪漿是　諸律並明魚肉為時食此是殘莿教　且篠云芝

水陸空行有命者悉故不令食廣如彼說
非罪四生之肉但現化身爲度衆生　楞伽云有无量因緣不應食
肉略說十種一者一切衆生无始已來常爲六親以親想故不應食
肉二狐獨人馬屠者雜賣故三不淨氣分所生長故四衆生聞氣
悉生怖故五令脩行者慈心不生故六凡愚所習臭穢不淨无
善名稱七令呪術不成就故八以食肉見形起識以染味著故九諸
天所弃多惡夢虎狼聞香故十由食種種肉遂噉人肉故如斑足王經說
令有凡愚多曉諸肉罪中之大勿過於此故屠者販賣但爲食
肉之人必无食者亦不屠煞故知食者同屠造業沾煞生分可不誡乎
僧祇云若爲比丘煞者一切七衆不應食乃至爲優婆夷煞七衆不
食亦尒今學戒者多不食之与中國大乘僧同例有學大乘語者用酒
肉爲行解則大小二教不收自入屠兒内天魔外道尚不食酒肉
此乃閻羅之將吏耳　四分云若此煞者行十惡業爲我故煞乃

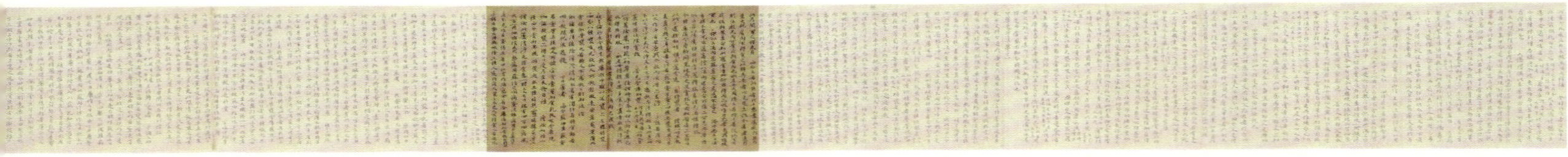

此乃闍羅之將吏耳　四分云若此煞者行十惡業為我故煞乃
至大祀處肉不得食之以雜其來者心无定主故令屠者適煞
則依教无肉可食正斷食肉也　毗尼母大同律云若持十善彼終不爲
我故斷衆生命如此應食准此何由得肉而噉唯自死者鳥殘猶豫
羅也　楞伽云酒肉葱蒜韮薤之屬悉不當之　俗中尚云沽酒
市脯不食況出道高僧以酒肉為意言所懷之可見也　摩得
伽云若藥漬麦時非時七日藥得服者謂无酒性得服
令時藥屑令昏醉悶氣味具足為貪服之必加苦毒一不附口
以此二途驗知情性去道全遠　非時漿者　僧祇一切豆穀
麦煑之頭不卓破者之汁若蘇油蜜石蜜十四種果漿生果汁要
以水作淨若器底殘水被雨滴等之名淨　十誦若蒲陶
不以火淨汁中不以水淨及手不淨不應飲其淨得餘准此通四
藥為壞味除貪故　善見舍樓伽漿　謂蓮花根擣取汁澄清者　一切木果
一切葉除菜一切花一切草藥除甘蔗汁等子冬瓜甜瓜椰子果已

得非時

若不至初夜變成苦酒者不得飲以酒兩已成故
明了論抄米令雄黑餘藥投中釀以爲漿亦名非時漿
四分八種漿古昔无欲仙人所飲梨酸棗甘蔗蕤菓蒲桃
舍樓伽等漿也若醉人不應飲之則如法治
伽論要須漉除滓淀清如水若有濁汁与時食雜者
同之飲隨犯波逸提　七日藥者　四分蘇油生蘇蜜
石蜜等五種世人所識當食當藥如食乾飯不令麁現
伽論糠漿亦得七日受乃至未捨自性　僧祇加脂一
種四分舍利弗風病醫教服五種脂熊羆䐉臚魚等也
僧祇此藥清淨无時食氣一時受七日服有四百四病風
火百一用油脂治之火大熱病用蘇治之水病蜜治雜病用上三藥治之
五分見作石蜜擣米著中仏言作法應食　若合藥法如此者聽非時服
十誦石蜜不得輒噉除五種人遠行病人食少不足人不得食人若施水

十誦石蜜不得輒噉除五種人遠行病人食少不足人不得食人若施水
處和水飲之　五分飢渴二時以水和飲僧祇食上多得酪食不
盡者動作生蘇七日受服若長煎作熟蘇七日受　驗知蘇油各受作法
得多七日不名重受　若乞食時多得蘇者貧病比丘以細緻疊淨漉
取蘇得七日受若有緣事不得中前作者當對一比丘
記識言此中淨物生我當作七日藥受若忘悞不受不作
淨過時是名不淨若得多油如蘇中說得胡麻食殘下盡
即煑取油七日受之若事緣不得作如蘇中說若能睹并
脂如上進不得甘蔗及果並如上善見受酪說酪中蘇為
七日至第七日攢得即日服八日犯捨油蜜二尒　摩得伽非
時受甘蔗作法不成時內並成　然蜜味美重凡聖常言
長貪壞行勿失先於此熏得大強力劫摽辯之自非極病難
用進口故僧祇仏受獼猴元蜂熟蜜等之盡形藥者僧
伽月牀牽可梨勒等此藥元時食氣頻受病比丘終身服

四分云不任為食者一切醎苦辛甘等不任為食亦盡形共服
善見一切樹木及草根莖枝葉為食不任者盡形服之又樹
木草无問根莖並是時藥或根是時藥莖是盡形耳有俱
是不可名示但令堪食時藥所攝不任者盡形藥　明了論疏
云若病服七日藥隨病為量若差須捨若无病復不飢非時食
者得非時食罷油蜜膏亦尒故論中舉蘇等終身藥則
不尒有身必有病佛許服此藥防護一期果報身若无容病
又不飢渴非時不得服　十誦淨苦酒无酒氣无糟者過
中得飲　上來辨者一切經律隨事辨體同此宗者具列如上
今有愚夫非時妄噉謂杏子湯乾棗汁果漿含渾藕根末
汁乾地黃伏苓末諸藥酒煎非醎苦捨口者非時噉之並
出在自心妄構聖教不如噉飲未必長惡引誤後生罪流長世
次二六味定者　明了論云五種量乃至大開攝一切物皆盡
疏云藥有五種甘味物中除甘草蜜沙糖蘇油餘甘味是時量
醎味中除呵摩勒果汁等餘醎味是時量　辛味中除薑

酸味中除訶摩勒果汁等餘酸味是時量　辛味中除薑
椒必鉢鍵辛味是時量一切苦澀物非食作終身藥
七日藥外一切可食物名依時量食從平旦至正中爲時過此不
得食　一切漿甘蔗等名依更量日夜各分五時從平旦受至
二更過則不得服如是輪轉乃至五更此間清飯爲漿屬時量
蘇油蜜沙糖等名依七日量甘草等名依一期量從受戒後隨
一期報終名一期也於此時中无間晝夜恒得服之除土水屎此
五名大開量不須受隨意取服是世間所弃非所惜故
四分須受除土等　此據有人處 於无人准用　三明轉變者　中論云如
蒲桃漿持來者應飲若變作酒不應飲若變爲苦酒還
復得飲　十誦甘蔗是時藥清汁是非時分作石蜜是七日
燒作灰是盡形　肉是時藥煎取脂是七日燒作灰是
盡形　胡麻同肉法酪是時藥清汁如水是非時作蘇是七日
燒爲灰名盡形　四藥相和者僅從多四藥相和從強而

服者七日藥勢
力多故又助成故如以蘇煮肉此蘇肉汁得作七日服若以
時藥七日助成終身藥服作終身服如以蘇乳和亭歷子作
丸者是又如附子烏頭等諸毒藥浸豆麦等名盡形藥
若以終身七日助成時藥者時中服之如麵食用蘇油薑椒等
若分數俱等勢力相似者隨以藥首一名標目餘者藥分稱之
如石蜜鍾乳黃耆白朮丸散湯膏煎等並例知用之
二置藥處所即結淨也略分四門一制意者良由衆生報
力不同上中下別若上達之徒身力資緣割令分衛隨緣少
欲得濟形命志在道業不假儲蓄中下之流情同上士而
力劣不堪必須資具方能進策是以大聖慈悲曲開儲元
方開結之同界別處　釋淨名者以飲食繁穢同處生
患令既別結情元儲畜食不生罪故名為淨若同處長貪
遠教受業業是穢因名不淨也此從緣説淨非對穢以

遠教受業業是穢因名不淨也此從緣說淨非對穢以
明也　二列數作法者有四種淨　一者籬墻不周淨四分
云半有籬障多籬障都無籬障謂露地也非儲積相故
開之（必三面有院開一面者攝食義强上同有罪既含孤立重院同之）垣墻塹柵一一如是（並非墻得周帀）
（隨共成相）二種越淨者有三食具是他物律云自今已去當作
檀越食令淨人豈舉不得自受若有所須隨意索取二處
所是他物故云若爲僧作伽藍未施与僧雖食在中不名有
犯三食處俱是謂處所他有食具是他不屬僧用也此三
名他物淨要真非假令多托買自誑自負非法有罪
十誦瓶沙王施僧粥田比丘上場仏言未分者應上分竟不應
上犯吉羅王捐比丘見無檀越謂犯宿煑仏言闍王替處不
名有犯（准此例餘皆犯）僧祇婆羅門送粥未施仏僧以於僧住處作
故仏言内宿内煑不聽食（故知屬僧即同僧法非檀越淨）三處分淨者　四分云
若經營比丘爲僧作伽藍時處分如是言某處爲僧作

淨地
度分齋尒許淨屋受之不得過初夜四分經明相若擅越言莫預
處分我未施僧此則同他物淨　五分作新住處未有
淨屋當先指其處作淨地以食置中然後僧住若經明
相出則不成　善見云何結淨屋初竪柱時云此處為僧作
淨屋三說已乃竪之餘者亦尒不尒就一柱上加法亦成若已成
者喚本主語令隨指一處為僧作淨屋若无者聚落有老宿
白來遣作不解者教之　四白二結者謂僧伽藍院相周帀比
丘在中有宿煑過不問住之久近隨處結之除去比丘　毗尼母
云大界內无淨厨者一切宿食不得食乃至藥草亦尒　四分同餘
死比丘故聽在伽藍內邊房靜處結作必在作法界上不同處分　五分諸比丘
欲羯磨一房一角半房半角中庭或通結坊內作淨地並聽若通
結者羯磨云此住處共住共布薩僧今結淨地除某處謂僧住行
未房舍等准此則通界中果　又云如依地起不在架屋上僧祇若

[illegible]

未房舍等准此則通界中果 菜无過明相出在舍下 又云如依地起不在架屋上僧祇若 住行

一處别隔通隔别處通隔别處别隔邊二

邊三邊隔道兩邊作淨中間不淨如是一切並得准此作法

羯磨文中如須明指委曲結竟隨示頭處令主客了之 律中客問 何者淨地

何者不 淨地 三加法中四淨二種不作 如上 明之 處分一法别人指示如前已

明羯磨結者在僧界內先示處所懸指結臥所以不得坐

中結者古師云以食望僧是攝是障 故須遥結 在中相雜 以僧望僧

非攝非障 淨地有僧 不免别衆 律令唱處所應一比丘起唱云大德僧

聽我比丘為僧唱淨地處所若房若處若温室若堂等隨

其結處任境唱之然後坐訖亦不牒唱人名入羯磨也

次索欲問和已白二云大德僧聽若僧到時到僧忍聽僧

今於某處結淨地白如是大德僧聽僧今結某處作淨地

誰諸長老忍結某處作淨地者黙然若不忍者説僧已忍

僧結某處作淨地竟僧忍默然故是事如是持　僧祇有
內作淨廚不得轓汁蕩器水流出外　有緣須解者律无文義
准反結即成應云大德僧聽若僧時到僧忍聽僧今解某
處淨地白如是　大德僧今解某處淨地誰諸長老忍僧解
某處淨地者嘿然誰不忍者說僧已忍解某處淨竟僧忍
嘿然故是事如是持　四雜料簡者　檀越淨不周淨此
二處不問內外晝夜同宿煮者无過但不得觸著處分羯磨二
淨通比丘在內撿挍唯讓明相若与同處唯壞食具更須香食
器令淨有宿煮過也若治故處作處分者　祇云僧住寺中通
初夜而欲作處分淨者要住處破壞國土亂新王未立亦時便得
受作若此緣无但令住處及衆捨俱停廢之年得名處分者
復不受停可食物內宿內煮　問結淨竟得中煮何為不犯內
煮答煮是隨處大界无人無犯宿是逐人二界无人不犯
三護淨法五門一番淨二護淨三开通塞四季明淨滌五僧緣開事
初中若一方別主維寺[illegible]

三護淨法：一者淨二護淨三界通塞四弄明淨染五位緣顯事
初中若一方别住維持佛法者必須統食界同護淨食此則通凡
聖僧路順諸佛本懷令自無宿捉貪染過離者於中恒人所恥
何况淨僧食之脫經儉難因即染汙後若緣无理須拱手仍事
觸宿心初无悔者不信此心須爲師直欲依罪諸而反穢者
有四不同：一者緣淨二者觸淨三者緣不淨四者觸不淨言
緣淨者謂釜器須濫佐助料理佛開爲緣此不須香言
觸淨者不容觸器從令自得要水然火乃至諸僧器未經
成食觸是淨物无穢可香言觸不淨者此是治生興利
用逆佛供僧制不許礼受雖不經宿捉香亦不合由心惡
齣上三句者並是正經文遍始鈔並不須香緣不淨者本
是淨具遇緣染汙故須香穢令淨　五分有諸木器肥膩
不淨者石揩洗恐破壞者用沸湯洗之　僧祇淨人行食淨器
直比丘於中尋即却者名淨淨其吏者名不淨若是洞器淨

膩器二三度用澡豆洗故不淨當以木刮却然後澡豆二三遍洗
是淨　餘有不盡者准以米麵油脂等於足奇依家沙彌淨之
處三石三更互轉之雖得本物以手兩相捨故善見多比丘共沙
彌行各自捲食至時自分已沙彌語比丘言今持我食与大德
易易得已復展轉乃至下座若不解者教之亦得　准此展轉者
膩者成淨若瓦瓮等器有食膩者釜上蓋之內外熱漱膩出
即淨一切銅器磨之鐵器以火燒內趣令膩盡木倉櫃等削剗洗拭
土瓮瓮等隨有更拭石器者或以灰水洗或以鎔治淨无殘膩
便止　四分得捉還僧户鑰籥若杖若環若机若角勺銅勺
若浴狀則無觸淨　謂非常眼用者　問觸淨何過答若欲增尚
弟子令行勝行內有勝法外行亦勝如世貴人安坐受食不自執勞
以形勝故二爲現大人相三世三醒並不作令若宿宿失觸醒人法故
三世諸佛並教通大小乘俱无宿食如楞伽十誦所述四長貪壞信五
護經云由有宿捉等衆僧食不淨
發痛出掌六死入重坑

BD01011　四分律删繁補闕行事鈔卷下

癈痛出筆六死入重坑
護經云由有宿想等衆僧食不淨
食後墮臭屎池中五百万世受苦惱竟復爲五百万世墮猪狗及
蛭蜋中常食不淨後出爲人生貧窮家衣食不供仏告比丘衆僧
住止之處作不淨食不正往食如法持盍乞白衣食是名淨命因說知
事比丘觸僧淨器及食ㄷ衆僧故墮餓鬼中五百餘年不見漿飲
趣彌護彌鬼打神不得近如是廣說因緣　智論若沙門福田
食以不淨手觸或先嚫或以不淨物著中入沸屎地獄中廣如第十七八
九弓中大集日藏分濟龍品中廣明僧食難近難用僧護等經明
法非受用僧物僧物文廣不具錄通而言之若無慚愧輕慢仏語
自物尚耙何況僧物深須自勉可得出期五百問明持戒知事
指捶僧器羅漢代懺若緣如是廣知　三護淨法前護惡觸
十誦比丘食竟以己不淨盋及食与沙彌ㄷㄷ白ㄷ衣洗盋竟還著僧
器中是名淨一心過与則無惡觸（准此器不我食令淨 人益授有觸矣）五分若無淨人
行食比丘受已行之無淨人御乘行船比丘二得　僧祇若淨人
持不淨手（請先捉比丘）行動觸与僧者上座一人得不淨餘人名

麨上一切不淨者，若淨麨在不淨器中，得抒取中央者，抒棄邊器
一切不淨　十誦：若淨食中著不淨食，應劫者除之，餘者食之。解果
等亦尔（淨穢相還即應却棄之此諸抄者食相可別者必）僧祇：若𥻆穀時，比丘在上行
者，當脚蹴使淨人抒去，若難事急，雖蹋无罪，必天雨无淨
人，得自選擲淨席物覆，捉淨塼石鎮之，忌覆食器亦尔
若于屋中有諸蘇油瓶甘蔗竹葦，東比丘取七日油蜜瓶，悮捉淨
油瓶來，餘人見不得即語，待至內已，是何等油，若言七日油，當餘
置地，不得花字還得七日受（以悮觸不成）若尒取淨油，餘人不觸
悮持七日油來，亦如上法，准曰法有失法，自餘錯捉亦尔。善言
審悉看，厌瓶已持來，此比丘內手瓶中錯把淨麨看，故名淨
若還放瓶中，即為不淨（餘並例之）器中明觸者，一切藥是養器釋者
非器，縈緣沒横麦為器，長床坐牀繩牀繳繖為器，船在水中，車
馬牛時非器，无者為器，若食時敷牀長板坐牀褥等或在甘蔗

BD01011　四分律刪繁補闕行事鈔卷下

駕牛時非無无者爲無若食時敷牀長板坐床褥等或在甘蔗
蒲萄末穀豆棗等上令比丘坐不應動身亦不得間若動間
者一切不淨由有綵開坐若動開成觸若找閣上衣架上有淨食及衣鉢者
取物動淨無食一切不淨若閣陛下動者得若在船上載七十種
穀上覆以蘧篨席比丘得在上坐不得名字若爲風推回波濤
在岸者一切不淨必繩繫不離水名淨　大車上載諸穀上覆者
比丘得坐上不得名字如船中　進不若小車有淨物若取衣盆
時動車者一切不淨當令淨人取不得以牛在故者淨應令淨人先上比丘後上
若下時比丘先下時比丘先下若在載物車中忽即車者離牛者一
切不淨若牛繩尾未離車者名淨　十誦比丘与沙弥携食在道
中食時与沙〻弥〻還与比丘者若先不共要得食及此不得使沙
弥擔食度水恐沒溺者乃至得負擔之雖捉不犯至岸莫捉若
不淨器受麨不應一切棄之若于皿者棄餘者同僧祇得食若以繩綴
夲足九粉時乃有盲出應宜棄盲盡餘者得食飯粥羹器值

瓶傾側不令天風雨時衆物空在露地者當洗淨手舉著覆處
此是淨 四分若蘇油瓶不覆無淨人者自手捉蓋懸置其上 謂緣淨也 著
居士持食齋竟賞舉後索還与比丘者得洗手受之若餘盂
孔 明食 入中隨可洗者洗之餘不出者入僧中食無盂者聽
比座若僧中有盂者借与 此是淨 若見比丘以氣噓淨器者名
觸 五分蘇油瓶九番應自正勿得離地若惡人觸不淨未
一把校淨未中可分者除去不可分者棄去一把 四分自截種子
若生為菜聽食移菜殖之以重生故二得 餘果菜例同之 若沙弥
小框淨食過水聽比丘狀著上坂上得狀若舉懸淨食須安床几
橙等令得上下 十誦負淨人上乘大比丘自手觸食舌羅有病眼
有過藥有屏處勿令人見鼻裏耶得案來以待賓 謂令淨人受取 二明自
賣者僧祇若練若處淨人病無淨人者得淨穀已比丘自舂作粥
与淨人人若食盡不得自食 准十誦先无心一心与有二得 僧祇若淨人難得比丘
欲自作食者當自洗不受處器著水自然令沸 此供淨僧有賦不合

BD01011　四分律删繁補闕行事鈔卷下

一心与者上得

欲自作食者當自洗不受贓器著水自然令沸 此器淨便有贓不合

使淨人著米内湯中已更不得觸使淨人煑沸已得以木横置地比丘 自然火也試之

在上令淨人置食木上口言受〻然後自煑令熟与病人莫令不受物落中

乃至煑菜令藥同上作法生薑湯亦不得自煑以之生故若已

得冷食自溫煑不犯作食時淨人小者得捉其手教洗教寫捋

飯等

「三明内宿者五分使淨人於不淨地洗菜未竟明相出者明元

犯四分中有比丘持食来覓淨地未得明相出不犯 四明内煑者若在

界内无為地煑不專私已与他有餘洗手受食 三明通塞分二初

四藥者若是時藥定有宿煑以資用强常須服故餘之三藥不

加法者一同時藥若為病緣而加加經法則有通局非時藥者通

中明相未出来服用皆得若明相出失其口法殘宿惡捉觸非時生而

七日藥者作法加已内淨庫中固无殘宿惡捉以日足起其罪如後盡

形壽者必是熟一充无生種相律開内煑自煑 祇僧自煑

薑湯結犯者謂有生分 准此唯開三羅 七日不合同宿 十誦石蜜漿果宿病人

開飲 應是四分戒宿苏油用在尋等餘不爭藥天合以去十用之文

二明四過先明過相　謂內宿內煑自煑惡觸　初中十誦有三種
人共食宿比丘及僧學悔沙彌等名內宿也尼中四又三人如上加式叉尼
四分中式叉得与大尼過食不得同宿（或是无沙彌居故開）內宿者結淨地已僧
坊內共食宿是也（都不言淨地有比丘）內熟者結淨地已僧坊內煑者是
自熟者大比丘自作如上三種人不應食惡捉者自果与淨人已
更受噉者是（審不決捨与他墨受同是惡提）薩婆多共食宿有三種之受食已作已
有想共宿不共宿經夜吉羅食則犯提（是殘宿故四分中二同）著自捉食名
惡捉作已有想經宿吉羅若食不受不捉直作已有想經宿食
得吉羅若他人食共宿无過　二將此四過對人約時就處望食
辨　初將內宿就處者不通他物下同二淨處分白二及界內俱通
就時要經明相就人唯據比丘乏知有其犯律中開淨地未得明現猶
持食來風吹果墮律言不知不犯尼通四人並如上就食者若離地物一切
通犯未離地者未長已者不犯已長還霜等並是宿限對四藥
論如上　二內煑者對處淨地並塞對時通晝夜就人通七眾約
食通生熟四藥而言加法晝形聽界內宿煑餘三不合故僧祇阿難爲

食通生熟四藥而言加法盡形聽界內宿煮餘三不合故僧祇阿難爲
仏溫飯在祇桓門邊故知不得界內煮　三自煮者對處通淨不淨
地就時通日夕就人局大僧三人足中有四人就食論生仏用重煮故
不犯四藥中加法盡形亦開　十誦若生食火淨已得煮亦何淨乃火
一觸乃至主菜等例准冷食重溫　五百問中若被淨菓比丘得自合　四惡觸
就處通淨不淨地就時通日夕就人者大僧有多種一者一往不受任捉
觸二賦執相連如衣盛中裹不淨洗相染　三任運失受四藥不加中後俱失受若加法三藥菓隨限失受
四緣過失受如受已不食意後須不受而取得隨　若乾沙彌淨人但有賦觸捉謂
比丘盛已食賊手在　大僧又有四種不成惡觸一爲受而捉如浴器中濺食与
不洗而執僧粥比丘仰手受取前食雖僧祇而執不成惡觸盛中放食亦尒　二過緣失受淨人觸失如法莫觸洗手更從受之淨人不須
手淨三持戒慢捉四破戒故觸並名淨食更以三句分別一觸而非惡
十誦之持戒比丘慢觸僧食四分志不受果持行者見淨人應置地洗手更受
二惡而非觸十誦破戒比丘故觸名淨四分諸比丘相嫌故觸他淨食令得
亼言不觸者淨觸者不淨吉羅　三亦觸亦惡　十誦持戒比丘態意

及乾　四明手處墮者四分中安食具在樹上並從根斷若樹根
本在不淨地枝葉覆淨地果墮淨地或爲風吹雨打鳥獸墮者但使无
人觸知過緣而墮雖經明相不犯成內宿謂足果也若不淨地果葉
未長足之來運運重生則无內宿墮墮時而取得入淨厨若果葉已離
本處者墮經明相比丘若知即不得食上來義約律文了了五分樹根在淨
不淨地比丘二在淨不淨地果墮其中非比丘所爲經宿者得食若
見果墮非淨地使淨人拾聚經宿不知淨不淨處聽食若知在不淨
地不得食僧祇樹在淨不淨地果墮淨地隨何時取之若淨地不淨
地果落不淨地應及時內厨中若不淨地生爪瓠者摘取及時內淨屋
中有蔓枝穀果豆等准前並謂比丘不覺在不淨者成若知不淨
四分知不知中大同律此　第五依開八事四分爲穀未勇貴人民飢餓乞食
難得雖得少食爲賊持去仏憐愍故開界內共食宿內煮自煮取
食僧俗二養水陸兩果並不作餘食法若遮羅者應開八罪內宿內
煮自煮惡觸不受足食殘宿等五波逸提四實吉羅義加壞生四

袁自袁惡餘不受正食殘觸等主波逸提四實吉羅義加壞生戒

水陸果子不受而食豈令淨耶　律云若時世還賤故依開食

仏言不得如法治之　十誦云若飢儉時食竟得持殘去詣彼主知

大門第四淨生種法就中有三謂制意處人淨法　制意者四分明了論

跡諸依人外道謂一切草木有命根以佛不制此戒故比丘傷於草木爲他

輕呵令彼獲罪又与白衣不別不生恭敬心故十誦名爲疾滅正法復

曲制也餘如壞生戒中說　第二明處人者使淨人作淨有四句一

人果俱在淨大善二人果俱在不淨地成淨不合食（以內熟故 餘四眾食）餘二句

出十誦故又云果在不淨地淨者在淨地以火刀作淨成淨而不得食若

果爲淨地淨地淨者在不淨地作淨得名淨得刀作淨成淨成而不得

食若果在淨地淨淨者在淨者在不淨地作淨得名淨得食

三明淨法　僧祇每食時上座應問果菜淨未乞匕不問若如法維

那二示　四分十種初五者謂火淨刀淨瘡淨鳥啄破淨不中種淨此五種

中刀瘡鳥淨去子食不中種火淨都食次五者若皮剝若劍皮若腐若

破若赤除此應是淨根種又云水洗連良菜……

淨裹核種爪淨膚裹種火淨㲉果種亦火淨檜果種未有子椽擿者
有火淨四分五火淨通五種 毗尼母云水漂淨塵坌淨此應壞相俱
祇多果同聚一果作淨餘者通得若别器者一一别淨甘蔗著葉莖二
淨無者合束淨 准此蓿草之類果散落无淨法 若粳米 此謂枝打皮落猶有白皮裹者種之可生
或如十誦比丘作食先淨未取 蘿蔔根等火淨刀淨已傳未用還生者更淨
四分比丘不應自作淨應置地使淨人作洗手更受 此對有人若无人者明了
論云自加行所作𨔣云雖非言得自作淨然自作有愆如一聚果子
若未淨者但食皮肉一一吉羅若食核一一逸提令以火一觸止
得一吉羅令一聚果子俱成淨免於多罪豈非利益 十誦云何
火淨乃至以火一觸若以火炙熱灰及炭等不成淨比丘自淨餘比丘
不應食 謂火所觸者 若刀爪淨得食 五分根莖二種以火為淨
僧祇樹果野火所燒灰園穀聚悉非人偷亦名為淨若食果核者
火淨已聽食若皮淨不火淨食核提 此是壞相不壞種也 若火淨不皮淨俱得
食核皮俱不淨一提一越俱作无犯然火淨一法種相俱通餘如隨相

BD01011　四分律刪繁補闕行事鈔卷下

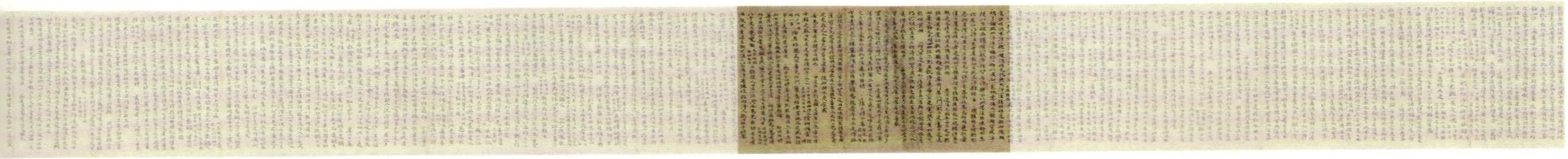

如法口飯食者如法[illegible]如法食根本 不壞種也 若如法[illegible]如法供給
食根皮俱不淨一種一越俱作无犯然火淨一法種相俱通餘如隨相
明了論疏此淨法不得約一物以成如一聚桃李但火一觸餘皆成淨
随以刀破瓜傷隨一被淨餘皆名淨 雖淨 然本以此為法非使物不生
故名沙門淨准未中有穀如上脫皮淨餘條准 ．問種相云何別耶
答相者謂初果菜上有白毛而依本青翠不改其色相同連地者
律云草木七種色者是也所言種者謂可種殖或雖離地從緣得生之
類是也律云根有五種廣如隨相 ．第五受法不同手口二受曰別
恒用若不廣明教相難顯略取要務以為八門一制二受意三受通
四藥三對人不同四所法六別五說淨通局六二受寬狹七重加進不八
離明罪相 初門手受五義如薩婆多云一為斷盜竊因緣故二為
作證明故三為止誹謗故四為成少欲知足故五為生他信敬心令外
道得益故廣如隨相中 五分曰未制我前無者甚道来自取而言我
等不喜見此惡人著割截壞色衣而不受食而食名不与取
次口受意為防護手受故若无口法過午便失由有口法乃至限滿又為防多
罪故手受且方便二種人中下用之 二受通四藥不手受通四藥

之三藥手受。未爾，若加口法，通持非時。　十誦云：時分藥（猶是非時分者）
七日盡形是三種藥，必須有淨非畢宿惡捉者，手口二受得服。
三所授人手受為五義，除自同類，餘六眾三趣皆成受，口受唯對比丘，餘眾不成。
薩婆多凡受食有作證明，故若在有人處，非人畜生及無知小兒悉不成。
受受在無人處，天神畜生成處。　隨如相不受食者
善見：正食有三，謂手口眼也。　四受法差別，凡論受法要心境當如律
中錯受蘇油不成受，等必須仰手承之（五分兩云：從他淨人遺抄擲而取，非法）情相領當（謂僧）
從二心（同）　除其眼闇及不喜見沙門，驚急緣者，置地而受，既知情
緣一事
事多遠預前運心普受　就中分四時藥受法，既數對法上多具知
如不受食戒及對施與，狀中廣述，此但明加口法者三藥別論　初明非時
藥有四法：一所受藥，二能授人，三所受者，四正受法　初明藥體，無八患者得
加口法：一內宿，內煮，惡觸，五殘宿，六未曾手受，七受已停過須臾（傍秡非時受，不得置地停）
八手受已變變動（失本味故，麵甜酢等）　二能授人，四法：一濾，從水色免，非時食；二煮
沸擬後重溫生飲不須；三以沸淨為壞味故；四淨人施心仰手持來

沸提後重溫生飲不須三以水滌淨爲揀味故四淨人施心仰手持来
三比丘作三法一洗自心解前燦頼刑与淨人情同二仰手受无盗相三
記識言 此謂倉時食者若單清㯝不須之 四正加口法 請部令加不出其文義云 應至比丘所具儀
五大儀德一心念我某比丘今爲渴病因缘此是薑湯爲欲夜分
已来服故今於大德邊受三説 若直受進飲无遣不須加法 若蒲桃梨果蜜漿等
隨病題名味入但改藥名字 七日藥界圖上初門 藥體自无八患唯
改第八非是餘比丘七日藥象犯竟殘藥餘七同上 二能授淨人四法一淨
流与時食別 謂酤除内油除滓等 二火煎煮 三水滌淨 四施心授与心相領當
三所授比丘有二初自无二過 一相續畜至七日即日受藥不成
僧祇比丘有第七日石蜜即日更得石蜜是名相汙同此既未過之何相染
善答非犯長相汙由前七日服訖病猶不差差更服无益作法不成若得
異藥得加七日 二相續畜已曽畜藥至八日犯長即日得藥入手作法祓
涂更不堪服三曽食他第七日藥即日自得作法不成以藥味通故
僧祇律如此 四相續受僧祇比丘七日中日受藥受而不食至八日不得更
[illegible]藥 四分无文 五目賣已曽試

比丘七日經服竟亦可不得更服不妨受持異宜一服於第一夜……

藥為言若得油者二即加法　僧祇生蘇熟蘇提胡麻轉

易味七日更受　二自作四法一仰手受二分別言作七日油想著本心若離

作然於淨處受者不成如僧祇說三記識言此中淨物生我當受

時食不須此說　四展轉受生蘇作熟蘇應與淨人受二得自受二種受已更從淨人受之雖是先受以味轉失受不名惡觸

毗婆沙云七日藥手受口受已置一處勿令淨人觸之　四加口法應執

藥云大德一心念我比丘某甲今為風病因緣此是烏麻油七日藥為

欲七日經宿服故今於大德邊受三說安淨地內須者自取　餘隨對治如前類准

盡形藥四種一藥無八患如藥中說　二能授人作三法一火淨已後無重

過二與餘藥謂含食等藥時　三施心授與情相領當三所受比丘作三法一

仰手受心境與淨人相同二記識之如上法若單者不須三分別謂

紫菀丸是藥體而有羊腎為藥分二法別來別受據來合受

四加法言大德一心念我某甲比丘為氣病因緣此是羊肝搗末及鱉甲

紫菀丸也　盡形壽藥為欲共宿長服故今於大德邊受三說若丸散

之中隨其所本病對病之藥有五十三十別色各依本方題名入法

之中隨其本病對病之藥有三十三十別色名依本方題名入法
如前分別若買藥未足隨得入手即加口法而灑是盡形者依
本名加法若是時藥七日藥者如來麥豉醬羊脂眼膠頭白蜜蘇油之類遇緣不
得與盡形藥頭一時受者應加法言今為氣病緣此是羊脂
盡形紫菀藥分為兩黃宿等用餘詞同上餘者准此例之若往市
買藥令淨人斷價已比丘依名自選取多一處著之無價令稱
祥次第受乘不得置地即定比丘加之不得過限　今奉法者希
有一二多並任癡心抑挫佛法得便進啾何論淨穢寧談塵論世
表有餘攝心順教一事不濫為犯未惡趣且決現難貪癡有識者
深鏡大意　五從淨者七日一藥轉肯重貪積心多二分是多
作口法竟偏心屬已須說淨盡一藥
時無變動義三氣味殊越資身力強制令說淨檢封者也手
受七日時少過希二不須說餘之三藥及前不具故不須淨淨之法大同
衣法唯以長藥為異　·六二受通塵手受防盜人受已通及
餘人口法亦不若據對病題多塞二不通莫非口法加他之通
之藥味通手故舍前人受去不失可以口知分明　·第七日藥

与諸比丘食之併以義合及跡故　七重加以不若明手受解
失本受即須更受雖重无過口法有薩婆多五日已還觸者
更加七日法不作二日法不從藥勢而從法論六日已去不得重加
以藥將入淨故僧祇但五藥勢相接七日不可知但上淨人慢觸七日
油中成失論云如服蘇法極至七日歷病得消八雜明諸相
薩婆多若羸病比丘須七日藥自无淨人求請難得應自從淨人手受從
比丘口受已隨著一處七日內自取食之若作口法竟一日乃至五日淨人
未觸或更以餘不受藥來雜應加手口二受復得七日服若至六日已
去淨人觸餘藥雖益不得加若藥眾多不知何者是本藥應更
手受口受然後服之若病重不能口受亦直尒得服設看病比丘
手受口受二戒慶往償病比丘不而受　問此手口二受防護何
罪答今分四藥判論如時藥手受防二罪不惡觸七口受同之
非時漿手受防二罪一防一往不受二防不受而捉惡觸口防二罪一防過
中失受二防過時失受惡捉七日藥手防二罪同漿中口防三罪一防
過時失受二防過中惡觸三者殘宿皆五防內宿　此無律文以意
形看於何知不

過時失受二防過中惡觸三者殘宿昔五防內宿
此並律文以盡壽形香從何知不
開之盡形受藥手受同上口防六罪一過時失受不受二惡觸三
殘宿四內宿五惡有內煮自煮以變生作熟故同明生罪由未受故无請過患
既二受時過遠失之
時藥手受過中生一罪失受惡觸經宿生殘宿而惡觸二罪非時
懷手生二罪同時藥中口受生三罪明相出有非時殘宿惡觸
七日藥手生二罪同上口生五罪八日明相出爲言謂殘宿非時犯捨墮惡
觸服已隨者不捨藥吉羅具五三提二吉 問曰何不生不受者吉藥本
是不受猶加口法失不受至八日五起有任過失受非謂能生不受不同殘
宿本无殘宿以有口法八日有殘宿生非時亦尒 藥勝未有法无有時与非
時隨病即受啖得由加口法八日且名非時 盡形壽者手受同前亦有生
六罪者无病而服吉羅餘如隨病相非時不受殘宿三義具明
問四藥之中何故七日罪重餘三輕者吉一即用資雄培心厚重二勝現常存
醒開從淨及遠 仏教過限不皎故重餘藥反此故輕 問比丘非時而食
具足衆罪吉時藥一同七罪非時殘宿不受三波逸提內煮內宿自煮惡觸
四突吉羅此謂經宿已不受自煮而啖者 若非時出淨人過受二罪不受罪

何無山林……

盋器制聽篇第十九　衣養生物附

養生眾具穀湊繁多隨報開聽事資道立雖在緣彥被而法攝有

准違則斯制犯則斯制犯則無教既濫其猥窮故分其條格略言來意

列釋如後就中明盋器是制教也故初明之餘有養生眾具入聽門攝自如後列

初中分七一制意二體如三色四量五受法六失受相七受用行護法

初意者僧祇云盋是出家人器非俗人所宜十誦云盋是恒沙諸佛摽誌

不得惡用　善見云三乘聖人皆執瓦盋乞食資生无有因四海以為

家居故名比丘中阿含盋者亦名應器　二體者律云大要有二泥及鐵也

五分有用白銅盋者佛言此外道法若畜得罪佛自作盋坏以為後式

十誦畜金銀瑠璃銅鑯木石等盋非法得罪　四分亦尔　五分畜木鉢偷蘭

僧祇云是外道標故又受垢膩今世中有綖紵盋棍瓦鉢柒盋瓷鉢

並是非法義須毀之　三色是非　四分云應熏作黑色赤色僧

祇熏鉢作孔雀咽色鴿色者如法　若准律文並須熏治律文

廣具熏法而世有素瓦白鐵棍鋧堅研反為色者或先熏鐵盋而

剝落者先熏瓦鉢但棍不磨色淺落受膩者有用麻油塗者並

剥落者先熏凡鉢但𣏹不磨色淺落受贓者有用麻油塗者並
爲非法　親問翻經三藏云中國无用油盆者若此土行用一
度訖即打破不許再用　五百問中不高許受 音
准此凡澡灌義用油盆善見云鐵鉢五熏已用土鉢二熏已用受持
諸部律並明熏法此方用熏二遍入籠猶未變色但用法不同
四量是非四分大鉢受三斗小者受斗半中品可知此斗升不定此律姚秦
時譯彼國秬周之升 此升通國准用一定不改量法依算有八圭杪撮勺合升斗斛謂同增法名也 准唐升上鉢受
一斗下者五升十誦升量同四分又彼律云下鉢受一鉢他飯半鉢他羹餘
可知之食半 僧祇鉢他羅者受四升 薩婆多五盆量論師種種異說然以一義爲正
謂一鉢他受十五兩飯秦秤升兩飯是天竺粳米乾飯時人咸共許議上鉢
受三鉢他飯一鉢他羹餘可食者半三鉢他飯可秦升二升一鉢他羹可食
物半復是秦升上鉢受三斗律師去元餘可食物直言上鉢受三斗他飯
一鉢他羹留上空處食指不觸中之下二鉢可以准可知見一肆上好鉢
圓正可愛肆師云仏初出世衆僧无鉢仏勅帝釋令天巧工作十万鉢在

律云量腹而食度身而衣趣足而已言通減增必准正教世[illegible]執小鉢
者多本鉢者全希豈非狭名貪著數受多畜之相既号非法不合說
淨受持　五加受法　四分无文但文言應持之今用他部也　十誦云大德一心念我
某甲此鉢多羅應量受常用故三説　善見若无人一時獨受
持鉢文准上　僧祇云若十日內捨故受新十日過　觀其文意似是獨住比丘法
六明失法諸相　善見雖先受持若穿如粟米失受持若以鐵
屑補塞已更須受　若偏斜破並不成受　善見若買他鉢未還
直不成受其主雖言但受持二下成若過十日不犯長若買
鉢度價竟鉢主熏已報比丘知不往取過十日犯捨若餘人知
熏竟傳向比丘說聞諸不往无犯四分鉢盂孔礙食入中但洗
餘不出无犯准此不漏故不失受　問但畜一鉢不加受法過
限犯捨不若不犯由是判畜事同三衣但犯不受持鉢罪若有
長者准衣說淨　七明受用行護法五百問云若一日都不用鉢
食犯墮重病者開不用若出界去經一宿不失五分諸比丘鉢

長者淮衣訖淨　七明受用行護法五百問云若一日都不用鉢
食犯墮重病者聽不用若出界去經宿不失五分諸比丘鉢
中歠粥苦熱不可捉聽別作歠器毗尼母不得用燕澡豆洗盛壞
色當熟搗細物篩而用之乃至病二不得用雜香澡豆洗身乃至
乞食時各二自作鉢絡盛鉢自持之因与淨人盛行乞外道投葉鉢中
比丘无便制也僧祇若洗鉢无坐處者當踱身踞坐離地一搩手不
得用灰令色脫當取樹葉汁无沙巨磨 謂牛糞之 不得臨岸危處應先
洗師鉢後洗已鉢不得持已鉢中殘水寫師鉢中乃至洗訖當踞坐
持鉢囊帶串䌫著膝上盛之乃至浣染衣者先与師染浣勿以師衣
裹已衣䌫之著被綴破鉢要須食竟觧綴淨洗已曬令燥還持
繩綴舉著常處勿在地上下至无物以灰洒之皆敬也　十誦盛是
諸佛標誌不得惡用新熏鉢蘇著心三洗是名淨又不得日中炙令律
出吉羅　毗尼母不應盛內洗手一切處不應用除病藏之如目
五分護如眼精洗鐵鉢聽去地一尺瓦鉢離地五六寸許宜著好處安

四分守護山[illegible]石[illegible]處若倚杖下若懸物下若當道
中（若）石上若果樹下或不平地若户扉下（户隔若）若繩床木下除暫著若林間牀角頭
除暫著若立蕩鉢等並不合不得一手捉兩鉢除指隔中央或一手
捉兩鉢開户除用心乃至足令鉢破等　僧祇惡心破鉢三衣塔像僧
果（破）僧房等皆偷蘭（好心懷者文中並開）四分不得作非鉢用一切長物不得內
盋中若畫盋中花像万字已名一切不得破不得都綴縫鉢四邊
若口應綴兩分留分著　星孔多應盡綴之（用白鑞鐵錫）不得著地
熏壞故應以泥漿洒地安之若葉若草上若鉢支故壞者（以白）
鐵鍱底不得雜沙牛屎洗以器盛水漬牛屎澄去沙用（以灰）用葉
用花若果汁洗臥令去膩若手執難持作囊盛繫口帶絡肩
上俠鉢杖下鉢口外向不示作函盛之恐相棠者以衣樹葉隔之安
置杙之　五百問不得覆鉢壁上應中累懸著壁上
著見及盋袋串左肩青色　次聽教中既日衆具放雜列之四分開十
六枚器謂大釜釜蓋大瓫及杓小釜釜蓋小瓫及杓洗瓶瓶蓋瓫
及杓水瓶瓶蓋及瓫杓則有二釜四瓫二瓶四蓋四杓　又有鐵作
[illegible]

及杓水瓶二盞及瓫杓則有二釜四瓫二瓶四盞四杓　又有鐵作
者出家欲作鉢似用作之須爐椎鉗排囊銼挺器並得畜作儀
盛懸杖上亦用畜重鉢調度法用等　若作時須繩墨垂
白埠雌黃綿像尺度縷線鍼刀子補衣等物並聞衣之作袋盛之
患鍼衆除作鍼㨶及筒安塞治鉢須鑽鑠並得蘭若比丘關以
大術出火及母火子及鑽等並得畜得七日藥瓶着鍵鎡小鉢次大鉢
中不作淨施　盃人　柔須　安着杖上龍牙杙上不得畜　皮木盃
出要律儀鍵鎡為助食器　自尊素栗鍵鎡者淺鐵鉢也
四分老病不堪步涉聽作步挽車若轝若乘除牸牛草馬若得輦
聽畜須輦轅及皮繩着杖橙並得應使寺民優婆塞沙弥檬亭
若得車亦爾應除織皮繩駈繩　十誦比丘无鐵不得外行五分非
行來處着亦便及洗脚時聽着履四分亦尔　僧祇畜塼凡擬揩脚
十誦猫牛尾拂仏塔故受　僧祇皀今去聽捉線拂裂氎樹皮等除猫
牛尾馬尾金銀柄一切不聽捉若白色染壞用不得如媱女捉作姿作相
是名拂法　五百問云若僧中說法高座上不病不得捉拂凡捉塵
尾把並非毛者得　四分得尾拂聞畜不得畜織毛通　多益細主

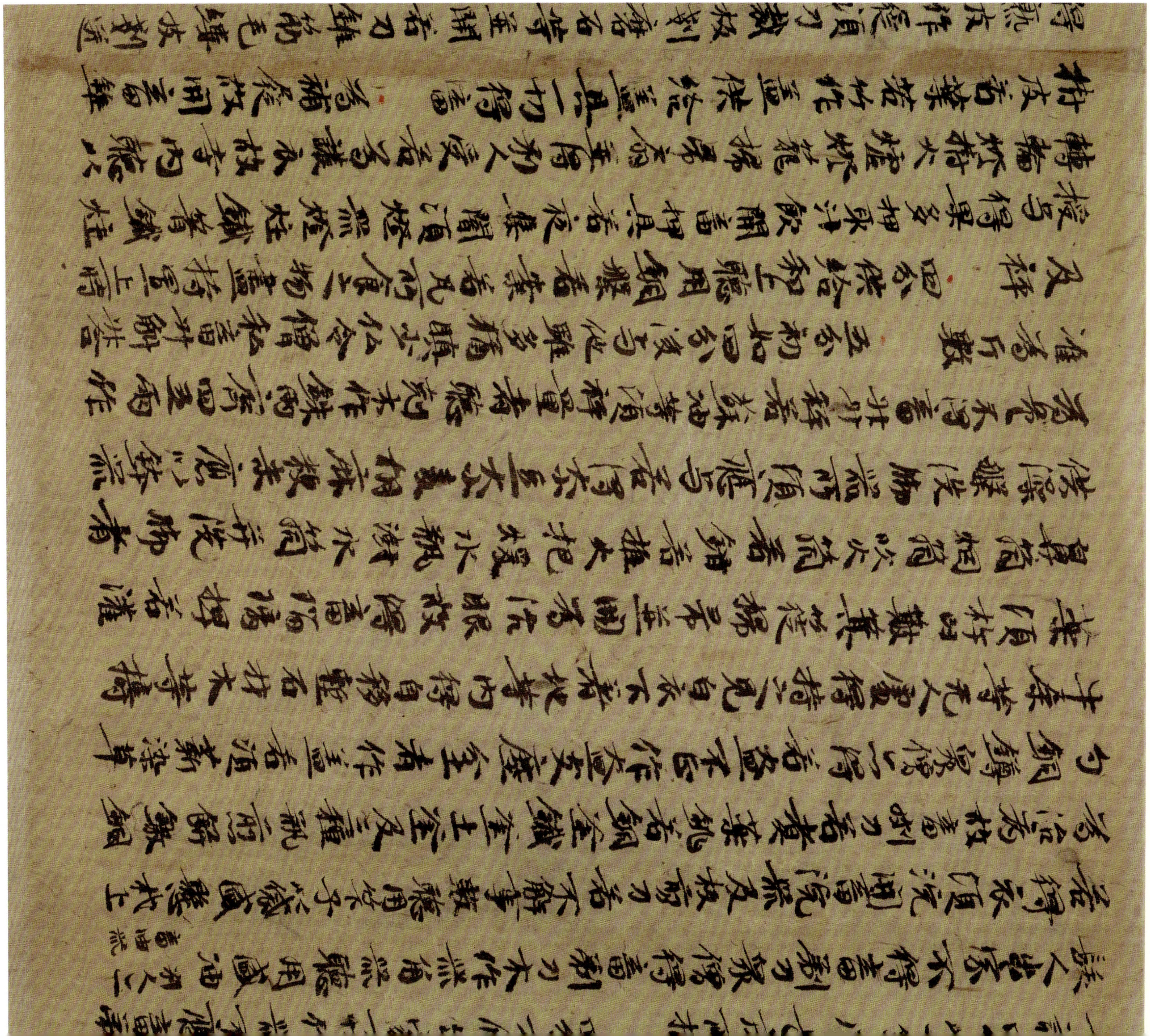

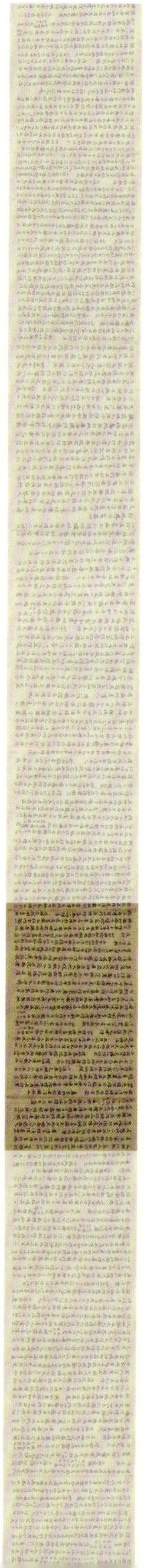

BD01011 四分律删繁補闕行事鈔卷下

得熟皮作屣須刀截板剗磨石等並開若刀鉡筋毛縛皮剗迸
聚聽作囊盛若織竹作籠若樹皮籠聽以毛囊裹外二得趣用
十種衣作囊不得以皮作若刀生壞聽以毳劫貝大皮等裹刀著
鋑長者開剃刀及鞘應以劫貝等障勿令壞若刃卷手上婆石上
磨甚者以刀囊中刀鈍者開畜刮刀鋑敷畜逆鋑罪又用鑷子剪爪刀
剃毛刀擿齒物挑耳抲供給住房比丘法中聽与大小繩牀大小木床
枕户排户鉤杖蓋瓦角水瓶洗瓶盛水器浴室瓶及木刷浮刀等一切
白衣器種作耕犁楞等不應畜一切寶物作諸器並得著道行器
蚊蝎諸虫者當軌杖錫枟若筒盛砂石若破竹作聲不得執空
中杖若畜如法治若僧集患相聽作大扇若作轉用扇車令沙除
推之若作餅作豆麨須麨盛置麨器盛鹽鈠 鹽字書鹽也 等字錯應作皆
酒瓶木橦木瓦匕勺梳等皆開著食飲多不節成患者開作浴
室若往房內臭以香泥乃塗四角懸香壇更告諸四衆造浴室
五切德除風差病去塵垢身輕便得肥白比丘當方便造五

衆自揩二比丘　比丘尼浴室中上座應爲浴僧說洗因緣不
爲嚴身淨潔故但令除身中風冷得安隱行道當爲說患身法調
伏心法應生慈心爲令得少欲知足故如是一一事並有上座說法
儀式隨事識勒不復具之　比丘尼母聽畜刀子六種一用割皮
剪甲破瘡截衣割衣上毛縷六淨果乃至食時種種須故
五分聽畜拔鼻毛鑷大論供給坐禪法禪杖禪毱鎮背人禪經
好師點衣服等　比丘尼母止得畜三衣大器坐具針線囊瓶瓮等
是不合畜者文金銀一切寶物一切兩具盛酒器等生人像髮髯
五分畫床不合坐凡所用瓷瓦燒物輒不聽作人畜形相諸有器
四分儲一擬後破失四分若染時須釜鍋罌鐵斧鑿鑽
並得若水井池水蘭楯一切供給天雨恐濕上安屋露地
有薪作屋覆之　增一作房施僧名招提僧施
四分擅越爲比丘作堂如王住殿一切所須並開受諸比丘欲作
房仏令隨作房法一切聽與律文事事具出略不明也若分
得破房脩理不具不肯取仏令隨力多少應治一切所須共給

BD01011　四分律删繁補闕行事鈔卷下

房仏令隨作房法一切聽与律文事〻具出略不明也若今
得破房脩理不具不肯取仏令隨力多少應治一切所須供給
十誦仏自執木作具治寺門僧得畜一切作具僧房壞得将一房
賣治房〻得用敷具賣治之僧坊上〻座私房上〻座并有破
壞雜事先自手作迎棄數〻踏泥〻僧房云〻比丘得自造
上木僧祇比丘作房欲自泥壁五采畫之並得唯除男子
女和合像餘山林人馬並得　四分〻不得同不應文繡
裝挍聽用餘雜色禽獸文者　何雜得別房開受者
僧地中作私房有客來應起不起遷僧地入已以充僧地
若營屋者不聽卒成以不堅牢若作大重閣堂聽十二
年經營餘者隨大小量宜若營事比丘房成莊嚴香
熏所須具足者与房住九十日移不得更受餘房若有
俗人能治破房者白二与之　五分諸房上皆題某甲檀越房
十誦若以房施僧轉施尼者是非法施非法受非法用若施
三寶白僧二尔若房舍外具有檀越者但得看視不得

奪与治壞房者六年与作新房者十二年作
僧祇先是僧房破壞更易戶牖二三年隨功夫多少稱量
与住若空房不任住治事者應与一時住治事者應与
一時住若床几枕褥堵賦破更染浣補治者二一時住

對施興治篇第廿

夫福出淨田道起少欲為福之家唯重唯多受施之者
唯少唯節多供无厭是為福之法少受限量信行者之
儀律之檀越雖施无猒而受者應知足也但出家之
士形乖醒服有待之形假資方立施時不厤後須難得
若善應於法則能所无瑕必於事莫准使規戒何寄如能
善者時資令有力无事者可謂道緣義立行從此生何
者貪心出於情著无染良由自節縱心則非昧起求約
志則夷餡生猒所以善惡萠於中懷昇沈寄于方寸是
是故為行人者无宜輕縱不息時緣任事生業都无儉約
貪為染因豈不悲歟然愛為難滿如海吞流若火之法

是故[illegible]

耽湎深細豈不悲哉然愛渴難滿如海吞流者貪之以法

衆患俱集既能形服異世攝懷遠大何得於事容斯

穢迹但凡流子倍尚節取衣食況三寶體種而滯於穢

乏方墜泥塗一何可歎今略述由斷不引誠文使懷道之士

詳而斂迹焉就中分五初明受施之人二明疑治方便三

明立觀有教四明作觀方法五明隨治雜相初中善見

云比丘受用施物有四種一者盜用若比丘破戒受施名為盜

用二負債用者受施之時必須作念不作得罪負人信

施三親友謂七學人四主用謂羅漢毗尼母云受人

信施不如法用放逸其心廢脩道業入三塗中受重苦

故若不受者飲者食他信食即破腹出衣即離身若知前

人无業而施與者能施二俱為施所墮智論明能施清淨

受者不淨如是四句若出家人无戒无慧食於信施入銅橛地獄

受鐵丸鐵果二苦四分乃至[illegible]

作不樂想若縫衣見衣爛衣著衣脫衣觀如是時如血塗皮爛
臭而惡生所住處如是觀時於衣貪心即時除滅云何脩習食
不樂想若有比丘執持盋時如血塗髑髏爛臭可惡生所信處若
得食時應觀是食如兒肉生若見麨時如末骨想得飯時作
棄汁想得諸餅時作人皮想所執錫杖作人骨想得乳酪時作膿
血汗想若得菜茹作髮毛想得種種漿作血想是名於食生
不樂想云何於房舍生不樂想若入房時念如地獄受諸苦惱如是
房舍即是和合所有材木即是人骨土是人肉乃至一切牀榻被褥亦復
如是作是觀時即名世間香樂想者能觀察如是想者是人即得
如實法也
四分寧以熱鐵爲衣燒爛身盡不著信心男女衣
服寧在鐵床燒身焦爛不受信心好床臥具寧受鐵屋中住身不受
房舍在中宿寧吞熱鐵鉤燒爛五藏從下而出不受信心飲食寧以
熱戟刺脚不以受信心禮足作禮寧以熱斧自斬其身不受信手捫摸其身
以故不以此因墮三惡道若非沙門非淨行自言是沙門淨行破戒行惡都無持戒
威儀邪見覆藏作罪內空腐爛外現見淨食人施故以不消信施墮三惡道
長夜受苦是故當持淨戒受人信施一切所須能令施主得大果報所爲出家作

以於前山出曰臣三惡道若相沙門非法行自言是沙門沙行而實行惡者無戒
威儀邪見覆藏作罪內空腐爛外現見淨食人施故以不消信施墮三惡道
長夜受苦是故當持淨戒受人信施一切所須能令施主得大果報所為出家作
沙門之得成就若明惡報如僧護中廣述五十六事涅槃所舍等大小乘經論並
種々獄觀云　三明五觀有教者智論云若不觀食法嗜美心堅
著墮不淨糞中洋銅灌口噉燒鐵丸　十誦云每食時應生厭心為存身命故
摩得伽云若得食時當觀從倉中出地中以糞屎和合種子得生還麁糞
身々坐比丘尼毋云若利根比丘得食時口々作念得衣時著々作念若入房時入々
作念若鈍根者初得衣食房舍揔作一念　仏藏云從衆落中乞食
從聚而出往反至水邊可脩道處置食一面結跏趺坐當觀其食種々
可惡反觀自身想是惡露廣如彼說　四明觀法然衣食房藥
四事供養能施捨慳受施除貪此則能所俱淨生福廣利者彼此
隨情縱逸任性者則俱隨負纏同非故涅槃云或令施主果報減少
或復元報等雖利養等同義有希數食為大患時須進口過與既數
愁法亦難若不策其心府改其前操者多陷迷醉矣夫沙門之異俗
由立行有堅貞同鄙世之昏閎餘行亦可知矣故成論云現見在臭
屎中生不在礬石中者由貪味香故也今故約食時立觀以開心道
各作五門月了論如此分之　初計功多少量他來處

多計一盇之食作夫流汗集合量之食少汗多須臾變惡我若貪心當墮
地獄噉燒鐵丸從地獄出作諸畜生償其宿債或作猪狗常噉糞除
故於食中應生厭想　僧祇云告諸比丘計此一粒米用百功乃成
奈其妻子之分求福施故云何棄之　二自忖己身得行毗尼母者不坐
禪誦經不營仏法僧事受人信施爲施所墮若无三業知故而施俱
爲施墮比丘雖飽食施主食惱懊惠或自食已食雖飽過分爲施所
墮以其食亡從施主得故何以故仏長夜中常嘆宗後限食 謂米後減
口食 施持戒者能受能消施持戒果報大破戒果報少 如是呵責 如上律文 足食已更
強食者不加色力但增其患故不應无度食　三防心離過明了
論疏云律云說出家人受食先須觀食後方得噉凡食有三種上食起
貪應離四事一離憙樂過貪著香味身心安樂縱情所適故二離食
醉過自覺身心力強不計於他故三離求好顏色過食畢樂於究悅
勝常不須此心四離求莊嚴身過食者樂得充滿肥圓故二者下食便生嗔
瞋多墮餓鬼永不見食三者中膳不分心眼多起癡捨死墮畜生中作猪豚
糞樂糞等中初貪重故墮入地獄且略如此及此三妄成三善根生三善道

囊樂囊等中初貪重故墮入地獄且略如此又此三毒成三善根生三善道
謂无貪故生諸天中下二可知　　四正事良藥籖分二爲除故病飢渴不
治文發道業不新病各飲減約宿食消殘又此二事爲譬初如油膏車但
得轉載爲問治之美惡二欲度險道有子既无飢窮餓急便食子肉必無
貪味　五者成道業觀三種一者爲令身久住故欲界之身必假摶食若无不
得久住道緣无托故二爲相續壽命假此報身假命活成身慧命故三爲滿彼
定慧伏擮煩惱故持世云若不除我倒此是外道不聽受人一杯之水於藏亦然
默我倒於衲衣兼食不應出著　五明隨治雜相　華嚴云若得食時當願生
爲法供養志在仏道　五分云若不爲解脫出家者不得受請坐禪誦經撿挍
僧事直爲飾胺出家者聽受傳次　十誦若到食處應唱等供一心淨持威儀生
他善心當修入經坐應觀是食難來得成辨當觀入口在生藏熟藏若後出時
唯是不淨由此食因緣故起種種煩惱罪業感受苦果報　五百問云昔有比丘喜
樂衣服晝夜染著因致死後爲化生虵還來纏衣舉體燒葬死比丘訖衣存在
法虵復延頸吐毒傳共看之有得道者入四等觀語虵令去遂入草中毒盛火出
燒身命終入地獄　毗尼母云衣作念云爲除寒熱二爲蚊故房作念言爲障
風雨故食作念言爲除飢渴因緣故　傳云凡食不得過三匙爲斷一切惡故進
初起爲修一切善故進中匙爲度一切生故進後匙乃至迴向佛道進饌菜茹
等饌如法　四分云量腹而食度身而衣取足而已又云食如上足故者消滅新

四分律刪繁補闕行事鈔下卷之一上

[illegible]

處中而食者如猝无高下貴賤中有王試外道比丘好惡衣以驗知道法比丘乃至

說偈是身如車好惡无擇香油臭脂等同調滑　　中書五告諸比丘於生活

中大極至遠者謂行乞食世間大譏有禿頭擎瓦盋行故族姓子有義故受以獄

患生老病死諸苦惱故若惡人要家而行悉欲持戒修諸如以穢洗穢何由可脫

前具列正教必須准用隨食五觀口口緣之隨得隨失者有貪等毒所奪

本書係「敦煌文獻系統性保護整理出版工程」項目成果

二〇二一—二〇三五年國家古籍工作規劃重點出版項目

「十四五」國家重點出版物出版規劃項目

國家古籍整理出版專項經費資助項目

中國國家圖書館藏
敦煌文獻

中國國家圖書館 編

第七〇册

BD01034～BD01048

國家圖書館出版社

DUNHUANG MANUSCRIPTS IN THE NATIONAL LIBRARY OF CHINA

070

BD01034 ~ BD01048

compiled by the

National Library of China

National Library of China Publishing House

凡例

一　本書刊布中國國家圖書館藏敦煌文獻，以館藏編號爲序編排。

二　館藏編號采用「BD+流水號」格式，如BD00001, BD16579等。背面在編號後加v表示。一個編號包含多件文獻者，編號後分別綴以字母A, B, C等。一件文獻含有多個內容者，以數字-1, -2, -3等標明順序。

三　圖版有縮印或放大處另加說明，尺寸超出本書幅面的以摺葉形式呈現。

四　卷軸裝、梵夾裝、經摺裝等裝幀形制的敦煌文獻，各附外觀圖像。

五　每件文獻依次呈現外觀、正面、背面等。背面僅刊布有文字、圖像或其他要素的圖版，而略去素紙部分，背面圖版同樣以從右到左順序編排。凡有外題者，遵從以上原則。

六　除個別特殊情況外，爲保證閱讀連貫、流暢，圖版儘量通欄呈現。

七　各葉上方附該件文獻全圖，以高亮形式顯示本葉大圖在全卷中的位置。部分長卷文獻全圖衹能分多段呈現時，在上段末以‹符標示下段接續。卷尾內容不足一葉時，文獻全圖使用該圖卷尾部分，亦以‹符標示。背面圖版文字與正面文字方向相反時，文獻全圖按原貌顯示，正文翻轉呈現，以便閱讀研究，用↻符標示。

八　文獻題名大體沿用中國國家圖書館此前所編多部敦煌文獻目録的考證，部分吸收學界最新研究成果略作調整和完善。文獻題名綜合參考原卷首題、尾題、外題確定，如原卷題名與該文獻正式名稱不同，則采用正式名稱；無題名者，或比定題名，或擬定新名。非漢文文獻在題名前標注語種。有分卷不同等其他情況者，括注於文獻名稱後。

九　本書著録使用通行繁體字，涉及原文中的人名、地名等，必要時保留原字形。

About this publication

1. The documents are presented in shelfmark order.
2. The shelfmarks are in the form BD plus a running number, eg. BD00001, BD16579, &c. If a given shelfmark contains multiple documents, these are distinguished by the letters A, B, C, &c. If a document has multiple contents, they are distinguished by the numbering 1, 2, 3, &c. The verso side of an item is indicated by the letter v.
3. If it has been necessary to reduce or enlarge the size of an illustration, the dimensions are indicated. If the size of an illustration exceeds the size of the book, a folding sheet is used.
4. If the document is a scroll, a folded sutra, or has a stitched binding, a picture of the whole object is provided to show its external appearance.
5. The cover, front, and back of each document are reproduced in sequence. The back of a document is only reproduced if it contains text, illustrations, or other markings, and it is oriented from right to left. If it is blank it is not reproduced.
6. Except in a few special cases, the lines of text are reproduced unbroken to make them coherent and easier to read.
7. An illustration of the complete document is reproduced at the top of each page, and the section where the main illustration appears is highlighted in order to indicate its position. If it has only been possible to reproduce a long scroll in sections, the direction symbol has been used to indicate where one illustration ends and the next one begins. If the end of the scroll occupies less than one page, the direction symbol is used to indicate its position in the illustration of the complete document. If the text on the back of the document has a different orientation from the text on the front, it is reproduced as it is, but is also rotated (indicated with the rotation symbol) so that it can be read easily.
8. The titles of the documents generally conform with those already established by the Library, but in some cases have been amended by drawing on the most recent scholarly research. The titles are derived firstly from the beginning of the text, then from the end of the text, and lastly from the cover. If the title of a document differs from its authoritative form, the authoritative form is used; and if a document has no title, one is either supplied by comparison with similar documents, or a new one is devised. If the document is not in Chinese, its language is indicated before the title. If the number of juan is different from that of the authoritative version, or if there are other irregularities, this is noted.
9. The documents in the book are in traditional Chinese characters. Where the title contains personal or place names, the original characters used for these names are retained.

(Translated by David Helliwell)

第七〇册目録

BD01034-1 四分律刪補隨機羯磨鈔（擬）

BD01034-2 佛教名相釋義（擬）

BD01034-3 大智度論鈔（擬）

BD01034-4 太上一乘海空智藏經卷九

BD01034v-1 雜齋儀（擬）

BD01034v-2 出家功德經（出賢愚經）

BD01034v-3 戒律疏釋鈔（擬）

BD01034v-4 斷三界見修煩惱之圖

BD01034v-5 明《大般若經》四處十六會文（擬）

BD01034v-6 沙彌十戒法并威儀

BD01034v-7 四分律刪繁補闕行事鈔・剃髮羯磨鈔（擬）

459.5cm × 25.5cm

廣大如法界究竟等虛空

言方便者方謂方圓便謂要便邑含眾德日方所作順宜日便

度沙弥法 律中度羅侯羅為最初僧祇若年七歲解知好惡与出家過七十卧起須人不得度若能循習諸業聽出家若太老已出家不應駈出若初欲出家者為說苦事一食一住一眠多覺問答能者度

與剃髮法 時諸比丘輙度人故眾僧不知佛言汝若欲僧藍中剃髮當白一切僧若不得和合房房語令知已与剃髮若聲作白己剃髮

大德僧聽彼某甲欲求某甲比丘剃髮若僧到時僧忍

若作白已剃髮　大德僧聽彼某甲欲求某甲比丘剃長髮若僧時…
作是白言　聽与某甲剃髮白如是　作白已僕入衆中与剃髮度之法或廣如鈔中五衆文先与受五戒已後受十戒　授十戒法
大德僧聽此某甲從某甲比丘求出家若僧時到僧忍聽与某甲
出家白如是　授戒體法　我某甲歸依佛歸依法歸依僧我今
隨佛出家某甲為和尚如來至真等正覺是我世尊　三說便得戒　我某甲
歸依佛竟歸依法竟歸依僧竟我今隨佛出家已某甲為和上如
來至真等正覺是我世尊　三結已与戒相
妄語時是受戒時不離三妄語
正問難遮法　汝諦聽今是真誠時今我問汝有當言有无當言无
不犯邊罪邪汝不犯比丘尼邪汝非賊心為道邪汝非壞二道邪汝
非黄門邪汝非殺父邪汝非殺母邪　汝非殺阿羅漢邪汝
非破僧邪汝非惡心出佛身血邪汝非非人邪汝非畜
生邪汝非二根邪　汝字何等和上字誰年歲滿未衣鉢具
足不父母夫主聽汝不汝不負人債不汝非婢不汝是女人不
女人有如是諸病癩癰疽白癩乾痟癲狂二根二道合
合道小大小便涕唾常出汝无如是諸病不汝學戒未　已

合道小大小便涕唾常出汝无如是諸〻病不汝學戒未已
學戒 清淨不 清淨 其甲已學戒未已學戒 清淨不淸淨
邊罪 曾受佛戒已犯於四重罪重名佛海邊外之人不堪重入淨戒海也沙弥犯十戒同前邊罪 舍戒還来欲更受具此一
賊住 謂沙弥時盜聽說戒羯磨同僧法事 沙弥詐稱大僧人受比丘一拜礼是爾賊義
外道 空 本來是外道來投佛法受具已竟反還本道今復重來 彼此遍壞 志性無
黃門 一生黃門二犍作者三妬四見他婬方有妬心婬起四忽然變作 五半月能男半月不能男 世中多有自截者
言王像者 僧祇善見云生色似色即像也
五戒 若不以五戒調藥遂相不顯 以五戒後受十戒五戒不發何況是十 又顯佛法深妙漸次授法不同外道十誦先
遮難 沙弥遮難同僧法
僧祇 七歲解知好惡者應与出家 八十九十太老過七十暫起須人不聽度也

人未得實道是人諸煩惱覆心往生因緣
業死時從此五陰相續生五陰譬如一燈更
燃一燈又如穀生有三因緣地水種子後

燃一燈又如穀生有三因緣地水種子後
世身生亦如是有身有有漏業有結使
三事故後身生是中身業因緣不可斷
不可破但諸結使可斷結使斷時雖有殘
身殘業可得解脫如有穀子有地无水故
不生如是雖有身有業无愛結水潤則不
生是名雖无神亦名得解脫无明故縛智
慧故解則我无所用復次是名色和合假
抓解此諸結是時名人得解脫如繩結繩
解繩是結結无異法世界中說結繩解
繩名色亦如是名色二法和合假名為人
是結使與名色不異但名為名色名色結
名色解受罪福亦如是雖无一法為人空
名色故受罪福果而人得名辟如車載物

袈裟者從如來无盡善根家淨法界之所流出所以稱尊身上
即是大㶊淨之所印故

无

名色故受罪福果而人得名辟如車載物
二推之竟无車實然車受載物之名人
受罪福亦如是名色受罪福而人受其名
受苦樂亦如是如是種種因緣神不可得
我即是施者受者亦如是汝以神為人以
是故施人不可得受人不可得亦如是如是
種種因緣是名財物施人受人不可得問
日若施於諸法是如實相无所破无所
滅无所生无所作何以故言三事破折不
可得荅曰如凡夫人見施者見受者見財
物是顛倒妄見生世間受樂福盡轉還是

加沙
大哉解脫服无相福田衣披奉如戒行廣度諸衆生礼仏訖行道三匝說自
慶偈過哉值仏者何人誰不喜福願已將會我今獲法利助礼大衆及二師已
在下坐發六親辭賀歟離俗心懷遠大父母等此為作礼快其道意出前

剃髮

曾以七返入大海中具知海道菩薩即命

韈尖烏黑火上水下風節地車並無有因

曾以七返入大海中具知海道菩薩即命
共行荅言我年既老兩目失明曾雖數入
今不能去菩薩言我今此行不自為身普
為一切求如意寶珠欲給足衆生令身无
乏次以道法因緣而教化之汝是智人何
得辭耶我願得成豈非汝力陁舍聞其要
言欣然同懷語菩薩言我今共汝俱入大
海我必不全汝當安我身骸著大海之中
金沙洲上行事都集斷第七繩船去如馳到衆
寶渚衆賈競取七寶各各已足語菩
薩言何以不取菩薩報言我所求者如意
寶珠此有盡物我不須也汝等各當知足
知量无令船重不自勉也是時衆賈白菩
薩言大德為我呪願令得安隱於是辭去

薩言大德爲我呪願令得安隱於是辭去
陁舍是時語菩薩言别留艇舟當隨是别
道而去待風七日博海南岸至一險處當
有絶崖棗林枝皆覆水大風吹船船當摧
此當死過此隘岸當有金沙洲可以我身
置此沙中金沙清淨是我願也即如其言
風至而去既到絶崖如陁舍語菩薩仰扳
棗枝得已自免置陁舍屍安厝金地於是
獨去如其先教深水中浮七日齊咽水中
行七日齊要水中行七日齊膝水中行七
日泥中行七日好蓮華鮮絜柔濡自思惟
言此華濡脆當入虚空三昧自輕其身行
蓮華上七日見諸毒虵念言含毒之虫
甚可畏也即入慈心三昧行毒虵頭上七

甚可畏也即入慈心三昧行毒蛇頭上七
日虵皆舉頭授與菩薩令蹈上而過過此

小乘八忍八智
大乘一百一十二
六八智八忍者與智斷惑 如能忍理對法論說苦諦有其
忍心一苦法智忍謂觀三界苦諦真如 苦諦者若是身諦是心法
是此身心所起增上教法 忍者起智斷惑 如能忍理
二苦法智謂忍无間觀苦真如證斷煩惱解脫 智者謂於
方便道中緣苦法智
三苦類智忍謂於苦法智无間无漏慧生於法智各別內證後三諦聖法
皆是此類

太上一乘海空經捨愛品第九 卷第九 一名七寶莊嚴
尒時天尊告善種王善男子大王長者汝捨
智財從遠方来請我演說一乘海空智慧寶
藏安住國土七寶城中真士之座善男子汝
等大王得聞真士海空智藏問病云何於是
善種大王長者聞大衰尊說此語已從座
而起頂礼尊足白天尊言彼方真士智慧湛
深難為酬對了達法相才辯無礙一切仙士悉
解一乘海空智藏无不得入智慧之門又能
降伏外道衆魔顯現神通其功方便皆已

降伏外道衆魔顯現神通其力方便皆已
得度智慧難思奇特微妙希有希有大哀天
尊爲衆生故教導真士住寶城中演説一乘
海空智藏當尒之時諸弟子等天下人民大
餘真七百仙士三百大王億千天人若男若女
王長者俱發善心捨身智財屋宅童僕悉
皆施散令彼真士演説法時座中諸士千
悉皆隨從聞聽一乘海空法要作大橋梁作
法橃於時真士與諸弟子即以神力七寶
城中左右宮殿悉皆空虛尒時真士坐於
空城除諸所有唯有寶床以疾而息是諸
弟子若人非人各共圍繞瞻仰涕泣而淚
百行同聲歎言大哀真士捨我等輩獨露
真上告我真士捨我等故説疾而息我今

莫上若我真士捨我等故說疾而息我今

三十二

思惟大師疾者疾從何來可治以不若可

醫治是我弟子寧捨身命療治天師

見所斷

令得爲我成就一乘海空智藏安慰我等

任大寶城彼說我聽當尒之時海空智藏即

唱說言令我疾者隨衆生故是不疾相而之

爲疾是不見相而之爲見是不空相而之爲空

是不說相而爲之說我等衆中心疑未了於

是云何唯願大哀爲我等故分別說之

尒時天尊以大慈心荅善種王善男子大王

長者如汝所說海空真士了此疾相更無法

疾了此任相更無法任了此空相更無法空

了此說相更無法說了此安相更無法安了

了此說相更無法說了此安相更無法安了
此去相更無法去所以者何疾無所從往無
所安空無有著若有法者視之不見若空法
者隨之則有以是之故往者無所置去者无
小乘於十
大乘於十六四難斷
所至令所疾者更無可疾令所往者更无可
往令所空者更无可空令所置者更无可置
汝等大王善心受持自當得解於是衆中善
種大王聞是說已心大歡喜頂禮尊足白天
尊言如是說者令海空疾寧可醫治療之有
損不增病不大衰天尊衆中无量真仙童子
地仙道士殷勤致問海空真士而令疾者何
所因起云何當滅盡其疾因令衆歡喜同發
善心好樂觀聽一乘海空智慧寶藏
尒時天尊善種王善男子汝等問者言海空

尒時天尊善種王善男子汝等問者言海空
疾從何因起善男子海空疾者從衆緣起是
故有病若諸衆生得不病者海空真士亦復
不病何以故海空智藏爲衆生故入生死身
有生死身則有病因若諸衆生得離病者
是則海空無復有病善男子辟如慈母唯
有一子其子得病父母亦病其子病愈父
母亦愈海空真士亦復如是令海空者於諸衆
生愛之若子以是因緣衆生有病海空亦病
善男子言海空病何所因起汝等大王我今
思惟海空疾者從大慈起於是衆中善種大
王聞此語已白天尊言大哀天尊云何海空
智藏真士住寶城中城空無有床座之坐我

智藏真士住寶城中城空無有床座之生我
今思惟甚大惶怖於是天尊荅善種王善哉
善哉善男子言城空者三清玉京長樂國
主亦復空虛善種大王又復白言如是所說
以何為空而云空虛
天尊荅言以空為空又復問言空何以空天
尊荅言空無分別何以故分別亦空故言空
空善種又言空分別不
天尊荅言分別亦空又問空无分別空於何
法荅言空於法相空於六塵六塵既空法相
亦空善種又問法相云何荅言即法相者即
是解脫是解脫者即是法相以是之故法相
既空解脫亦空又言云何解脫荅言是煩惱
者即是解脫是解脫者即是煩惱解脫既空

者即是能脫是能脫者即是煩惱能脫即空
煩惱亦空善種又言是煩惱者即是病者而
非病耶若是病者病從何來為從身來為非
身來若從身者身法既有煩惱云何而云
為空
天尊答言我說病者即是煩惱煩惱既空病
法亦空病法既空身法亦空何以故煩惱身
者如幻如夢以是因緣以空為空善種又言
地水火風四大之中何大是身答言煩惱身
者非地大生不離地大水火風大亦復如是
一切衆生煩惱身者從四大起以之為病是
故真士隨之為病於是善種得聞說已即
起作礼讚歎一乘海空智藏是我大師為我
輩說言有疾諸行無常身法無我不說海空

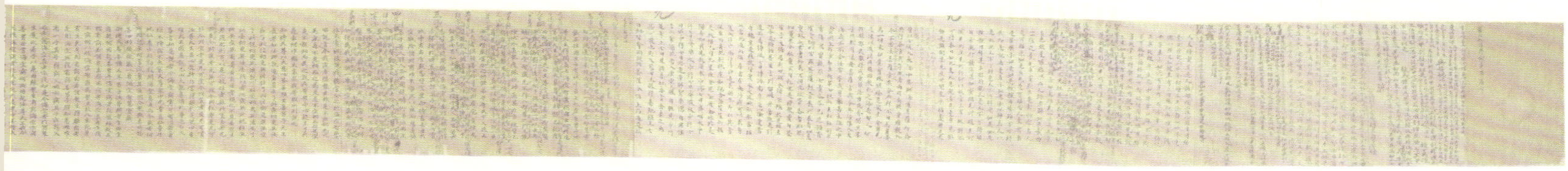

輩說言有疾諸行無常身法無我不說海空
猒離於身說身有苦不說常樂玄都玉京教
導三乘為諸衆生作大橋梁度生死海於空
城中說身有疾哀放衆生令識宿世億劫
中苦當念饒益一切衆生脩弘福田念於衆
生勿令憂惱勸助衆生勤行精進作大醫王
療治衆生一切病根慰喻衆生以疾而卧
尒時海空智藏告善種王汝等勿疑我身病
者而言无疾令我疾者皆前世因妄想顛倒
諸煩惱生無有實法惟之為疾所以者何四
大合故假名為身四大无主身亦无著令我
疾者皆由著身是故於身不應生著善種大
王既知病本即除我想及煩惱想當滅法想
汝等大王應作是念但以衆法合成此身我

汝等大王應作是念但以衆法合成此身我
身之身起唯法起滅唯法滅此法身者各不
相知起時不言我起汝滅滅時不言我滅汝
起我念衆生亦復如是善種大王汝等當知
應作是念此法身者亦是顛倒是我身者
即是大患汝等應當猒離此身云何爲離我
我所離我所者即離離二二法法者不念內
外諸法平等云何平等我等常樂常樂
清淨內外无我我亦清淨此二法者悉皆
空空以何爲空但以名字名字故空如此二
法无決定性得是平等无有餘病唯有空病
空病空病亦空了空病故是我有疾今我病
者无受而受說身无常法相不滅而取證

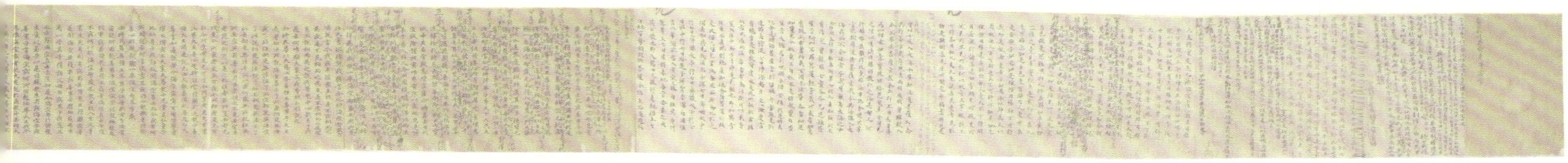

者无愛而愛說身无常法相不滅而取證
信故設有身普念衆生發大慈心說一乘
藏調伏我身亦當調伏一切衆生除種種病
令我說病爲斷衆生攀緣病本斷病本故則
無所得若無所得則斷攀緣諸根若盡是
我無病善種大王得聞說已合掌作礼長跪
讚言善哉善哉大哀真士爲斷我故作如
是說調伏其心亦當調伏一切衆生老病死
苦若不如是我等衆生生无患利煩惱所
縛海空真士爲我說者譬如法勝乃可爲勇
亦復能除老病死苦得住城中彼說我聽
海空真士亦復如是爲我有妄而云有病我
身病者非真非有海空智藏亦復如是非
真非有若有衆生觀此病者時不起愛見

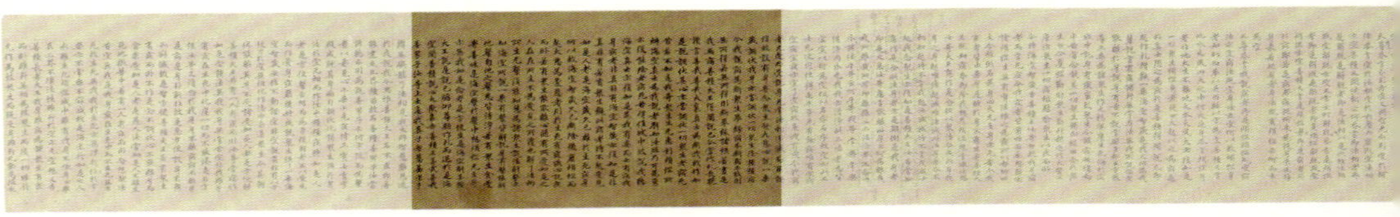

真非有若有衆生觀此病者時不起愛見
如是人者是海空藏久已離於生死病身
何以故海空智藏久已斷除後塵煩惱而
起大慈悲爲愛悲者則於生死有疲猒心託疾
而卧若有衆生能猒離心隨有所愛如是之
人在在所生不爲愛見之所覆也解了法相
所生无繫復能知慧爲諸衆生說法解繫亦
如海空所說一乘有繫皆解託身有繫能解
他繫自他之繫悲皆清淨若有衆生貪愛
著善味是海空繫於繫中想煩惱无主身
亦無我如是念者是方便生是海空解善種
大王說是說已瞻仰尊顔作礼而退於是海
空聞善種說心大歡喜告善種王善哉善哉
善男子汝菩上士是我真子智慧甚深才

善男子汝等上士是我真子智慧甚深才
辯無礙能了法相是我大師智慧難思過
於我說我今思惟善種大王名不虛耶善
能建立三界種留故名善種善男子汝當
諦聽分別爲說善男子云何方便而爲繫
者以者見心小乘小見莊持三寶七寶宮
殿成就其身而自調伏化諸衆生俱行有
法於空无相而作法中種種莊持如是人
者是方便繫云何而爲方便解者不以愛見
而作愛身莊嚴微妙成就衆生俱了一乘海
空智藏安住不動證空非空說有非有以方
便力於空無相化作法中示道衆生令其調
伏猒離其身不受諸受如是人者是方便解

伏猒離具身不受諸受如是人者是方便解
善種大王若有一人有疾而卧汝等當應作
如是念諸法無我我身無常苦空非我雖身
有疾在生死中化度一切而不猒惓是名方
便汝等又復念於我身身不離病病不離身
是病是身非新非故是惠方便設身有疾
而無滅故是智方便善種大王若有衆生
有疾而卧不作是念不調伏心不猒離身而
貪求愛如是人者是愚人法當知是人不離生
死地獄苦中若有一人有疾而卧念想諸法
苦空無我是我身疾在生死中而不生死無生
死故生死無我我於生死亦無無汙行住於常
樂亦不常樂不無滅故是海空行如是之人

樂亦不常樂不寂滅故是海空行如是之人
永離生死煩惱城中雖有我身不依身心雖
在三界不壞法性雖行於空亦无空想又告
善種長者大王我身雖病爲諸衆生有疾
而卧雖行無相爲彼衆生而度一切雖行
无作爲彼衆生而現受身雖行无動爲彼衆

想弟四
即仏 大明流空繁星失耀大覺出現群聖潛輝即知
信海澄清仏日現留璃之影慈山作鎮法雲飛甘露
之澤入此門者何樂如之厥此會者時即有節兒都督公等奉
為聖神贊普相公等即仏若于並从周圓即此功德奉資相
公貴位伏願聖壽天地比堅貞明與日月齊照慈雲速
邁澤及鯤魚 伏願美佐時嘉謀蓋代股肱王國作万
里之長城經紀朝廷為百遼之准的金門受律
鵲即臨邊擁節河隴之間清塵万里伏願相
公勲業永固劫石而不逾福智長資芥城盡
而不盡亦願陰陽順序日月貞明天平地城樂
和礼冷御勞清衆奉為相公虔供一心稱念摩訶

和礼合御勞清衆奉爲相公虔供一心稱念摩訶
般若波羅蜜施一切誦
惠文 夫慈悲普化遍滿於閻浮大覺威雄度群生於六道故使
維摩現疾託在毗耶諸聖問疾之徒往方丈之室菩薩現疾應
品類之根機馬麦金鏘表衆生之本業然今所申意者
禪師 惟禪師戒香芬馥定水澄清披忍辱之珠衆行平等
之親敬心燈皎皎破歷劫之重昏惠劍暉暉剪稠林之根本於一
念傾悟不空空坐三昧門近无等等寔生靈之眼目乃溜海之舟航也
尼師 可謂風標雅素早著妍花碧水將禪池共清丹桂与戒香連
馥飛聲流俗播德素門繼蓮色之高蹤襲愛道之清軌者也
稟氣雖千種貪生共一般從頭皆負活若箇不求安怕急緣防
翦高飛超被彈詎堪鷹隼殘 遂更被網羅傷猪復哀離圈

齒鳥飛走被彈諸域癘殘 [illegible] 更被網羅獵得衣樂屬

羊牽惡出蘭持刀烔下刺搇內口中噉苦痛知何説荒迷亦

許難故言食肉者自割識耆番

佛說出家功德經

尒時世尊在王舍城迦蘭陀竹林園中天龍八部大衆

圍遶佛為說出家功德其福甚多若放男女若放人民

若放奴婢若自己身出家入道功德无量不可稱計布施

之報十世受福六天之中往返十到猶故不如放人出家若自出

家功德最勝何以故布施之報福有限極出家之福无量无邊

又持戒果報五通神仙受大福報極至梵世於佛法中出家果

報不可思議乃至涅槃福不可量假使有人起七寶塔高至三十

三天所得功德不如放出家何以故七寶塔者貪惡愚人能破壞故

出家之法无有毀壞欲求善法除佛法已更無勝故如千盲人有

一良醫能治其目一時明見又有千人罪應挑眼一人有力能救其罪

令不挑眼此二人福雖復无量猶亦不如放人出家若自出家㔶轉

令不挑眼此二人福雖復无量猶亦不如放人出家若自出家展轉
視道一切衆生永劫无窮恵眼之性歷劫无壞是故福報人天之中
恣意受樂无窮无極果成佛道所以者何由出家法滅魔眷属
增益佛種摧滅惡法增長善法洗除罪垢興盛福業是故佛
説出家功德高於須弥深於巨海廣於虚空无量无邊若使有
人於出家者為作留難而相抑制故為其心不聽出家入於佛道
此人即斷世間佛種其罪甚重不可稱計譬如大海江河万流悉
入其中此人罪報亦復如是一切諸惡皆集其身是人現世得白
癩病命終當入黒闇地獄展轉地獄如須弥山劫火所燒无有
遺餘此人亦爾地獄火燒无有窮已譬如迦樓醯藥擣為苦毒
若善行雨作於石蜜此善惡報亦復如是放人出家功德最大以
出家人從多羅為永斷結使之罪垢消滅生死之苦為涅槃之樂以
毗尼為足跡淨戒之地阿毗曇為目觀世善惡恣意遊步八正之路
至涅槃城以是義故放人出家若自出家若長若幼其福最勝
一切大衆聞佛所説皆發道意歡喜奉行作礼而去
佛説出家功德經一卷

佛說出家功德經一卷

問依何部受戒 答五部之中依四分受 於四分中有戒種受
戒有五種 何者是五 善来上法 三歸 八敬 羯磨等是
於此五中依何等如受 依羯磨受 具戒緣四緣得名如法 一僧數滿足緣
二結界成就緣 三身无遮難緣 四羯磨如法緣
又問制此戒有何意 答以筞戒故 又三意 一滅得未起非法 二滅得已起疑
徊能知輕重識判撿除 三招生十利攝取於僧等 四又云言如来出

伍能知輕重識別能除 三招生十利攝取於僧等 四分云言如來出
世見衆過失謂十利故与諸比丘制戒乃至正法久住已來此是通意
言別意者 婬欲之性於是雜穢 生死根本若不斷除流輪三有是故
聖制 第二釋名者亦有通別 言通者戒是通名不淨行等是別号
第三具緣者有通別 言通者有三 一是大比丘簡非所被文言若
比丘故 二廣制教後以其初人教未攝故 三无重病壞心亂痛狂
犯等此之三義該據未無戒同然 言別者此初戒具四緣 一正境 二有染心
三起方便 四与境合 若惡道々亦有四緣 一正境 二惡道 三境合
四受樂 比之初戒通三別四 七緣成犯 第四闕緣 若闕通
全无犯可知 々々可闕初及第三等有罪即方便中闕緣方便等无罪可知
闕第一全无罪 七(闕)別緣 若闕初緣非道々想疑得二蘭 闕二三兩緣无犯
闕第四緣有二偷蘭 從破戒威儀身手未及輕蘭 許小衆對手三說懺
身手相及重蘭大衆懺 言大衆者八僧是 惡道同前闕別有四但五
方便 已上諸戒例然 各有通別之意 五開制不同 如初戒文有三
一略制 二隨制 三廣制 言制略者 尒時世尊在毗舍離時迦蘭陀村須提那子
持信出家後還本村其母以財勸令捨道至三不從以婦勸便言我能
後行不淨常懷憂愁諸比丘呵責已往白世尊々々集諸比丘種々呵責

後行不淨常懷憂愁諸比丘呵責已往白世尊〻〻集諸比丘種〻呵責
當与結戒集十句義　言隨制者曰跋闍比丘不樂梵行即便還
家仏因隨制　言廣制者後有乞食比丘林中起過仏曰此人廣制戒
開緣有二一睡眠无所覺知二忽遍
言盜戒者　制意通意如前　言別意者凡盜資財形命之本
然出家所為應撥已資物今乃非理偃棄損惱不釋過中之重是故聖制
言釋名者非理損財故名為盜　第三具緣如前　別緣有六　四闕緣若
闕初緣得三偷蘭　言犯緣者　尒時仏在羅閱城耆闍崛山有檀尼迦
比丘在閑靜處止一草屋後為人持作薪持去便作全成瓦舍為仏
呵責勅諸比丘破便至王守材人所詐宣王勅取王要材持去為王臣人民譏嫌
比丘呵責已白世尊〻〻因此制戒集十句義
言煞戒者　制意通意如前　言別意趣報勝善因所招形心俱道器
但出家之人應懷四等今反嗔恚斷懷陰境遠慈惱他損害道器過
中之重為此聖制
二釋名者五陰法中假立眾生斷於五陰名
三具緣如前　別緣有五　四闕緣者　言犯緣者
仏在毗舍離与諸比丘說不淨觀彼習定覺厭患身命嘆死勸死
讚死有難提比丘受產衣鉢便斷他命被覺惑已日煞六十人為諸居
士驚怪佛知此事便說數息觀已諸比丘修獲果證仏知前何已制戒
具五緣成犯一是人二人想三有煞心四起方便五斷命便犯不犯者若擲刀杖瓦石誤及扶抱病人而死不犯

士欲篤埵佛知此事便說數息觀已諸比丘修獲果證仏知前呵已制戒
具五緣成犯一是人二人想三有煞心四起方便五斷命便犯不犯者若擲刀杖瓦石誤扶抱病人而死不犯
三言妄語戒者 制言意者无漏真道聖所證法非是凡夫凍識之所能契
策得故冒假虛談自言已證惑乱群心欺誑於世悕招名利从自
應已過中之重是故聖制　二釋名者言不稱實所以言妄〻說得
聖事超凡境故曰過人法　弟三別緣有八　弟四嚴緣云〻　言犯緣律造
毗舍離時世饑貴乞求難得集僧告言當隨同師親友安居諸比丘
在婆求河邊安居者便共稱讚得上人法諸信士減食分施与安居
竟攝衣鉢往至佛所為聖慰問二衆發覺呵制
弟五摩觸戒　仏在舍衛國祇樹給孤獨薗時有大善廣樂長者
与偷蘭難陀比丘尼相觸仏制此戒　具五緣成犯　一男子簡非天
与畜男異女等男中有間死活大小輕重等又通道俗親疏廣說可知
二人想罗　三染心四觸　五受樂便犯不犯者若有所取相觸或戲笑相
觧時相觸一切不犯
犯八事戒弟六　仏在舍衛國祇樹給孤獨薗沙樓廣樂長者与偷

犯八事所着[illegible]
蘭難陁比丘尼有欲心受長者捉手捉衣等故制此戒　具五緣成犯　一男
二男想　三染心　四犯前七事未識　五八事作犯　言八事者　一捉手　二捉衣　三入屏處
雜伴　四屏處又足語行住等三事亦尒　七身相倚者二身相存　八共期者
行共緣處　若男俱染犯上七事七偷蘭不識犯八事波羅夷准此犯八捉
手不成重　若一男犯八一時犯八、年犯八、男成重　亦无次第僧祇如此不犯者
若有所施与若礼拜若悔過若受法入屏處不作惡事不犯由俱无染心故下（食室犯隨者由无所為与沐浴世識說故犯）
第七覆藏他重罪戒　仏在舍衛國祇樹給孤獨薗時偷蘭難陁比丘
尼妹安坻舍難陁其人犯波羅夷時偷蘭難陁知恐妹得惡名稱嘿然不
說其妹休道仏因制戒　具六緣成犯　一大尼　二犯八重已　三知他犯重　四作覆
藏心　五不發露　六明相出便犯　於八法中犯一一罪知是彼比丘尼犯波羅夷前
食知後食時說偷蘭遮乃至中夜知後夜說偷蘭後夜知不說至明相出波羅夷
除八戒覆餘罪不說者隨所犯自重偷蘭除比丘、餘人罪吉羅覆式叉沙弥尼吉
若不犯者若不知向人說若无人可向說意欲說（而未說）明相出恐有命難梵行難不
說不犯　隨擧戒第八　仏在拘睒弥瞿師羅薗中時尊者闡

說不犯　　隨舉戒第八　仏在拘睒弥瞿师羅薗中時尊者闡
陁比丘僧為作舉如法如律如仏所教僧不為懺悔僧未作共住時有比丘尼名尉
次往反承事諸比丘尼語言闡陁比丘僧不除舉不懺悔僧未与作共住汝莫作
唯從尉次答言諸大姉此是我兄今日不供養更待何時猶故不止仏因制戒
具六緣成犯一自身隨彼二諸尼如法諫三不受勸道四如法諫五拒而不捨
六三羯磨竟便犯不者犯初諫~~于未受勸木~~時捨一切未作呵諫前不犯

斷三界見修煩惱之啚行相難見恐後學徒迷謬此理令作文令後學徒
成其事業故於舍頌云
六由見異十　異謂有身見邊執見邪見　見取戒
禁取　論曰六隨眠中見行異為五餘非見五積數捴成十故於十中五是見性一有
身見　二邊執見　三邪見　四見取　五戒禁取　五非見性　一貪　二瞋　三慢　四无明　五疑
又即所說六種隨眠於本論中說九十八依何義說九十八耶頌曰　六行部界異　故成九
十八　欲見苦等斷十七七八四　謂如次具離　三三見見疑　色无色除瞋　餘等如欲說
論曰六種隨眠由行部界有差別故成九十八謂於六中由見行異分別為十如前已辯即
此所辯十種隨眠部界不同成九十八部謂四諦修所斷五部界謂欲色无色三界且於欲界.
[illegible]所[illegible]此有十七七八四即上五部於上隨

此所攝十種隨眠部界不同成九十八者謂四諦修
五部不同乘十隨眠成三十六謂見苦諦至於所斷如此有十七七八四即上五部於上隨
眠三二如其次第具離三見二見疑謂見苦諦所斷具十見集滅諦所斷各七離有
身見邊見戒取道諦所斷八離有身見及執邊見修所斷四離見及疑如是
合成三十六種前三十二名見所斷纔見諦時彼則斷故最後有四名修所斷見四諦
已後時時中數數習習道彼方斷故如是已顯十隨眠中薩迦耶見唯在一部謂
見苦所斷邊執見亦尒除戒禁取通在二部謂見苦見道所斷邪見通四部
謂見苦集滅道所斷見取亦尒餘貪等四各通五部謂見四諦及修所斷此中何
相見苦所斷乃至何相是修所斷若緣見此所斷為境名見此所斷餘名修
所斷是六中見分十二疑分為四餘四各五欲界中有三十六色无色界五部各除
瞋餘與欲同故各三十一由是本論以六隨眠行部界殊說九十八中八十八見
所斷忍所害故十隨眠修所斷智所害故曰如是所說修所斷為決定耶不
尒云何頌曰　忍所害隨眠　有頂唯見斷　餘通見脩道斷　智所害唯脩
又煩惱者一百廿八根本煩惱欲界　四諦各有十色无色界四諦除瞋各九合有一百
一十二　欲界脩道有六使謂貪瞋慢无明身見邊見色无色界脩道各五除
瞋合有一百廿八如顯揚弟一說也

瞋合有一百廿八如頭標第一說七

无色界

无明 慢 貪 疑 戒禁 見取 邪見 邊見 身見 苦
无明 慢 貪 疑 見取 邪見 集
无明 慢 貪 疑 見取 邪見 滅
无明 慢 貪 疑 戒禁 見取 邪見 道

色界

无明 慢 貪
无明 慢 貪 疑 戒禁 見取 邪見
无明 慢 貪 疑 戒禁 見取 邪見
无明 慢 貪 疑 見取 邪見 邊見 身見

彼 道 滅 集

謂彼四諦十六門差別遠之名安立

彼諦十六門者即四諦下各四行相苦
諦四者謂即非常苦空无我集
諦四者因集生緣滅諦四者道
行出釋云有生故滅非常逼迫性
故苦違我所見故空違我見
故非我能生法故因有多種故
集恒資產故生各別助故緣諸
薄盡故滅三相息故淨无衆患
故妙脫衆災故離通行義故道契
正理故如止趣向故行能永超故出

苦諦有四智一苦法忍二苦法智三
苦類忍四苦類智對治身見等
十種煩惱餘三諦亦然集法忍集
法智集類忍集類智對
治邪見等七使滅法忍滅法智
滅類智對治滅諦煩惱道法
忍道法智道類忍道類智

思道法智道類忍道類智
對治道諦煩惱終斷者於四諦
上各比忍比智對治欲界貪
瞋慢四煩惱

集 身見 邊見 邪見 見取 疑 貪 慢 无明
苦 身見 邊見 邪見 見取 戒禁 疑 貪 慢 无明

思惟治

欲界

道 邪見 見取 戒禁 疑 貪 瞋 慢 无明
滅 邪見 見取 疑 貪 瞋 慢 无明
集 邪見 見取 疑 貪 瞋 慢 无明
苦 身見 邊見 邪見 見取 戒禁 疑 貪 瞋 慢 无明

欲界見斷煩惱三十二，修斷煩惱有四
色界見斷二十八，修斷有三
无色界亦然，三界共有九十八

對治 下上
對治 下中
對治 下下
類頓

對治 上上
對治 上中
對治 上下
對治 中上
對治 中中
對治 中下
對治 下上
對治 下中

三界煩惱共計有九十八，於中八十八是見所斷，称見
道；將斷使證得須陁洹果。餘十種煩惱是修所斷，都束為
九品上上上中上下中上中中中下下上下中下〻對治亦為九品以下〻
品對治門對治上上煩惱，以上上對治門對治下〻煩惱。斯陁含為斷欲界六
品脩惑盡，證一來果；一往天上一來人間，故名一來果。謂斷欲界九品惑盡
而證第三果，生上二界使即涅槃，更不還來欲界〻生故〻說此果名不
來等。斷謂斷三界見修惑盡而證无為名，第四果更不復受三界
〻身，故第四果名為无生。

下下 使
下中 使
下上 使
中下 使
中中 使
中上 使
上下 使
上中 使
上上 使

依入道次第釋
後十六心所斷惑者此亦二種謂能所取及上下諦二種不同然所斷惑數
同無異今者但依能所取觀對法等云謂苦諦下有四種心一苦法智忍
謂觀三界苦諦真如正斷三界見苦所斷廿八種分別隨眠　釋欲
界苦諦具十煩惱謂根本或上之二界苦諦各九上界无嗔故所以三界但
廿八三界苦諦既尒集滅道三三界合言一一皆有廿八也都計四諦百一十二分
別煩惱是相見除　問真見道中斷分別盡更何有分別煩惱言相斷耶
答理實相見不斷煩惱擬宜於真假說斷也　問何故上界而无嗔耶　答嗔
惟不善上二界由定力故无有不善
明處會者依大般若經總有四處十六會說言四處者一在王舍城鷲峯山
中二在室羅筏給孤獨薗三在他化天宮摩尼寶藏殿四在王舍城竹林
薗白鷺池側　言十六會者第一會在鷲峯山中總四百卷有七十品
第二會又在鷲峯中總七十八卷八十五品即當舊譯大品放光光讚
三部龍樹菩薩依此會經造大智度論　第三會又在鷲峯山中
在鷲峯山中總一十八卷廿九品此當舊
使

三部　龍樹菩薩依此會經造大智度論……
惣五十九卷有卅一品　第四會又在鷲峯山中惣一十八卷廿九品此當舊
譯小品道行新道行明度四部　第五會又更在鷲峯山頂惣有
十卷廿四品已上五會不標會名但以次數爲別耳　第六會勝天王會亦在
鷲峯山頂惣八卷一十七品此會舊譯勝天王也　第七曼殊室利會此
云妙吉祥在給孤獨園惣兩卷无品此當舊譯文殊般若也　第九能斷
第八那伽室利會此云龍祥吉又在給孤獨園唯一卷无品
金剛會又在給孤獨園亦一卷无品　唯梵本有三百頌天親无著等菩依
此造論　第十般若理趣會在他化天宮大寶藏殿譯一卷无品唯爲
八十億大菩衆說　第十一布施會又在給孤獨園譯一卷无品
第十四精進會又在給孤獨園譯一卷无品　第十五靜慮會亦在
鷲山頂惣兩卷无品　第十六般若會在竹林園白鷺池側惣八
卷无品。然此中處所多少不定若廣則分爲五處以數標名第
六七八名從請主彰後七會名據所詮唯第九會法喻雙彰
名金剛般若偏爲求趣大乘者說始從初發意乃至金剛心一一彰
行破分別相離斷常邊故衆生受持讀誦者盡傳菩薩造論[illegible]研
覈者造真福惠既增故當讚釋

沙彌十戒法并威儀一卷

敷者造真福田故□言精

沙弥十戒法并威儀一卷

佛語舍利弗汝去度羅睺羅出家舍利弗言我當云何度佛教

言我羅睺羅歸依佛歸依法歸依僧　我某乙歸依佛竟歸依法竟

歸依僧竟盡形壽不煞生盡形壽偷不盜盡形壽不耶婬盡形壽不妄語

盡形壽不飲酒佛婆伽婆出家我某乙和上隨佛出家捨俗服着袈裟佛

婆伽婆我某乙同和上隨佛出家捨俗服着袈裟盡形壽不煞生持沙弥

戒盡形壽偷不盜持沙弥戒盡形壽不婬慾持沙弥戒盡形壽不妄語持

沙弥戒盡形壽不飲酒持沙弥戒盡形壽不着花鬘瓔珞香油塗身

持沙弥戒盡形壽不歌儛倡伎樂故往觀聽持沙弥戒盡形壽不坐高

廣大床持沙弥戒盡形壽不非時食持沙弥戒盡形壽不捉持生像金銀

寶物持沙弥戒汝今已受十戒竟當盡形壽頂戴奉持終身不犯得應供

養三寶與和上阿闍梨一切如法教不得違逆上中下坐心常供敬懃求方便

坐禪誦經學問勸助作福開三惡道閉涅槃門於比丘法中增長正業得

四道果沙弥之戒盡形壽不得殘煞傷害人物當念所生及師友恩精進行道

欲度父母慎無論頌推直於人引曲向己□非蠢動蠕行之類無所趣傷施恩

濟之使其得安心念為人言無友煞見煞不食聞聲不食疑煞不食若見煞時當

起慈心誓吾得道度無煞者草木不用慎無毀傷有犯斯戒非沙弥也

沙弥之戒盡形壽不得偷盜外合殊兩一无欺人心存于義口不妄取販賣

沙弥之戒盡形壽不得偷盜升合殊兩一无其人心殆于氣口不受[illegible]
僕使奴婢借貸同客或有恵施一不得取无服飾珎玩高床為帳衣取
弊形無文緣食取支命不得畜味無得貯畜穀粮藏積錢寶人与不受
受則不留轉濟窮之常為人說不談之德寧能斷手不取非財有犯斯戒非沙
弥也
沙弥之戒盡形壽不得有婦畜養繼嗣應院女色禁閉六情莫
覩靡色目不矚眄心无念婬口无言調艷香暗粉无從近身好聲邪色一
无視聽寧破骨碎心焚燒身躰不得為婬雖處婬室而生垢穢不如
貞潔而死有犯斯戒非沙弥也 沙弥之戒盡形壽誠信為本不得兩舌
惡罵妄言綺語前譽後毀證人入罪徐言持正無宣人短為人說法恐
合義理見有諍者兩說和善夫事處世付在口中所以斬身由其惡言不慎
言者非沙弥也 沙弥之戒盡形壽不得飲酒无得嘗酒无得齅酒亦无
粥酒无從酒飲人无飲藥酒无止酒舍酒為毒水衆失之源殘賢毀聖
糺致禍殃四等枯槁去福就罪靡不由之寧飲鎔銅填无犯酒有犯斯戒
非沙弥也 沙弥之戒盡形壽不得顧兵[illegible]手執利器畜養六畜籠繫
飛鳥車轝騎乘快心恣意馳騁遊獵彈射禽獸无得放火焚
燒山澤傷害衆生无得濊決湖池優塞流瀆涔滿洞魚殘害水性
有犯斯戒非沙弥也 沙弥之戒盡形壽不得習弄奇旁樗蒲博塞爭
[illegible]樂器琴瑟箜篌箏笛吹唄以乱道意

有犯斯戒非沙弥也　沙弥之戒盡形壽不得…
於勝負弄儛調戲吟詠唱音手執樂器琴瑟箜篌箏笛吹唄以亂道意
無得貇掘山澤耕犁田畝修持園補種植五穀舡車傳作於販賣
得共爭利有犯斯戒非沙弥也　沙弥之戒盡形不得學習伎藝墾
方蠱道時日卜筮占相吉凶仰觀星宿推步盈虛日月博蝕星宿變
怪山崩地動風雨汗澇歲熟不熟有疫無疫一不得知不論說國家政事
避拔書使往來延疑宮浣濯衣服及使乞求彼若惠已亦不敢受若
女有別君不同時精脉不相尋無舡車君轂逢無道談若持果子察視之遠嫌
平良憂勞出軍行師攻罰勝負有犯斯戒非沙弥也　沙弥之戒盡形壽男
欲往時必須者年填无獨行无上坐宿有犯斯戒非沙弥也
沙弥之戒盡形壽非賢不友非聖不宗不孝之子居兒獵者偷盜嗜酒之
徒出東邪霹靂行凶險不得妄由往來之婁濁霹槙道行服應器常与身
俱非時不食非法不語食即无言卧即无談精勤思義温故知新坐則禪
思起即諷誦戒行如是真佛弟子
度說羯磨言大德僧聽是某甲從和尚求剃髮著僧時到僧忍聽某甲從某甲求剃
髮白如是
請和尚應而剃髮先請和尚應是儀教云大德一心念我某甲請大德為和上願大德
為我作和上我依大德故得剃髮出家慈愍故三請　其闍梨文然
准此一

[illegible]
准此一
欲出家時著本俗服拜辭父母尊者說口說偈言　流轉三界
中恩愛不能脫　棄恩入無為真實報恩者　乃脫俗服
言高估者行賣日高謂高量物價行貨人也　估者估字斛物當價方書
大風中引
明王及明天時十日一風　五日一雨夜下晝晴不妨農務　又勸善
龍王先七日布雲然後施雨風不鳴條雨不破塊即衆生善感也
善見云以香湯洗浴除白衣氣仍着出家衣正得著泥洹僧
祇支未得著袈裟便入道場　來至和上前再跪令為落髮
便得悟道　香湯灌頂讚云　善哉大丈夫能了世無常捨俗
趣泥洹希有難思議教　礼十方佛竟　行者說偈言歸依
大世尊能度三有苦亦願諸衆生　善入無為樂　阿闍梨乃為剃髮
衣毀刑守志節割愛無所親棄家弘聖道願度一切人頂留五指髮
至和上前再跪和上為汝去頂髮已和上授與袈裟頂戴受已還和上
說此偈說自度偈已　六親父母皆為作礼悦其道意
中前剃髮　白言大德僧聽彼某甲從某甲出家若僧時到僧
[illegible]

中前剃髮　白言大德僧聽彼某甲從某甲出家若僧時到僧

忍聽某甲從某甲出家白如是

BD01035 七俱胝佛母心大准提陀羅尼經

（唐）地婆訶羅 譯

127.2cm × 25.3cm

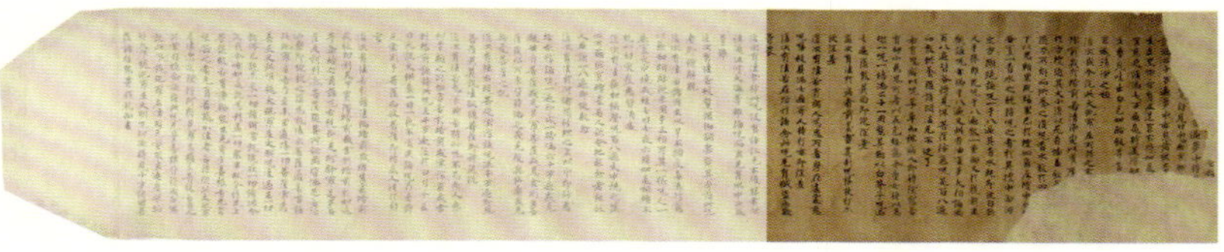

白信
□遍夢中得
覺自見口中出黑物
誦滿二十万遍夢中亦見諸佛菩
吐出黑物若有五逆罪不得如是
宜應更誦滿七十万遍是時還得如
至夢見吐出白色如酪飯等當
罪滅清淨之相
須次我今說此大陁羅尼所作之壇
像前或於塔前若清淨處以瞿摩
作方壇隨其大小須以花香幡蓋飲食
隨力所辦而供養之須呪香水散於四
下以為結界既結界已於壇四角及壇中央
各置一香水之瓶持呪之者於其壇中面向

東方跪踞誦呪一千八遍其香水瓶即便自轉
叉手捧雜花呪千八遍散一重面又於鏡前正
觀誦呪亦滿千八遍又此香油塗手大指誦滿
百八遍皆各得見佛菩薩像應呪花百八遍
而散供養隨請問法无不決了
若有鬼病以呪茅草而拂病人即得除愈若
有幼小為鬼所著以五色縷應令童女捘以為
線一呪一結滿二十一用繫其頸以白芥子呪滿
七遍復散其面即便除差
復次有法於病者前畫其形呪楊枝打之
便除差
復次有法若有病人為鬼所著身在遠處應
呪楊枝具滿七遍寄人持打亦即除差
復次有法若在路行誦念此呪无有賊盜惡獸
等畏

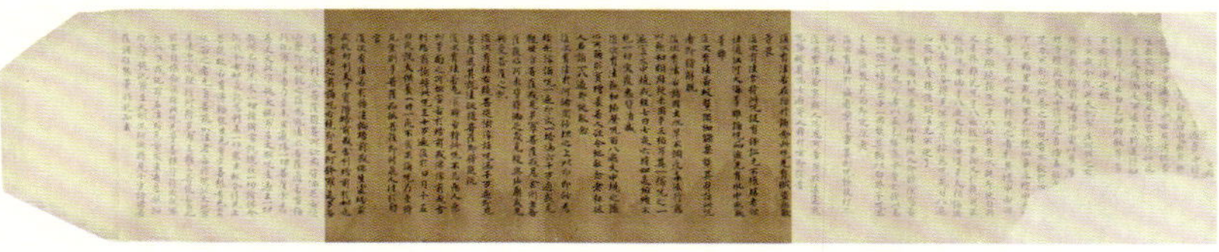

復次有法若在路行誦念此呪无有賊盜惡獸
等畏
復次有法常持此呪設有諍訟无不獲勝者欲
往渡江河大海等難誦呪而渡无有水中惡獸
等難
復次有法若被繫閉枷鏁杻繫其身誦此呪
者即得解脫
復次有法若諸國土水旱不調疫毒流行應
以蕪和胡麻粳米用手三栢耶其一擫呪之一
遍置火中燒或經七日七夜六時如是相續不
絕一切灾疫悉皆消滅
復次有法蕪和稻穀呪百八遍火中燒之隨
心所願財寶增長若人欲令他敬念者稱彼
人名誦一百八遍即便敬念
復次有法於可者罰步旦之上人即即步為

塔形像誦呪一遍即成一塔滿六十万遍或見
觀世音菩薩或見多羅菩薩或見金剛主菩
薩隨心所求皆得滿足或見授與仙藥或見
與受菩薩之記
復次有法右繞菩提樹像誦呪滿十万遍即見
菩薩爲其說法欲隨菩薩即得隨從
復次有法若乞食時若持此呪不爲惡人惡
狗等類之所惱害若於塔前或佛像前或舍
利塔前誦持此呪三十万遍復於白月十五
日夜設大供養一日一夜不食正誦呪乃至得
見金剛手菩薩而彼菩薩即將是人往於自
宮
復次有法若於轉法輪塔前或佛生處塔前
或從切利天下寶階塔前或舍利塔前於如是
等諸塔之前誦呪右繞即見阿鉢羅是多菩

[illegible]
等諸塔之前誦呪右繞即見阿鉢羅是多菩
薩及訶利底菩薩隨其所欲悲皆滿足若須
仙藥即便授之復為說法示菩薩道若有誦
此陀羅尼者乃至未坐道場一切菩薩常為
善友又此准提大陀羅尼大明呪法過去一切
諸佛已說未来一切諸佛當說現在一切諸佛今
說我今亦如是說為利益一切衆生故令得无上
菩提故若有薄福衆生无有少善根者无有
根器之者无有菩提分法者若得聞此大陀羅
尼法速疾證得阿耨多羅三藐三菩提若有人
能常自憶念誦持此呪无量善根皆得成就佛
說此准提陀羅尼法時无量衆生遠塵離垢
得大准提陀羅尼大明呪功德得見十方諸佛菩
薩諸聖衆等作礼而去

BD01036-1 父母恩重經

BD01036-2 天請問經

（唐）玄奘 譯

BD01036-3 大乘四法經（甲本）

BD01036v 雜寫

212.5cm × 25.5cm

佛說父母恩重經
如是我聞一時佛在王舍城耆闍崛山中與
大菩薩摩訶薩及聲聞眾眷屬俱亦與比
丘比丘尼優婆塞優婆夷一切諸天人民龍
天鬼神皆來集會一心聽佛說法瞻仰尊顏
目不暫捨佛言人生在此父母爲親非父不生非
母不育是以寄託母胎懷身十月歲滿月充母
子俱顯生墮草上父母養育卧則蘭車父母
懷抱和和弄聲含笑未語飢時須食非母
不哺渴時須飲非母不乳母中飢時吞苦吐甘
推乾就濕非義不親非母不養慈母養兒去
離蘭車十指甲中食子不淨應各有八斛四
斗計說母恩昊天罔極嗚呼慈母云何可報

計討說母恩昊天罔極嗚呼慈母云何可報
阿難白佛言世尊父母云何可報其恩唯願
說之佛告阿難汝好諦聽善思念之吾當
為汝分別解說父母之恩昊天罔極云何可報
若有孝順之子能為父母作福造經或以七月
十五日能造佛槃名盂蘭盆獻佛及僧得果
无量能報父母之恩若復有人書寫此經流布世
人受持讀誦當知此人報父母恩父母云何可
報但父母至於行來東西隣里井竈碓磨
不時還家兒家中啼哭憶母母即心驚兩乳
知家中我兒憶我即汁出即來還家其兒
遙見我來或在蘭車搖頭弄腦或復曳腹
隨行嗚呼向母母為其子曲身下就長舒
兩手拂拭塵土嗚呼其口開懷出乳與乳與之
[illegible]兒見[illegible]喜重莫復

兩手拼拭塵土嗚呼其口開懷出乳與乳之
母見兒歡兒見母喜二情恩悲親愛慈重莫復
過二歲三歲弄意始行於其食時非母不知父
母行來值他座席或得餅宍不噉喂味懷挾
來歸向家與子十來凡得恒常歡喜一過 不
得憍啼佯哭憍子不孝又必五擿孝子 不憍
必有慈順遂至長大朋友相隨梳頭摩髮欲
得好衣覆蓋身體弊衣破故父母自著新
好綿帛先與其子至行於來官私急疾傾
心南北逐子東西橫簪頭上既索妻婦 得
他子女父母轉疏私房屋室共相語樂父母年
高氣力衰老終朝至暮不來借問 或 復父
孤母寡獨守空房由如客人寄止他舍 常无
恩愛復无濡被寒苦辛厄難遭之甚 年老
衰弱多饑蝨虱夙夜不卧長吁歎 息何

兼弱多饒蟣虱夙夜不卧長吁歎息何
罪宿愆生此不孝之子或時呼喚瞋目驚
怒婦兒罵詈低頭含咲妻復五逆夫妻和合
同作五逆彼時呼喚急疾取使十喚九違盡
不從順罵詈瞋恚不如早死强在地上父母
聞之悲哭懊惱流淚雙下啼哭目腫汝初小
時非吾不長但吾生汝不如本无
佛告阿難若善男子善女人能為父母受持
讀誦書寫父母恩重大乘摩訶般若波羅蜜
經一句一偈逕耳目者所有五逆重罪悉得消
滅永盡无餘常得見佛聞法速得解脫
尒時阿難從座而起偏袒右肩長跪合掌前
白佛言世尊此經當何名之云何奉持
尒時佛告阿難此經名父母恩重經若有一切

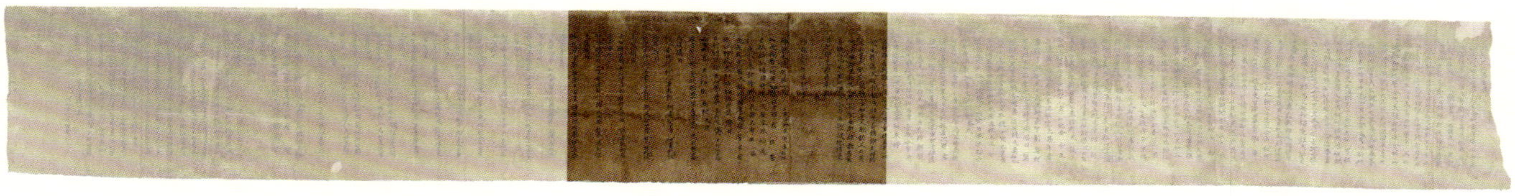

尒時佛告阿難此經名父母恩重經若有一切
衆生能為父母作福造經燒香請佛礼拜供
養三寶或飲食衆僧當知是人能報父母其
恩帝釋梵王諸天人民一切衆生聞經歡喜發
菩提心號哭動地淚下如雨五體投地信受
頂礼佛足歡喜奉行

佛說父母恩重經一卷

佛說天請問經一卷　三藏法師玄奘奉詔譯

如是我聞一時薄伽梵在室羅筏住誓
多林給孤獨園時有一天顏容殊妙過
於夜分來詣佛所頂礼佛足却坐一面
是天威光甚大赫奕周遍照耀誓多園
林尒時彼天以妙伽陁而請佛曰

林尒時彼天以妙伽陁而請佛曰

云何利刀劒　云何毒藥　云何熾盛火　云何極重闇

尒時世尊　亦以伽陁　告彼天曰

麁言利刀劒　貪欲毒藥　瞋恚熾盛火　无明極重闇

天復請曰

何人名得利　何人名失利　何者堅甲冑　何者利刀仗

世尊告曰

施者名得利　受者名失利　忍為堅甲冑　慧為利刀仗

天復請曰

云何為盜賊　云何智者財　誰於天世間　說名能劫盜

世尊告曰

邪思為盜賊　尸羅智者財　於諸天世間　犯戒為劫盜

天復請曰

誰為最安樂　誰為大富貴　誰為恒端嚴　誰為常

誰為最安樂　誰為大富貴　誰為恒端嚴　誰為常
醜陋　世尊告曰
少欲最安樂　知足大富貴　持戒恒端嚴　破戒常醜陋
天復請曰
誰為善眷屬　誰為惡心怨　云何極重苦　云何第一樂
世尊告曰
福為善眷屬　罪為惡心怨　地獄極重苦　无生第一樂
天復請曰
何者愛非宜　何者宜非愛　何者極熱病　誰是大良醫
世尊告曰
諸欲愛非宜　解脫宜非愛　貪為極熱病　佛是大良醫
天復請曰
誰能覆世間　世間誰所繫　誰分捨親友　誰復障生天
世尊告曰
无明覆世間　世間愛所繫　慳貪捨親友　染著障生天

无智覆世間　世間癡所魅　慳貪捨親友　染著障生天
天復請曰
誰非火所燒　風亦不能碎　誰非水所爛　誰浮持世間
誰能與王賊　勇猛相抗敵　不為人非人　之所來侵奪
世尊告曰
福非火所燒　風亦不能碎　福非水所爛　能浮持世間
福能與王賊　勇猛相抗敵　不為人非人　之所來侵
奪　天復請曰
我今猶有疑　請佛為除斷　今世往後世　誰攝自欺誑
世尊告曰
若多有珍寶　而不能修福　今世往後世　彼攝自欺誑
尒時彼天　聞佛世尊　說是經已　歡喜　踊
躍歎未曾有　頂礼佛足　即於佛前　忽
然不現

然不現
天請問經一卷
佛說大乘四法經
如是我聞一時薄伽梵在舍衛國祇樹給孤獨園與大
苾芻衆千二百五十人及諸菩薩摩訶薩俱爾時薄伽
梵告諸比丘言諸比丘菩薩摩訶薩盡形壽不救身命
有此四法云何為四諸比丘菩薩摩訶薩盡形壽不救身命
不捨菩提心諸比丘菩薩摩訶薩盡形壽不惜軀命不捨善
知識諸比丘菩薩摩訶薩盡形壽不惜身命不捨忍辱
及調善行諸比丘菩薩摩訶薩盡形壽不救身命常住
阿蘭是故諸比丘菩薩摩訶薩不救身命而此四法不應
遠離精進薄伽梵作是語已善逝天師復作是言
不捨已智之心故　有智應發菩提心　善住忍辱調善力
不應而捨善知識　譬如獸王利怖畏　有智常住空於蘭
若諸智者住此法　令大諸魔成正覺　爾時薄伽

不癡而攝善智識　譬如勇王利仗器　自知常住空於陳
若諸智者住此法　降伏諸魔成正覺　尒時薄伽
梵說是經已諸比丘及諸菩薩摩訶薩一切大衆聞佛所說
信受奉行

大乘四法經一卷

為師僧父母國戒安

BD01036v　雜寫

BD01037 妙法蓮華經（八卷本）卷八

（後秦）鳩摩羅什 譯

208.5cm × 25.5cm

妙法蓮華經觀世音菩薩普門品第二十五

尒時无盡意[illegible]從座起偏袒右肩合掌
向佛而作是言世尊觀世音菩薩以何因緣名
觀世音佛告无盡意菩薩善男子若有无量
百千万億衆生受諸苦惱聞是觀世音菩薩
一心稱名觀世音菩薩即時觀其音聲皆得
解脫若有持是觀世音菩薩名者設入大
火火不能燒由是菩薩威神力故若為大水
所漂稱其名号即得淺處若有百千万億衆
生為求金銀琉璃車𤦲馬瑙珊瑚虎珀真珠
等寶入

生為求金銀琉璃車𤦲馬瑙珊瑚虎珀真珠
等寶入於大海假使黑風吹其船舫飄墮羅
剎鬼國其中若有乃至一人稱觀世音菩薩名
者是諸人等皆得解脫羅剎之難以是因
緣名觀世音若復有人臨當被害稱觀世音
菩薩名者彼所執刀杖尋段段壞而得解脫
若三千大千國土滿中夜叉羅剎欲來惱人
聞其稱觀世音菩薩名者是諸惡鬼尚不能
以惡眼視之況復加害設復有人若有罪若
无罪杻械枷鎖檢繫其身稱觀世音
名者皆悉斷壞即得解脫若三千大千
滿中怨賊有一商主將諸商人賫持重寶經
險路其中一人作是唱言諸善男子勿得恐
怖汝等應當一心稱觀世音菩薩名号是菩

怖汝等應當一心稱觀世音菩薩名号是菩
薩能以无畏施於衆生汝等若稱名者於此
怨賊當得解脫衆商人聞俱發聲言南无觀
世音菩薩稱其名故即得解脫无盡意觀世
音菩薩摩訶薩威神之力巍巍如是若有衆
生多於婬欲常念恭敬觀世音菩薩便得離
欲若多瞋恚常念恭敬觀世音菩薩便得離
瞋若多愚癡常念恭敬觀世音菩薩便
癡无盡意觀世音菩薩有如是等大威神力
多所饒益是故衆生常應心念若有女人設
欲求男礼拜供養觀世音菩薩便生福德智慧
之男設欲求女便生端正有相之女宿殖德本
衆人愛敬无盡意觀世音菩薩有如是力
若有衆生恭敬礼拜觀世音菩薩福不唐

若有衆生恭敬礼拜觀世音菩薩福不唐
捐是故衆生皆應受持觀世音菩薩名号
无盡意若有人受持六十二億恒河沙菩薩
名字復盡形供養飲食衣服卧具醫藥於汝意
云何是善男子善女人功德多不无盡意言甚
多世尊佛言若復有人受持觀世音菩薩名
号乃至一時礼拜供養是二人福正等无異
於百千万億劫不可窮盡无盡意受持觀世
音菩薩名号得如是无量无邊福德之利无
盡意菩薩白佛言世尊觀世音菩薩云何遊
此娑婆世界云何而爲衆生說法方便之力其事
云何佛告无盡意菩薩善男子若有國土
衆生應以佛身得度者觀世音菩薩即現
佛身而爲說法應以辟支佛身得度者即

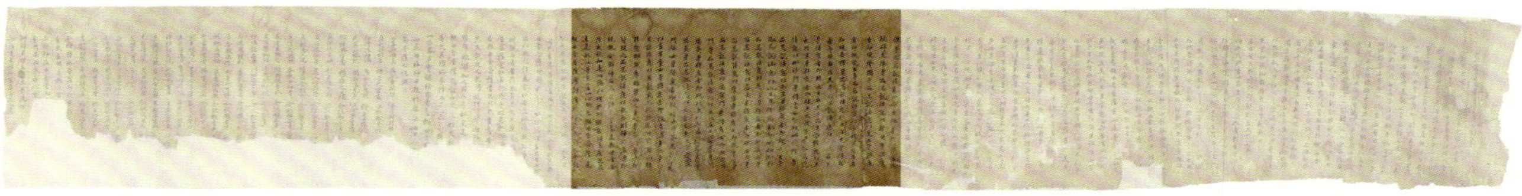

佛身而爲說法應以辟支佛身得度者即
現辟支佛身而爲說法應以聲聞身得度
者即現聲聞身而爲說法應以梵王身得度
者即現梵王身而爲說法應以帝釋身得度者
即現帝釋身而爲說法應以自在天身得度
者即現自在天身而爲說法應以大自在天
身得度者即現大自在天身而爲說法應以天
大將軍身得度者即現天大將軍身而爲說
法應以毗沙門身得度者即現毗沙門身
而爲說法應以小王身得度者即現小王身
而爲說法應以小王身得度者即現小王身
而爲說法應以長者身得度者即現長者身
而爲說法應以居士身得度者即現居士身
而爲說法應以宰官身得度者即現宰官身

而為說法應以宰官身得度者即現宰官身
而為說法應以婆羅門身得度者即現婆羅
門身而為說法應以比丘比丘尼優婆塞優
婆夷身得度者即現比丘比丘尼優婆塞優
婆夷身而為說法應以長者居士宰官婆羅
門婦女身得度者即現婦女身而為說法應
以童男童女身得度者即現童男童女身
而為說法應以天龍夜叉乾闥婆阿修羅迦樓
羅緊那羅摩睺羅伽人非人等身得度者即
皆現之而為說法應以執金剛神得度者即
現執金剛神而為說法無盡意是觀世音菩
薩成就如是功德以種種形遊諸國土度脫眾
生是故汝等應當一心供養觀世音菩薩是
觀世音菩薩摩訶薩於怖畏急難之中能

觀世音菩薩摩訶薩於怖畏急難之中能
施无畏是故此娑婆世界皆號之為施无畏
者无盡意菩薩白佛言世尊我今當供養觀
世音菩薩即解頸眾寶珠瓔珞價直百千兩金
而以與之作是言仁者受此法施珎寶
時觀世音菩薩不肯受之无盡意復
音菩薩言仁者愍我等故受此瓔珞
告觀世音菩薩當愍此无盡意菩
眾天龍夜叉乾闥婆阿脩羅迦樓
羅摩睺羅伽人非人等故受是
觀世音菩薩愍諸四眾及於天龍
等受其瓔珞分作二分一分奉釋
一分奉多寶佛塔无盡意觀世音
如是自在神力遊於娑婆世界

如是自在神力遊於娑婆世界尒

意菩薩以偈問曰

世尊妙相具　我今重問彼　佛子何因緣

具足妙相尊　偈答无盡意　汝聽觀音行

弘誓深如海　歷劫不思議　侍多千億佛　發

我為汝略說　聞名及見身　心念不空過

假使興害意　推落大火坑　念彼觀音力　火

或漂流巨海　龍魚諸鬼難　念彼觀音力　波

或在須弥峯　為人所推墮　念彼觀音力　如

或被惡人逐　墮落金剛山　念彼觀音力　不

或值怨賊繞　各執刀加害　念彼觀音力　咸

或遭王難苦　臨刑欲壽終　念彼觀音力　刀

或囚禁枷鎖　手足被杻械　念彼觀音力

呪咀諸毒藥　所欲害身者　念彼觀音力　還

呪咀諸毒藥　所欲害身者　念彼觀音力　還
或遇惡羅刹　毒龍諸鬼等　念彼觀音力　時
若惡獸圍遶　利牙爪可怖　念彼觀音力　疾
蚖蛇及蝮蝎　氣毒烟火然　念彼觀音力　尋
雲雷鼓掣電　降雹澍大雨　念彼觀音力　應
衆生被困厄　无量苦逼身　觀音妙智力　能
具足神通力　廣脩智方便　十方諸國土　无
種種諸惡趣　地獄鬼畜生　生老病死苦　以漸悉
真觀清淨觀　廣大智慧觀　悲觀及慈觀　常
无垢清淨光　慧日破諸闇　能伏灾風火　普
悲體戒雷震　慈音妙大雲　澍甘露法雨
諍訟經官處　怖畏軍陣中　念彼觀音力　衆
妙音觀世音　梵音海潮音　勝彼世間音
念念勿生疑　觀世音淨聖　於苦惱死厄　能

念念勿生疑　觀世音淨聖　於苦惱死厄
具一切功德　慈眼視衆生　福聚海无量
尒時持地菩薩即從坐起
有衆生聞是觀世音
示現神通力者當知
普門品時衆中八万
阿耨多羅三藐三菩提心
妙法蓮華經陁羅尼品第二十六

BD01038　大般涅槃經（异卷）卷五

（北凉）曇無讖　譯

489cm × 26.5cm

[illegible]
動轉无動轉者即是
來如來者即是法也又解脫者名為屋宅譬
如有人行於曠野則有嶮難解脫不尒无有
嶮難无嶮難者即真解脫真解脫者即是如
來又解脫者是无所畏如師子王於諸百獸
不生怖畏解脫之尒於諸魔衆不生怖畏无
怖畏者即真解脫真解脫者即是如來又解
脫者无有迮狹譬如隘路乃至不受二人並
行解脫不尒如是解脫即是如來又有不迮
譬如有人畏帝薗井解脫不尒如是解脫即
是如來又有不迮如大海中樇壞小舩得堅
窄舩乘之度海到安隱處心得快樂解脫之
尒亦得快樂得快樂者即真解脫真解脫者

即是如来又解脱者於諸□□如乳得
酪曰酪得穌曰穌得醍醐真解脱中都无□
曰无是曰者即真解脱真解脱者即是如来
又解脱者能伏憍慢譬如大王慢於小王解
脱不尒如是解脱即是如来如来者即是法
也又解脱者伏諸放逸又放逸者多有貪欲
真解脱中无有是名无是名者即真解脱真
解脱者即是如来又解脱者能除无明如上
妙穌除諸滓穢乃名醍醐解脱之尒除无明
滓生於真明如是真明即真解脱真解脱者
即是如来又解脱者名為寂静純一无二如
空野象獨一无侶解脱之尒獨一无二獨一无
二即真解脱真解脱者即是如来又解脱者
名為堅實如竹葦蜱麻莖幹空虚而子堅實

即真解脫真解脫……
名爲堅實如竹葦蜱麻莖幹空虛而子堅實
除佛如来其餘人天皆不堅實真解脫者遠
離一切諸有流等如是解脫即是如来又解
脫者名能覺了增益於我真解脫者亦復如
是如是解脫即是如来又解脫者名捨諸有
譬如有人乞食已而吐解脫亦尒捨於諸有
捨諸有者即真解脫真解脫者即是如来又
解脫者名曰決定如婆師華香七葉中无解脫
亦尒如是解脫即是如来又解脫者名曰水
大譬如水大於諸大勝能潤一切草木穀子
解脫亦尒能潤一切有生之類如是解脫即
是如来又解脫者名曰爲入如有門戶則通
入路有金性處金則可得解脫亦尒如彼門
戶脩无我者則得入中如是解脫即是如来

又解脫者名曰甚善譬如弟子隨逐於師善
奉教勅得名為善解脫之尒如是解脫即是
如来又解脫者名出世法於一切法中最為
出過如衆中味蘇乳最勝解脫之尒如是解
脫即是如来又解脫者名曰不動譬如門閫
風不能動真解脫者之復如是如是解脫即
是如来又解脫者名无濤波如彼大海具水
濤波解脫不尒如是解脫即是如来又解脫
者譬如宮殿解脫之尒當知解脫即是如来
又解脫者名曰所用如閻浮檀金多有所任
无有能說是金過惡解脫之尒无有過惡无
有過惡即真解脫真解脫者即是如来又解
脫者名捨嬰兒行譬如大人捨小兒行解脫
之尒除捨五陰除捨五陰即真解脫真解脫

亦尔除捨五陰除捨五陰即真解脱真解脱
者即是如来又解脱者名曰究竟如被繫者
從繫得脱洗浴清淨然後還家解脱亦尔畢
竟清淨畢竟清淨即真解脱真解脱者即
是如来又解脱者名无作樂无作樂者貪欲瞋
恚愚癡吐故喻如有人誤飲蚳毒為除毒故即
服吐藥既得吐已毒則除愈身得安樂解
脱亦尔吐於煩惱諸結縛毒身得安樂名无
作樂无作樂者即真解脱真解脱者即是如
来又解脱者名斷四種毒蚳煩惱斷煩惱者
即真解脱真解脱者即是如来又解脱者
名離諸有滅一切苦得一切樂永斷貪欲瞋
恚愚癡拔斷一切苦惱根本拔根本者即真
解脱真解脱者即是如来
又解脱者名斷一切有為之法出生一切无

漏善法斷實言道而謂若我无我非我非无
我唯斷取著不斷我見我見者名為佛性佛
性者即真解脫真解脫者即是如来又解脫
者名不空空空者名无所有无所有者即
是外道尼乾子等所計解脫而是尼乾實无
解脫故名空空真解脫者則不如是故不空
空不空空者即真解脫真解脫者即是如来
又解脫者名曰不空如水酒酪蘇蜜等瓶雖
无水酒酪蘇蜜時猶故得名為水等瓶而是
瓶等不可説空及以不空若言空者則不得
有色香味觸若言不空而復无有水酒等實
解脫亦尒不可説色及以非色不可説空及
以不空若言空者則不得有常樂我淨若言
不空誰復受是常樂我淨者以是義故不
可説空及以不空空者謂无廿五有及諸煩惱

不空言涅[illegible]
可說空及以不空空者謂无廿五有及諸煩惱
一切苦一切相一切有為行如瓶无酪則名為
空不空者謂真實善色常樂我淨不動不
變猶如彼瓶色香味觸故名不空是故解脫
猶如彼瓶彼瓶遇緣則有破壞解脫不尒不可
破壞不可破壞即真解脫真解脫者即是如
來又解脫者名曰離愛譬如有人愛心怖淫
釋提桓因大梵天王自在天王解脫不尒若得
成於阿耨多羅三藐三菩提已无愛无疑无
愛无疑即真解脫真解脫者即是如來若言
解脫有愛疑者无有是處又解脫者斷諸有
貪斷一切相一切繫縛一切煩惱一切生死一
切因緣一切果報如是解脫即是如來如來
即是涅槃一切衆生怖畏生死諸煩惱故故

受三歸譬如君庶怖畏徃[illegible][illegible][illegible]免難若
得一跳則喻一歸如是三跳則喻三歸以三跳
故得受安樂衆生亦尒怖畏四魔悪獦師故
受三歸依受三歸依故則得安樂受安樂者即
真解脫真解脫者即是如来如来者即是涅
槃涅槃者即是无盡无盡者即是佛性佛性
者即是決定決定者即是阿耨多羅三藐三
菩提迦葉菩薩白佛言世尊若涅槃佛性決
定之如来是一義者云何說言有三歸依佛告
迦葉善男子一切衆生怖畏生死故求三歸
以三歸故則知佛性決定涅槃善男子有法
名一義異有法名義俱異名一義異者佛常
法常比丘僧常涅槃虛空皆之是常是名名
一義異名義俱異者佛名為覺法名不覺僧

一義異名義俱異者佛名為覺法名不覺僧
名和合涅槃名解脫虛空名非善亦名无㝵
是為名義俱異善男子三歸依者亦復如是
名義俱異云何為一是故我告摩訶波闍波
提憍曇弥莫供養我當供養僧若供養僧
則得具足供養三歸摩訶波闍波提即荅我
言衆僧之中无佛无法云何說言供養衆僧
則得具足供養三歸我復告言汝隨我語則供
養佛為解脫故即供養法衆僧受者即供養
僧善男子是故三歸不得為一善男子如來
或時說一為三說三為一如是之義諸佛境
界非是聲聞緣覺所知迦葉復言如佛所說
畢竟安樂名涅槃者是義云何夫涅槃者捨
身捨智若捨身智誰當受樂佛言善男子
譬如有人飡已心悶出外欲吐既㝵吐已而復

迴還后佇附之文令兩忠意亘差不所演等
還答言已差身得安樂如来之尓畢竟遠離
廿五有永得涅槃安樂之處不可動轉无有
盡滅斷一切受名无受樂如是无受名爲常
樂若言如来有受樂者无有是處是故畢竟
樂者即是涅槃是涅槃者即真解脫真解脫
者即是如来迦葉復言不生不滅是解脫耶
如是如是善男子不生不滅即是解脫如是
解脫即是如来迦葉復言若不生不滅是解
脫者虛空之性亦无生滅應是如来如来性
即是解脫佛告迦葉善男子是事不然世
尊何故不然善男子如迦蘭伽鳥及命命鳥
具聲清淨寧可同於烏鵲音不不也世尊烏
鵲之聲比命命等百千万倍不可爲比迦葉

鵲之聲比命命等百千万倍不可爲比迦葉
復言迦蘭伽等其聲微妙身之不同如來云何
比之鳥鵲无異亭歷比須弥山佛與虛空
之復如是迦蘭伽聲可喻佛聲不可以喻烏
鵲之聲尒時佛讃迦葉菩薩善哉善哉汝今
善解甚深難解如來有時以因緣故引彼虛
空以喻解脫如是解脫即是如來真解脫者
一切人天无能爲匹而此虛空實非其喻爲
化衆生故以虛空非喻爲喻當知解脫即是如
來如來之性即是解脫解脫如來无二无別
善男子非喻者如无比之物不可引喻有因
緣故可得引喻如經中說面很端政猶月盛
滿白象鮮潔猶如雪山滿月不得即同於面
雪山不得即是白象善男子不可以喻喻真

解脫處化衆生故作喻[illegible]以諸譬喻知說法
性皆二如是迦葉復言云何如来作二種說
佛言善男子譬如有人執持刀劍以瞋恚心
欲害如来如来和悅无瞋恨色是人當得
壞如来身成逆罪不不世世尊何以故如来
身界不可壞故所以者何以无身故唯有法
性法性之性理不可壞是人云何能壞佛身
直以惡心故成就无間以是因緣引諸譬喻
得知實法尒時佛讚迦葉菩薩善哉善哉善
男子我所欲說汝今已說又善男子譬如惡
人欲害其母住於野田在穀積下母為送食
其人見已尋生惡心便前磨刀母時知已兆
入積中其人持刀遶積遍斫斫已歡喜生已
煞想其母尋後從穀積出還至家中於意云

[illegible]
然想其母尋後從穀積出還至家中於意云
何是人成就无間罪不世尊不可定說何以
故若說有罪母身應壞身若不壞云何言有
若說无罪生已然想心懷歡喜云何言无是
人雖不具足逆罪而亦是逆以是因緣引諸
譬喻得知實法佛讚迦葉善哉善哉善男子
以是因緣我說種種方便譬喻以喻解脫雖
以无量阿僧祇喻而實不可以喻爲比或有
因緣亦可喻說或有因緣不可喻說是故解
脫成就如是无量功德趣涅槃者涅槃如來
亦有如是无量功德以如是等无量功德成
就滿故名大涅槃迦葉菩薩白佛言世尊我
今始知如來至處爲无有盡處若无盡處當
知壽命亦无盡佛言善哉善哉善男子汝

今當能說於正法若有善男子善女人欲
煩惱諸結縛者當作如是護持正法善男子
是大涅槃微妙經中有四種人能護正法建
立正法憶念正法能多利益憐愍世間為世
間依安樂人天何等為四有人出世具煩惱
性是名第一須陁洹人斯陁含人是名第二
阿那含人是名第三阿羅漢人是名第四是
四種人出現於世能多利益憐愍世間為世
間依安樂人天云何為名具煩惱性若有人
能奉持禁戒威儀具足建立正法從佛所聞
解其文義轉為他人分別宣說所謂少欲多
欲非道廣說如是八大人覺有犯罪者教令
發露懺悔滅除善知菩薩方便所行秘藏之
法是名凡夫非第八人第八人者不名凡夫
名為菩薩不名為佛第二人者名須陁洹斯

名爲菩薩不名爲佛第二人者名須陁洹斯
陁含人若得正法受持正法從佛聞法如其
所聞聞已書寫受持讀誦轉爲他說若聞法
已不寫不受不持不說而言奴婢不淨之物
佛聽畜者无有是處是名第二人如是之人
未得第二第三住處名名爲菩薩已得受記第
三人者名阿那含阿那含者誹謗正法若言聽
畜奴婢僕使不淨之物受持外道典籍書論
及爲客塵煩惱所鄣諸舊煩惱之所覆蓋若
藏如來真實舍利及爲外病之所惱害或爲
四大毒虵所侵論說我者悉无是處若說无
我斯有是處說著世法无有是處若說大乘
相續不絕斯有是處若有受身有八万户虫
二无是處永離婬欲乃至夢中不失不淨斯
有是處臨終之日生怖畏者亦无是處阿那

含者義何謂也是人不還如上所說所有過
患永不能污往返周旋名為菩薩已得受記
不久得成阿耨多羅三藐三菩提是為第三
人也第四人者名阿羅漢阿羅漢者斷諸煩
惱捨於重擔逮得己利所作已辦住第十地
得自在智隨人所樂種種色像悉能示現如
所莊嚴欲成佛道即能得成能成如是无量
功德名阿羅漢是名四人出現於世能多利
益憐愍世間為世間依安樂人天於人天中
最尊最勝猶如如來名人中勝為歸依處迦
葉白佛言世尊我今不依是四種人何以故
如瞿師羅經中佛為瞿師羅說若天魔梵為
欲破壞變為佛像具足莊嚴三十二相八十
種好圓光一尋面根圓滿猶如盛明眉間豪

種好圓光一尋面根圓滿猶如盛明眉間豪
相白喻軻雪如是莊嚴来向汝者汝當校檢
之具虗實既覺知已應當降伏世尊魔等尚
能變作佛身况當不能作羅漢等四種之身
坐卧空中左脅出水右脅出火身出烟炎猶
如火聚以是因緣我於是中心不生信或有
所說不能稟受之无敬念而作依止佛言善
男子於我所說若生疑者尚不應受况如是
等是故應當善分別知是善不善可作不
可作如是作已長夜受樂善男子譬如偷狗
夜入他舍其家婢使若覺知者即應駈詈汝
疾出去若不出者當奪汝命狗聞之即去
不還汝等從今之應如是降伏波旬應作是言
波旬汝今不應作如是像若故作者當以五
繫繫縛乞女魔聞是已便當還去如彼偷狗

更不須還迦葉白佛言世尊如佛世尊爲鬱
長者說若能如是降伏魔伏魔者之可得近
於大涅槃如來何必說是四人爲依心處如
是四人所可言說未必可信佛告迦葉善男
子如我所說之復如是非爲不尒善男子我
爲聲聞有肉眼者說言降魔不爲脩學大乘
人說聲聞之人雖有天眼故曰肉眼學大乘
者雖有肉眼乃名佛眼何以故是大乘經名
爲佛乘而此佛乘最上最勝善男子譬如有
人勇健威猛有怯弱者常來依附其勇健人
常教怯弱者汝當如是持弓執箭脩學矟道
長勾羂索又復告言夫鬬戰者雖知履刃不
應生於怖畏之想當視人天生輕弱想應自
生心作勇健想或時有人素无膽勇詐作健
想執持弓刀種種器仗以自莊嚴來在陣中

想執持弓刀種種器仗以自莊嚴來在陣中
唱呼大喚汝於是人亦復不應生於憂怖如
是輩人若見汝時不怖畏者當知是人不久
散壞如彼偷狗善男子如來亦尒告諸聲聞
汝等不應畏魔波旬若魔波旬化作佛身至
汝所者汝當精懃堅固其心降伏於魔時魔
即當愁憂不樂還道而去善男子如彼健人
不從他習學大乘者亦復如是得聞種種深
密經典其心欣樂不生驚怖何以故如是脩
學大乘之人已曾供養恭敬礼拜過去无量
万億佛故雖有无量億千魔衆欲來侵嬈於
是事中終不驚畏善男子譬如有人得阿竭
陁藥不畏一切毒虵等畏是藥力故亦能消
除一切毒等是大乘经亦復如是如彼藥力

不畏一切諸魔毒害亦能降伏令更不起復
次善男子譬如有龍性甚姤弊欲害人時或
以眼視或以氣噓是故一切師子虎豹豺狼
猶犮皆生怖畏是等惡獸或聞聲見形或觸
其身无不喪命有善呪者以呪力故能令如
是諸惡毒龍金翅鳥等惡象師子虎豹豺狼
皆悉調善任為御乘如是等獸見彼善呪即
便調伏聲聞緣覺亦復如是見魔波旬皆生
恐怖而魔波旬亦復不生畏懼之心猶行魔
業學大乘者亦復如是見諸聲聞怖畏魔
事於此大乘不生信樂先以方便降伏諸魔悉
令調善堪任為乘因為廣說種種妙法聲聞
緣覺見調魔已乃生怖畏於此大乘无上正
法乃生信樂作如是言我從今不應於此
正法之中而作鄣㝵復次善男子聲聞緣覺

正法之中而作鄣㝵復次善男子聲聞緣覺
扵諸煩惱而生怖畏學大乘者都无恐懼脩
學大乘有如是力以是因緣先所說者為欲
令彼聲聞緣覺調伏諸魔非為大乘是大涅
槃微妙經典不可消伏甚奇甚特若有聞者
聞已信受能信如來是常住法如是之人甚
為希有如優曇華我涅槃後若有得聞如
是大乘微妙經典生信敬心當知是等扵未
來世百千億劫不墮惡道

大般涅槃經卷苐五

BD01039 大般若波羅蜜多經卷五一

（唐）玄奘 譯

BD01039v 勘記

562.4cm × 26.1cm

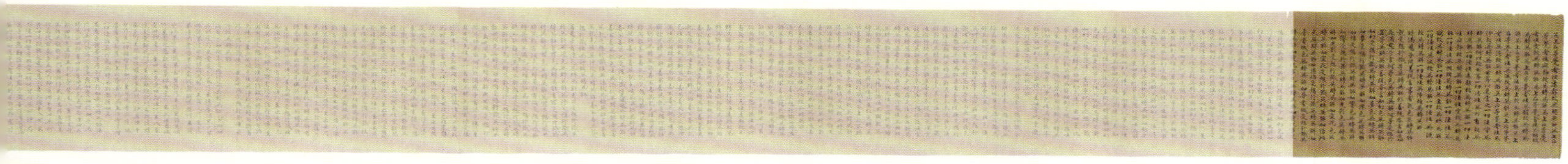

無上正等覺者性遠離故無縛無解無上正
等覺者性寂靜故無縛無解無上正等覺
者性空故無縛無解無上正等覺者性無相故
無縛無解無上正等覺者性無願故無縛無
解無上正等覺者性無生故無縛無解無上
正等覺者性無滅故無縛無解無上正等覺
者性無染故無縛無解無上正等覺者性無
淨故無縛無解世尊以要言之一切法皆無
縛無解何以故世尊一切法性無所有故無
縛無解一切法性遠離故無縛無解一切法
性寂靜故無縛無解一切法性空故無縛無
解一切法性無相故無縛無解一切法性無
願故無縛無解一切法性無生故無縛無解

一切法性無滅故無縛無解一切法性無淨
故無縛無解一切法性無淨故無縛無解
時滿慈子問善現言尊者說色無縛無解
說受想行識等無縛無解邪善現荅言如是如
是滿慈子言何等色無縛無解何等受想行
識等無縛無解善現荅言如幻色無縛無解
如幻受想行識無縛無解如夢色無縛無解
如夢受想行識無縛無解如像色無縛無解
如像受想行識無縛無解如響色無縛無解
如響受想行識無縛無解如光影色無縛無
解如光影受想行識無縛無解如空花色無
縛無解如空花受想行識無縛無解如陽焰
色無縛無解如陽焰受想行識無縛無解如
尋香城色無縛無解如尋香城受想行識無
縛無解如變化色無縛無解如變化受想行識

尋香城色無縛無解如尋香城受想行識無
縛無解如變化事色無縛無解如變化事受
想行識無縛無解何以故滿慈子如幻色性
乃至如變化事色性無所有故無縛無解如
幻受想行識性乃至如變化事受想行識性
無所有故無縛無解如幻色性乃至如變化
事色性遠離故無縛無解如幻受想行識性
乃至如變化事受想行識性遠離故無縛無
解如幻色性乃至如變化事色性寂靜故無
縛無解如幻受想行識性乃至如變化事受
想行識性寂靜故無縛無解如幻色性乃至
如變化事色性空故無縛無解如幻受想行
識性乃至如變化事受想行識性空故無縛
無解如幻色性乃至如變化事色性無相故

無縛無解如幻受想行識性乃至如變化事
受想行識性無相故無縛無解如幻色性乃
至如變化事色性無願故無縛無解如幻受
想行識性乃至如變化事受想行識性無願
故無縛無解如幻色性乃至如變化事色性
無生故無縛無解如幻受想行識性乃至如
變化事受想行識性無生故無縛無解如幻
色性乃至如變化事色性無滅故無縛無解
如幻受想行識性乃至如變化事受想行識
性無滅故無縛無解如幻色性乃至如變化
事色性無染故無縛無解如幻受想行識性
乃至如變化事受想行識性無染故無縛無
解如幻色性乃至如變化事色性無淨故無
縛無解如幻受想行識性乃至如變化事受
想行識性無淨故無縛無解

BD01039　大般若波羅蜜多經卷五一

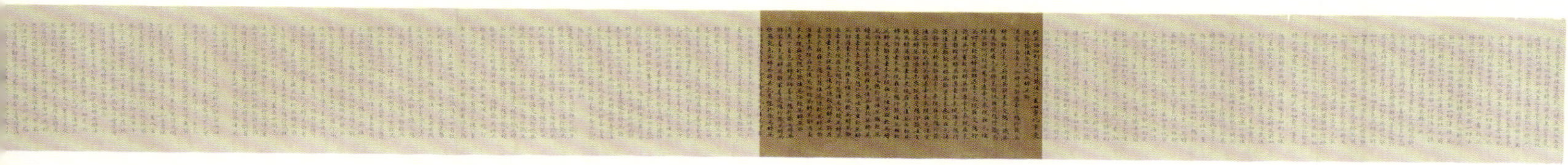

縛無解如幻受想行識性乃至如變化事受
想行識性無淨故無縛無解
滿慈子過去色無縛無解過去受想行識無
縛無解未来色無縛無解未来受想行識無
縛無解現在色無縛無解現在受想行識無
縛無解何以故滿慈子過去未来現在色性
無所有故無縛無解過去未来現在受想行
識性無所有故無縛無解過去未来現在色
性遠離故無縛無解過去未来現在受想行
識性遠離故無縛無解過去未来現在色性
寂靜故無縛無解過去未来現在受想行識
性寂靜故無縛無解過去未来現在色性空
故無縛無解過去未来現在受想行識性空
故無縛無解過去未来現在色性無相故無

縛無解過去未來現在受想行識性無相故
無縛無解過去未來現在色性無願故無縛
無解過去未來現在受想行識性無願故無
縛無解過去未來現在色性無生故無縛無
解過去未來現在受想行識性無生故無縛
無解過去未來現在色性無滅故無縛無解
過去未來現在受想行識性無滅故無縛無
解過去未來現在色性無染故無縛無解過
去未來現在受想行識性無染故無縛無解
過去未來現在色性無淨故無縛無解過去
未來現在受想行識性無淨故無縛無解
滿慈子善色無縛無解善受想行識無縛無
解不善色無縛無解不善受想行識無縛無
解無記色無縛無解無記受想行識無縛無
解何以故[illegible]

解無記色無縛無解無記受想行識無縛無
解何以故滿慈子善不善無記色性無所有
故無縛無解善不善無記受想行識性無所
有故無縛無解善不善無記色性遠離故無
縛無解善不善无記受想行識性遠離故無
縛無解善不善無記色性寂靜故無縛無解
善不善無記受想行識性寂靜故無縛無解
善不善無記色性空故無縛無解善不善無
記受想行識性空故無縛無解善不善無記
色性無相故無縛無解善不善無記受想行
識性無相故無縛無解善不善無記色性無
願故無縛無解善不善無記受想行識性
無願故無縛無解善不善無記色性無生故無
縛無解善不善無記受想行識性無生故無

縛無解善不善無記色性無滅故無縛無解
善不善無記受想行識性无滅故無縛無解
善不善無記色性無染故無縛無解善不善
無記受想行識性無染故無縛無解善不善
無記色性無淨故無縛無解善不善無記受
想行識性無淨故無縛無解
滿慈子有染色無縛無解有染受想行識無
縛無解無染色無縛無解無染受想行識無
縛無解有罪色無縛無解有罪受想行識無
縛無解無罪色無縛無解無罪受想行識無
縛無解有漏色無縛無解有漏受想行識無
縛無解無漏色無縛無解無漏受想行識無
縛無解離染色無縛無解離染受想行識無縛
無解清淨色無縛無解清淨受想行識無縛

無解清淨色無縛無解清淨受想行識無縛
解世間色無縛無解世間受想行識無縛無
解出世間色無縛無解出世間受想行
識無縛無解何以故滿慈子有染色性乃至
出世間色性無所有故無縛無解有染受想
行識性乃至出世間受想行識性無所有故
無縛無解有染色性乃至出世間色性遠離
故無縛無解有染受想行識性乃至出世間
受想行識性遠離故無縛無解有染色性乃
至出世間色性寂靜故無縛無解有染受想
行識性乃至出世間受想行識性寂靜故無
縛無解有染色性乃至出世間色性空故無
縛無解有染受想行識性乃至出世間受想行
識性空故無縛無解有染色性乃至出世間

色性無相故無縛無解有染受想行識性
乃至出世間受想行識性無相故無縛無解
有染色性乃至出世間色性無願故無縛無
解有染受想行識性乃至出世間受想行識
性無願故無縛無解有染色性乃至出世間
色性無生故無縛無解有染受想行識性乃
至出世間受想行識性無生故無縛無解有
染色性乃至出世間色性無滅故無縛無解
有染受想行識性乃至出世間受想行識性
無滅故無縛無解有染色性乃至出世間色
性無染故無縛無解有染受想行識性乃至
出世間受想行識性無染故無縛無解有染
色性乃至出世間色性無淨故無縛無解有
染受想行識性乃至出世間受想行識性無
淨故無縛無解

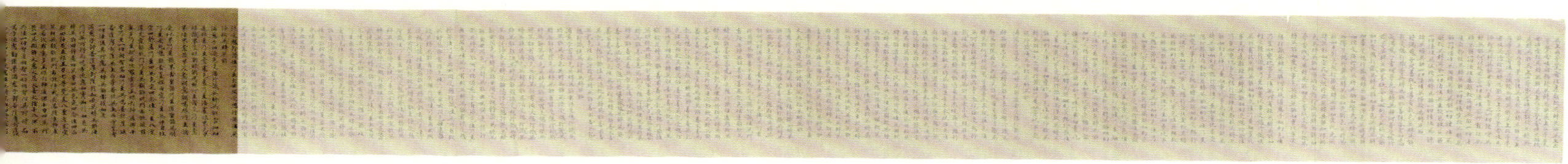

淨受想行識性乃至出世間受想行識性無
淨故無縛無解
滿慈子如是色受想行識無縛無解當知如
是眼處乃至意處色處乃至法處眼界色界
眼識界及眼觸眼觸爲緣所生諸受乃至意
界法界意識界及意觸意觸爲緣所生諸
受地界乃至識界苦聖諦乃至道聖諦無明
乃至老死愁歎苦憂惱内空乃至無性自性
空四靜慮乃至四無色定四念住乃至八聖
道支空解脫門乃至無願解脫門布施波羅
蜜多乃至般若波羅蜜多五眼六神通佛十
力乃至一切相智真如乃至無爲菩提薩埵
菩薩摩訶薩無上正等菩提無上正等覺者
一切法隨其所應無縛無解亦復如是

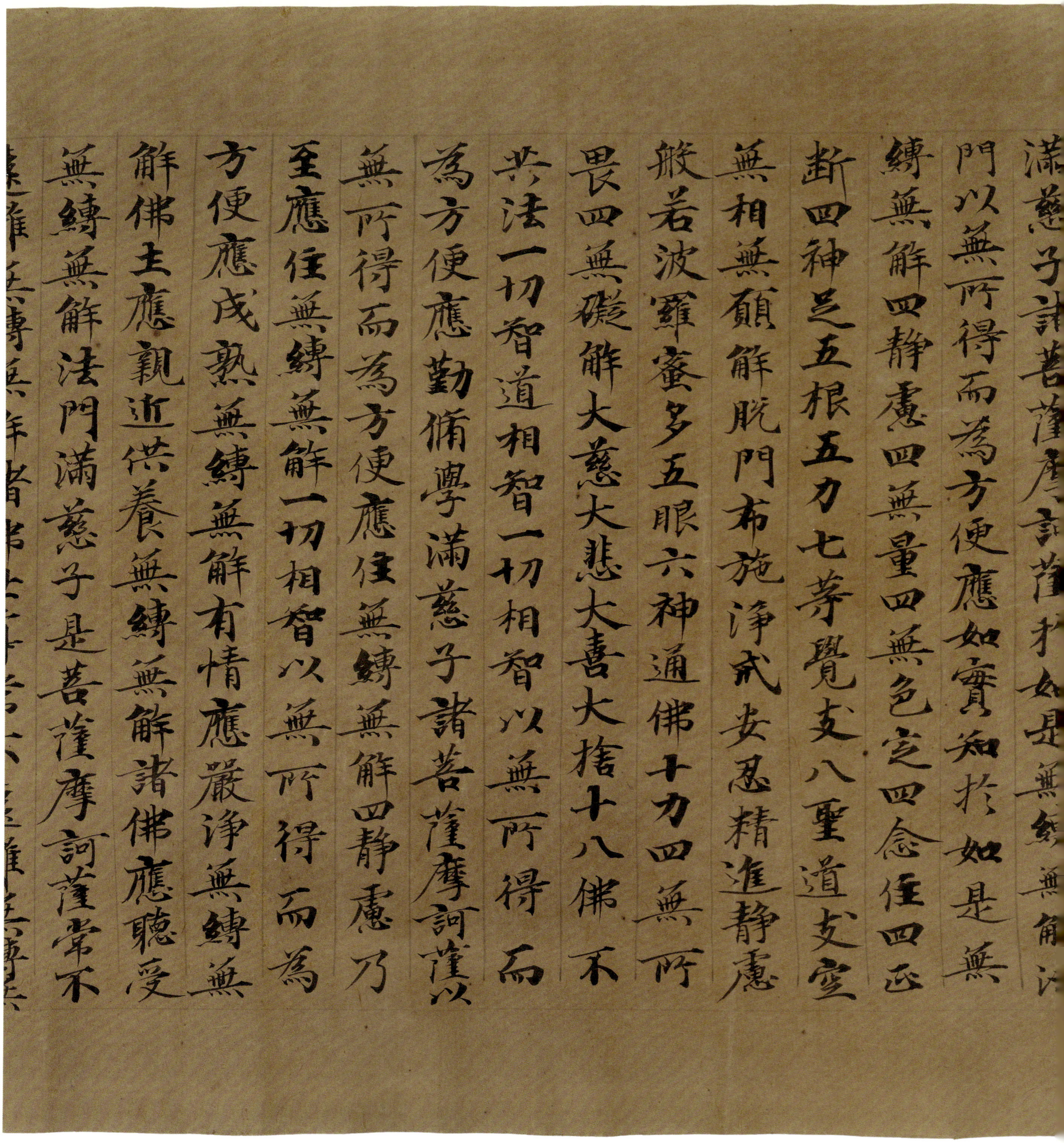

滿慈子諸菩薩摩訶薩於如是無縛無解法
門以無所得而為方便應如實知於如是無
縛無解四靜慮四無量四無色定四念住四正
斷四神足五根五力七等覺支八聖道支空
無相無願解脫門布施淨戒安忍精進靜慮
般若波羅蜜多五眼六神通佛十力四無所
畏四無礙解大慈大悲大喜大捨十八佛不
共法一切智道相智一切相智以無所得而
為方便應勤脩學滿慈子諸菩薩摩訶薩以
無所得而為方便應住無縛無解四靜慮乃
至應住無縛無解一切相智以無所得而為
方便應成熟無縛無解有情應嚴淨無縛無
解佛土應親近供養無縛無解諸佛應聽受
無縛無解法門滿慈子是菩薩摩訶薩常不
遠離無縛無解智常不遠離無縛無

無縛無解法門滿慈子是菩薩摩訶薩常不
遠離無縛無解諸佛世尊常不遠離無縛無
解清淨五眼常不遠離無縛無解殊勝六神
通常不遠離無縛無解陁羅尼門常不遠離
無縛無解三摩地門滿慈子是菩薩摩訶薩
當生無縛無解道相智當證無縛無解一切
智一切相智當轉無縛無解法輪當以無縛無
解三乘法安立無縛無解諸有情滿慈子若
菩薩摩訶薩脩行無縛無解六波羅蜜多
能證無縛無解一切法無所有故遠離故寂
静故空故無相故無願故無生故無滅故無
深故無淨故無縛無解滿慈子當知是菩薩
摩訶薩名擐無縛無解大乘鎧者
初分讃大乘品第十五之一

尒時具壽善現白佛言世尊云何當知菩薩
摩訶薩大乘相云何當知菩薩摩訶薩發趣
大乘如是大乘從何處出至何處住如是大
乘為何所住誰復乘是大乘而出佛告善現
汝問云何當知菩薩摩訶薩大乘相者謂六
波羅蜜多是菩薩摩訶薩大乘相何等為六
謂布施波羅蜜多淨戒波羅蜜多安忍波羅
蜜多精進波羅蜜多靜慮波羅蜜多般若波
羅蜜多善現白佛言世尊云何菩薩摩訶薩
布施波羅蜜多佛言善現若菩薩摩訶薩發
應一切智智心大悲為上首以無所得而為
方便自施一切內外所有亦勸他施內外所有
持此善根與一切有情同共迴向阿耨多
羅三藐三菩提善現是為菩薩摩訶薩布施
波羅蜜多善現白佛言世尊云何菩薩摩訶

BD01039　大般若波羅蜜多經卷五一

羅三藐三菩提善現是爲菩薩摩訶薩布施
波羅蜜多善現白佛言世尊云何菩薩摩訶
薩淨戒波羅蜜多佛言善現若菩薩摩訶薩
發應一切智智心大悲爲上首以無所得而
爲方便自住十善業道亦勸他住十善業道
持此善根與一切有情同共迴向阿耨多羅三
藐三菩提善現是爲菩薩摩訶薩淨戒波羅
蜜多善現白佛言世尊云何菩薩摩訶薩
安忍波羅蜜多佛言善現若菩薩摩訶薩
發應一切智智心大悲爲上首以無所得而爲
方便自具增上安忍亦勸他具增上安忍持
此善根與一切有情同共迴向阿耨多羅三
藐三菩提善現是爲菩薩摩訶薩安忍波羅
蜜多善現白佛言世尊云何菩薩摩訶薩精

持

進波羅蜜多佛言善現若菩薩摩訶薩發應
一切智智心大悲爲上首以無所得而爲方便
自於六波羅蜜多勤脩不息亦勸他於六
波羅蜜多勤脩不息根此善持與一切有情
同共迴向阿耨多羅三藐三菩提善現是爲
菩薩摩訶薩精進波羅蜜多善現白佛言世
尊云何菩薩摩訶薩靜慮波羅蜜多佛言善
現若菩薩摩訶薩發應一切智智心大悲爲
上首以無所得而爲方便自能巧便入諸靜
慮無量無色終不隨彼勢力受生亦能勸他
入諸靜慮無量無色同己善巧持此善根與
一切有情同共迴向阿耨多羅三藐三菩提善
現是爲菩薩摩訶薩靜慮波羅蜜多善現
白佛言世尊云何菩薩摩訶薩般若波羅蜜
多佛言善現若菩薩摩訶薩發應一切智智

白佛言世尊云何菩薩摩訶薩般若波羅蜜
多佛言善現若菩薩摩訶薩發應一切智智
心大悲為上首以無所得而為方便自能如實
觀一切法性於諸法性無所執著亦勸他
如實觀一切法性於諸法性無所執着持此
善根與一切有情同共迴向阿耨多羅三藐三
菩提善現是為菩薩摩訶薩般若波羅蜜多
善現當知是為菩薩摩訶薩大乘相
復次善現菩薩摩訶薩大乘相者謂内空外
空内外空空空大空勝義空有為空無為空
畢竟空無際空散空無變異空本性空自相
空共相空一切法空不可得空無性空自性空
無性自性空是菩薩摩訶薩大乘相善現
白佛言世尊云何内空佛言善現内謂内法

即是眼耳鼻舌身意此中眼由眼空何以故
非常非壞本性尒故耳鼻舌身意由耳鼻舌
身意空何以故非常非壞本性尒故善現是
爲內空善現白佛言世尊云何外空佛言善
現外謂外法即是色聲香味觸法此中色由
色空何以故非常非壞本性尒故聲香味觸
法由聲香味觸法空何以故非常非壞本性
尒故善現是爲外空善現白佛言世尊云何
內外空佛言善現內外謂內外法即是內六
處外六處此中內六處由外六處空何以故
非常非壞本性尒故外六處由內六處空何
以故非常非壞本性尒故善現是爲內外空
善現白佛言世尊云何空空佛言善現空謂
一切法空此空由空空何以故非常非壞本
性尒故善現是爲空空善現白佛言世尊云

一切法空此空由空空何以故非常非壞本
性尒故善現是爲空空善現白佛言世尊云
何大空佛言善現大謂十方即是東南西北
四維上下此中東方由東方空何以故非常
非壞本性尒故南西北方四維上下由南西
北方四維上下空何以故非常非壞本性尒
故善現是爲大空善現白佛言世尊云何勝
義空佛言善現勝義謂涅槃此勝義由勝
義空何以故非常非壞本性尒故善現是爲勝
義空善現白佛言世尊云何有爲空佛言善
現有爲謂欲界色界無色界此中欲界由欲
界空何以故非常非壞本性尒故色無色界
由色無色界空何以故非常非壞本性尒故
善現是爲有爲空善現白佛言世尊云何無

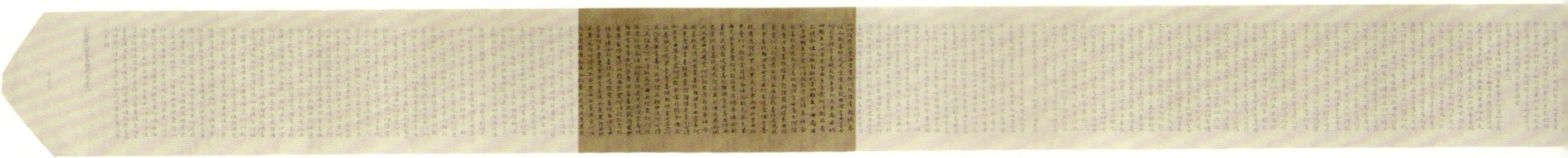

爲空佛言善現無爲謂無生無住無異無滅
此無爲由無爲空何以故非常非壞本性尒
故善現是爲無爲空善現白佛言世尊云何
畢竟空佛言善現畢竟謂諸法究竟不可得
此畢竟由畢竟空何以故非常非壞本性尒
故善現是爲畢竟空善現白佛言世尊云何
無際空佛言善現無際謂無初中後際可得
及無往來際可得此無際由無際空何以故
非常非壞本性尒故善現是爲無際空善現
白佛言世尊云何散空佛言善現散謂有放
有棄有捨可得此散由散空何以故非常非
壞本性尒故善現是爲散空善現白佛言世
尊云何無變異空佛言善現無變異謂無放
無棄無捨可得此無變異由無變異空何以
故非常非壞本性尒故善現是爲無變異空

BD01039　大般若波羅蜜多經卷五一

無棄無捨可得此無變異由無變異空何以
故非常非壞本性尒故善現是為無變異空
善現白佛言世尊云何本性空佛言善現本
性謂一切法本性若有為法性若無為法性
皆非聲聞所作非獨覺所作非菩薩所作非
如來所作亦非餘所作此本性由本性空何
以故非常非壞本性尒故善現是為本性空
善現白佛言世尊云何自相空佛言善現自
相謂一切法自相如變礙是色自相領納是
受自相取像是想自相造作是行自相了別
是識自相如是等若有為法自相若無為法
自相此自相由自相空何以 故非常非壞本
性尒故善現是為自相空善現白佛言世尊
云何共相空佛言善現共相謂一切法共相

如苦是有漏漏共相無常是有為無為共相空
無我是一切法共相如是等有無量共相此
共相由共相空何以故非常非壞本性尒故
善現是為共相空善現白佛言世尊云何一
切法空佛言善現一切法謂五薀十二處十
八界若有色無色有見無見有對無對有漏
無漏有為無為法此一切法由一切法空何以
故非常非壞本性尒故善現是為一切法空
善現白佛言世尊云何不可得空佛言善現
不可得謂此中一切法不可得若過去不可
得未來不可得現在不可得若過去無未來
現在可得若未來無過去現在可得若現在
無過去未來可得此不可得由不可得空何
以故非常非壞本性尒故善現是為不可得
空善現白佛言世尊云何無性空佛言善現

BD01039　大般若波羅蜜多經卷五一

空善現白佛言世尊云何無性空佛言善現
無性謂此中無少性可得此無性由無性空
何以故非常非壞本性尒故善現是為無性
空善現白佛言世尊云何自性空佛言善現
自性謂諸法能和合自性此自性由自性空
何以故非常非壞本性尒故善現是為自性
空善現白佛言世尊云何無性自性空佛言
善現無性自性謂諸法無能和合性有所和
合自性此無性自性由無性自性空何以故
非常非壞本性尒故善現是為無性自性空
復次善現有性由有性空無性由無性空自
性由自性空他性由他性空云何有性由有
性空有性謂五蘊此有性由有性空五蘊生
生不可得故是為有性由有性空云何無性

由無性空無性言無為此無性由無性空是
為無性由無性空云何自性由自性空謂一
切法皆自性空此空非智所作非見所作亦
非餘所作是為自性由自性空云何他性由
他性空謂若佛出世若不出世一切法法住
法定法性法界法平等性法離生性真如不
虛妄性不變異性實際皆由他性故空是為
他性由他性空善現當知是為菩薩摩訶薩
大乘相

大般若波羅蜜多經卷第五十一

孝義寫

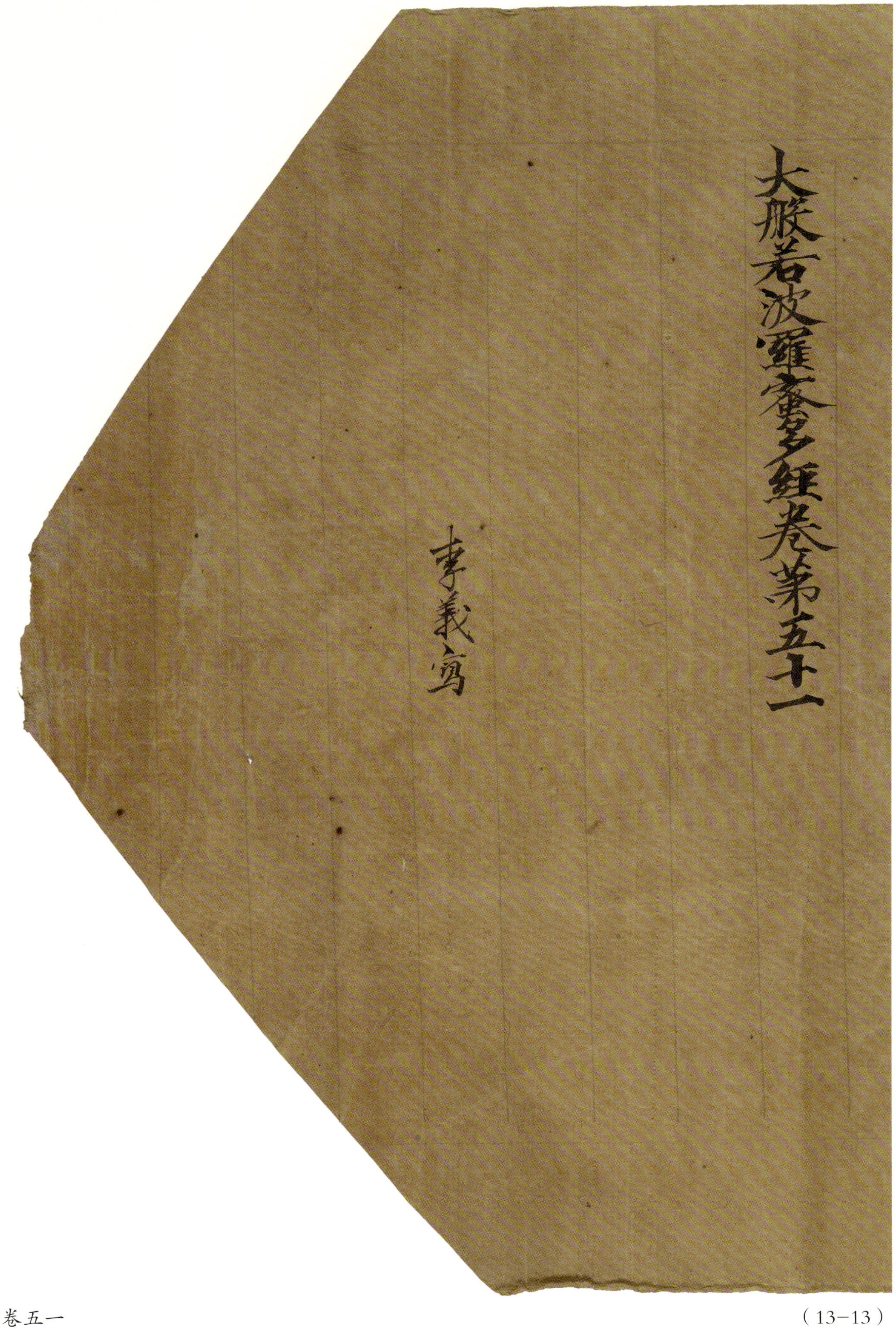
大般若波羅蜜多經卷第五十一
李義寫

BD01039v　勘記

BD01040　摩訶般若波羅蜜經（异卷）卷一六

（後秦）鳩摩羅什 譯

767.5cm × 25.8cm

世尊世

若波羅蜜目是世尊是般若波羅
諸佛菩薩辟支佛阿羅漢阿那含斯
陁洹般若波羅蜜中生十善道四禪四无量
心四无色定五神通内空乃至无法有法空
四念處乃至八聖道分是般若波羅蜜中生
佛十力十八不共法大慈大悲一切種智亦
時釋提桓因心念何因緣故舍利弗問是事
念已語舍利弗何因緣故問是事舍利弗語
釋提桓因言憍尸迦諸菩薩摩訶薩爲般若
波羅蜜守護以漚和拘舍羅力故於過去未
來現在諸佛從初發心乃至法住於其中間
所作善根一切和合隨喜迴向阿耨多羅三
藐三菩提以是因緣故我問是事憍尸迦菩
薩摩訶薩般若波羅蜜勝檀那波羅蜜尸羅

波羅蜜羼提毗梨耶[illegible]
人若百若千若百千而无前導不能趣道入
城憍尸迦五波羅蜜亦如是離般若波羅蜜
如盲无導不能趣道不能得一切智憍尸迦
若五波羅蜜得般若波羅蜜將導是時五波
羅蜜名為有眼般若波羅蜜將導得波羅蜜
名字釋提桓因語舍利弗如所言般若波羅
蜜將導五波羅蜜故得波羅蜜名字舍利弗
若无檀那波羅蜜助五波羅蜜不得波羅蜜
名字若无尸羅波羅蜜羼提波羅蜜毗梨耶
波羅蜜禪那波羅蜜五波羅蜜不得波羅蜜
名字若尒者何以故獨讚般若波羅蜜舍利
弗言如是如是憍尸迦无檀那波羅蜜五波
羅蜜不得波羅蜜名字无尸羅波羅蜜羼提
波羅蜜毗梨耶波羅蜜禪那波羅蜜五波羅蜜
不得波羅蜜名字但菩薩摩訶薩住般若波

BD01040　摩訶般若波羅蜜經（异卷）卷一六

波羅蜜毗棃耶波羅蜜禪那波羅蜜[illegible]波羅蜜
不得波羅蜜名字但菩薩摩訶薩住般若波
羅蜜中能具足檀那波羅蜜尸羅波羅蜜羼
提波羅蜜毗棃耶波羅蜜禪那波羅蜜以是
故憍尸迦般若波羅蜜於五欲波羅蜜中最上
第一最妙无上无与等舍利弗白佛言世尊
云何生般若波羅蜜佛告舍利弗色不生故
般若波羅蜜生受想行識不生故般若波羅
蜜生檀那波羅蜜不生故般若波羅蜜生乃
至禪那波羅蜜不生故般若波羅蜜生內空
乃至无法有法空四念處乃至八聖道分佛
十力乃至一切智一切種智不生故般若波
羅蜜生如是諸法不生故般若波羅蜜應生
舍利弗言世尊云何色不生故般若波羅蜜
生乃至一切諸法不生故般若波羅蜜應生
弗言色不起不生不得不失故乃至一切諸

利弗曰佛言如是〻生般若波羅蜜与何等法
合佛言无所合以是故得名般若波羅蜜
世尊不合何等法佛言不与不善法合 不
与善法合不与世間法合不与出世間法合
不与長安有法合不与世間法合不与出世間
合不与无罪法合不与有為法合不与无為
法合何以故般若波羅蜜不為得法故生以
是故於諸法无所合尒時釋提桓因白佛言
世尊是般若波羅蜜亦不合薩婆若佛言如
是憍尸迦般若波羅蜜亦不合薩婆若亦不
得釋提桓因言世尊云何般若波羅蜜亦不
合薩婆若亦不得佛言般若波羅蜜不如名
字不如相不如起作法合釋提桓因言云何
合佛言若菩薩摩訶薩如不取不受不住不著

合佛言若菩薩摩訶薩如不取不受不住不著
不斷如是合亦无所合如是憍尸迦般若波
羅蜜一切法合亦无所合尒時釋提桓因白佛
言未曾有也世尊是般若波羅蜜為一切法
不起不作不得不失故生須菩提白佛言世
尊若菩薩摩訶薩行般若波羅蜜時作是念
般若波羅蜜一若切法合若不合是菩薩摩
訶薩則捨般若波羅蜜遠離般若波羅蜜佛
告須菩提復有因緣菩薩摩訶薩捨般若波
羅蜜遠離般若波羅蜜若菩薩摩訶薩作是
念是般若波羅蜜无所有空虛不卧固是菩
薩摩訶薩則捨般若波羅蜜遠離般若波羅
蜜須菩提以是因緣故捨離般若波羅蜜須
菩提白佛言世尊信般若波羅蜜為信何法
佛告須菩提信般若波羅蜜則不信色不信
受想行識不信眼乃至意不信色乃至法不

波羅蜜羼提波羅蜜毗梨耶波羅蜜禪那波
羅蜜不信內空乃至无法有法空不信四念
處乃至八聖道分不信佛十力乃至十八不
共法不信須陁洹果斯陁含果阿羅漢果辟
支佛道不信菩薩道不信阿耨多羅三藐三
菩提乃至一切種智須菩提白佛言世尊云
何信般若波羅蜜時不信色乃至一切種智
佛告須菩提色不可得故信般若波羅蜜不
信色乃至一切種智不可得故信般若波羅
蜜不信一切種智以是故須菩提信般若波
羅蜜時不信色乃至不信一切種智須菩提
白佛言世尊是般若波羅蜜名為摩訶波羅
蜜須菩提何因緣故是般若波羅蜜名為摩
訶波羅蜜須菩提言世尊是般若波羅蜜不
作色大不作小受想行識不作大不作小眼

蜜須菩[illegible]
訶波羅蜜須菩提言世尊是般若波羅蜜不
作色大不作小受想行識不作大不作小眼
乃至意色乃至法眼識界乃至意識界不作
大不作小檀那波羅蜜乃至禪那波羅蜜不
作大不作小內空乃至无法有法空不作大
不作小四念處乃至阿耨多羅三藐三菩提
不作大不作小諸佛法不作大不作小諸佛
不作大不作小是般若波羅蜜不作色合不
作色散受想行識不作合不作散乃至諸佛
不作合不作散色不作无量不作色非无量
乃至諸佛不作无量亦不作非无量色不作
廣不作狹乃至諸佛不作廣不作狹不作色
有力不作色无力乃至諸佛不作有力不作
无力世尊以是因緣故是般若波羅蜜名摩
訶波羅蜜世尊若新發意菩薩摩訶薩若不

遠離般若波羅蜜不遠離禪那波羅蜜不遠
離毗梨耶波羅蜜不遠離羼提波羅蜜不遠
離尸羅波羅蜜不遠離檀那波羅蜜如是念
是般若波羅蜜不作色大不作色小乃至諸
佛不作大不作小色不作合不作散不作色
无量不作色非无量不作色有力不作色无
力乃至諸佛不作有力不作无力世尊菩薩
摩訶薩若如是知是為不行般若波羅蜜可
以是非般若波羅蜜相所謂作色大小乃至
諸佛作大小色有力无力乃至諸佛有力无
力世尊是菩薩摩訶薩用有所得故有大過
失所謂行般若波羅蜜時作色大作色小乃
至諸佛作有力作无力何以故有所得相者
无阿耨多羅三藐三菩提所以者何衆生不
生故般若波羅蜜亦應不生色不生故般若
波羅蜜不生乃至佛不生故般若波羅蜜不

生故般若波羅蜜亦應不生色不生故般若
波羅蜜不生乃至佛不生故般若波羅蜜不
生衆生性无故般若波羅蜜性无色性无故
般若波羅蜜性无乃至佛性无故般若波羅
蜜性无衆生非法故般若波羅蜜非法色非
法故般若波羅蜜非法乃至佛非法故般若
波羅蜜非法衆生空故般若波羅蜜空色空
故般若波羅蜜空乃至佛空故般若波羅蜜
空衆生離故般若波羅蜜離色離故般若波
羅蜜離故乃至佛離故般若波羅蜜離衆生
无有故般若波羅蜜无有色无有故般若波
羅蜜无有乃至佛无有故般若波羅蜜无有衆
生不可思議故般若波羅蜜不可思議色不
可思議故般若波羅蜜不可思議乃至佛不
可思議故般若波羅蜜不可思議衆生不滅
故般若波羅蜜不滅色不滅故般若波羅蜜

不滅乃至佛不滅故般若波羅蜜不滅
不可知故般若波羅蜜不可知色不可知故
般若波羅蜜不可知乃至佛不可知故般若
波羅蜜不可知衆生力不成就故般若波羅
蜜力不成就色力不成就故般若波羅蜜力
不成就乃至佛力不成就故般若波羅蜜力
不成就世尊以是因緣故諸菩薩摩訶薩般
若波羅蜜名為摩訶波羅蜜

摩訶般若波羅蜜屖梨品第卌

尒時慧命舍利弗白佛言世尊有菩薩摩訶
薩信解是般若波羅蜜者從何處終來生是
間發阿耨多羅三藐三菩提心來為幾時為
供養幾佛行檀那波羅蜜尸羅波羅蜜羼提
波羅蜜毗梨耶波羅蜜禪那波羅蜜般若波
羅蜜來幾時能隨順解深般若波羅蜜義佛
告舍利弗是菩薩摩訶薩供養十方諸佛來

BD01040　摩訶般若波羅蜜經（异卷）卷一六

羅蜜[illegible][illegible]時能隨順解深般若波羅蜜義佛
告舍利弗是菩薩摩訶薩供養十方諸佛来
生是聞是菩薩教阿耨多羅三藐三菩提心
来无量无邊阿僧祇百千万億劫是菩薩摩
訶薩從初發心常行檀那波羅蜜尸羅波羅
蜜羼提波羅蜜毗梨耶波羅蜜禪那波羅蜜
般若波羅蜜供養无量无邊不可思議阿僧
祇諸佛来生是聞舍利弗是菩薩摩訶薩若
見若聞般若波羅蜜作是念我佛見從佛聞
法舍利弗是菩薩摩訶薩能隨順解深般若
波羅蜜義以无相无二无所得故須菩提白
佛言世尊是般若波羅蜜可聞可見耶佛告
須菩提是般若波羅蜜无有聞者无有見者
般若波羅蜜无聞无見諸法鈍故禪那波羅
毗梨耶波羅蜜羼提波羅蜜尸羅波羅蜜檀
那波羅蜜无聞无見者法鈍故內空无聞无

見諸法鉢故乃至无法有法空无聞无見諸
法鉢故四念處无聞无見諸法鉢故乃至八
聖道分无聞无見諸法鉢故佛十力乃至十
八不共法无聞无見諸法鉢故須菩提佛及
佛道无聞无見諸法鉢故須菩提白佛言世
尊是菩薩幾時行佛道能習行如是深般若
波羅蜜佛告須菩提是中應分別說須菩提
有菩薩摩訶薩初發意習行深般若波羅蜜
禪那波羅蜜毗梨耶波羅蜜羼提波羅蜜尸
羅波羅蜜檀那波羅蜜以方便力故於法无
所破壞不見諸法无利益者亦終不遠離行
六波羅蜜亦不遠離諸佛從一佛國至一佛
國若欲以善根力供養諸佛隨意即得終不
生母人腹中終不離諸佛神通終不生諸煩
惱及聲聞辟支佛心從一佛國至一佛國成就
衆生淨佛國土須菩提如是等諸菩薩摩訶

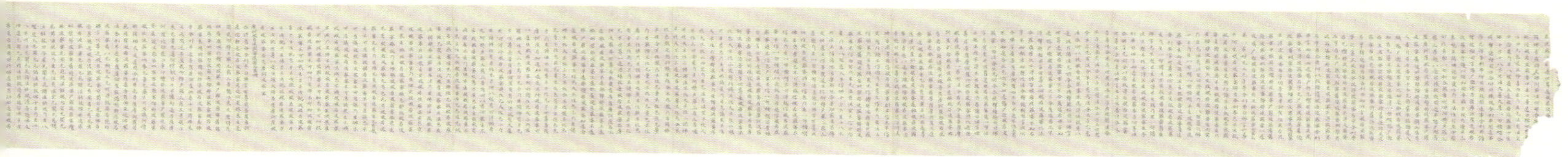

惚及獻聞辟支佛心從一佛國至一佛國成就
衆生淨佛國土須菩提如是等諸菩薩摩訶
薩能習行深般若波羅蜜須菩提有菩薩摩
訶薩久見諸佛若无量百千万億從諸佛所
行布施持戒忍辱精進一心智慧皆以有所
得故是菩薩聞說深般若波羅蜜時便從衆
中起去不恭敬深般若波羅蜜及諸佛是菩
薩今在此衆中坐聞是甚深般若波羅蜜不
樂便捨去何以故是善男子善女人等先世
聞深般若波羅蜜時棄捨去今世聞深般若
波羅蜜亦棄捨去身心不和是人種愚癡因
緣業種是愚癡因緣罪故聞說深般若波羅
蜜呰毀呰毀般若波羅蜜故呰毀過去未來
現在諸佛一切智一切種智呰毀三世諸佛
一切智故起破法業破法業因緣集故无量
百千万億歲墮大地獄中是破法人輩從一

大地獄至一大地獄若火劫起時至他方大
地獄中生在彼間從一大地獄至一大地獄
彼間若火劫起時復至他方大地獄中生在
彼間從一大地獄至一大地獄如是遍十方
彼間若火劫起故從彼死破法業因緣未盡
故還來是間大地獄中生此間亦從一大地
獄至一大地獄受无量苦此間火劫起故復
至十方他世界生畜生中受破法罪業苦如
地獄中說重罪漸薄或得人身生盲人家生
旃陁羅家生除厠擔死人種種下賤家若无
眼若一眼若眼瞎无舌无耳无手所生處无
佛无法无佛弟子處何以故種破法業積集
厚重具足故受是果報尒時舍利弗白佛言
世尊五逆与破法罪相似耶佛告舍利弗不
應言相似所以者何若有人聽說是甚深般
若波羅蜜時毀呰不言作是言不應學是法

應言相似所以者何若有人聽説是甚深般
若波羅蜜時毀呰不信作是言不應學是法
是非法非善非佛教諸佛不説是語是人自
呰毀般若波羅蜜亦教他人毀呰般若波羅
蜜自壞其身亦壞他人身自飲毒致身亦飲
他人毒自失其身亦失他人身自不知不信
毀呰深般若波羅蜜亦教他人令不信不知
舍利弗如是人我不聽聞其名字何況眼見
何以故當知是人名為汙法人為墮黑
性如是人若有聽其言用其語亦受如是苦
舍利弗若人破般若波羅蜜當知是名為破
法人舍利弗白佛言世尊世尊説破法之人
所重受罪不説是人所受身軀大小佛告舍
利弗不須説是人受身大小何以故是破法
人若聞所受身大小便當吐熱血若死若近
死苦是破法人聞如是身有如是重罪是人

如是大醜身受如是无量苦以是故佛不聽
舍利弗問是人所受身大小舍利弗白佛言
願佛說之爲未來世作大明令知破法業積
集故得如是大醜身受如是苦佛告舍利弗
後世人若聞是破法業積集厚重具足受大
地獄中久久无量苦聞是久久无量苦時足
爲未來世作明舍利弗白佛言世尊若族姓
善男子善女人聞是法足作衣止寧失身命
不破法自念我若破法當受如是苦尒時須
菩提白佛言世尊善男子善女人應好攝身
口意業无受如是諸苦或不見佛或不聞法
或不親近僧或生无佛國土中或生人中隨
貧窮家或人不信受其言須菩提白佛言世
尊以積集口業故有是破法重罪耶佛告須
菩提以積集口業故有是破法重罪須菩提

尊以種集口業故有是破法重罪佛告須
菩提以積集口業故有是破法重罪須菩提
是愚癡人在佛法中出家受戒破深般若波
羅蜜毀呰不受須菩提若破般若波羅蜜毀
呰般若波羅蜜則為破十方諸佛一切智一
切智破故則為破佛寶佛寶破故破法寶法
寶破故僧寶破破三寶故則破世間正見破
世間正見故則破四念處乃至破一切種智
法破一切種智法故則得无量无邊阿僧祇
罪得无量无邊阿僧祇罪已則受无量无邊
阿僧祇憂苦須菩提白佛言世尊是愚癡人
毀呰破深般若波羅蜜有幾因緣佛告須菩
提有四因緣是愚癡人毀呰破是深般若波
羅蜜須菩提言世尊何等四是愚癡人為魔
所使欲毀呰破壞深般若波羅蜜是名初因
緣是愚癡人不言深法不言不作心不得清

淨是第二因緣故是愚癡人欲毀呰破壞深
般若波羅蜜是愚癡人與惡知識相隨心沒
懈怠堅著五受衆是第三因緣故是愚癡人
欲毀呰破壞深般若波羅蜜是愚癡人多行
瞋恚自高輕人是第四因緣故是愚癡人欲
毀呰破壞深般若波羅蜜須菩提以是四因
緣故愚癡人欲破壞深般若波羅蜜須菩提
白佛言世尊是般若波羅蜜不懃精進種不
善根惡及相得人難信難解佛言如是如是
須菩提是深法、般若波羅蜜不懃精進種不
善根惡及相得人難信難解須菩提白佛言
世尊是般若波羅蜜云何甚深難信難解須菩
提色不縛不解何以故無所有性是色受想
行識不縛不解何以故無所有性是受想行
識檀那波羅蜜不縛不解何以故無所有性
是檀那波羅蜜尸羅波羅蜜不縛不解何以

諸檀那波羅蜜不縛不解何以故无所有性
是檀那波羅蜜尸羅波羅蜜不縛不解何以
故无所有性是尸羅波羅蜜羼提波羅蜜不
縛不解何以故无所有性是羼提波羅蜜毗
梨耶波羅蜜不縛不解何以故无所有性是
毗梨耶波羅蜜禪那波羅蜜不縛不解何以
故无所有性是禪那波羅蜜般若波羅蜜不
縛不解何以故无所有性是般若波羅蜜須
菩提內空不縛不解何以故无所有性是內
空乃至无法有法空不縛不解何以故无所
有性是无法有法空四念處不縛不解何以
故无所有性是四念處乃至一切智一切種
智不縛不解何以故无所有性是一切種智
須菩提色本際不縛不解何以故无所有性
是色受想行識乃至一切種智本際不縛不
解何以故无所有性是一切種智須菩提色

後際不縛不解何以故後際无所有性是色
受想行識乃至一切種智後際不縛不解何
以故无所有性是一切種智須菩提現在色
不縛不解何以故現在无所有性是色受想
行識乃至現在一切種智不縛不解何以故
現在无所有性是一切種智須菩提白佛言
世尊是般若波羅蜜不懃精進不種善根惡
友相得懈怠少進書忘无巧便慧如此之人
實難信難解如是如是須菩提是般若波羅
蜜不懃精進不種善根惡友相繫得屬於魔
懈怠少進書忘无巧便慧如此之人實難信
難解何以故色淨果亦淨受想行識淨果
亦淨乃至阿耨多羅三藐三菩提淨果亦淨
復次須菩提色淨故即般若波羅蜜淨般若
波羅蜜淨即色淨受想行識淨即般若波羅
蜜淨般若波羅蜜淨即受想行識淨乃至一

波羅蜜淨即色淨受想行識淨即般若波羅
蜜淨般若波羅蜜淨即受想行識淨乃至一
切種智淨即般若波羅蜜淨般若波羅蜜淨
即一切種智淨色淨般若波羅蜜淨无二无
別无斷无壞乃至一切智淨般若波羅蜜淨
无二无別无斷无壞復次須菩提不二淨故
色淨不二淨故乃至一切智淨何以故是不
二淨色淨乃至一切智淨无二无別故我衆
生乃至知者見者淨故色淨受想行識淨乃
至一切智淨色淨乃至一切種智淨故我衆
生乃至知者見者淨何以故我衆生乃至知
者見者淨色淨乃至一切智淨不二不別无
斷无壞復次須菩提婬淨故色淨乃至一切
種智淨何以故婬淨色淨乃至一切種智
淨不二不別瞋癡淨故色淨乃至一切種智
淨何以故瞋癡淨色淨乃至一切種智淨不

二不別復次須菩提无明淨故諸行淨諸行
淨故識淨識淨故名色淨名色淨故六處淨
六處淨故觸淨觸淨故受淨受淨故愛淨愛
淨故取淨取淨故有淨有淨故生淨生淨故
老死淨老死淨故般若波羅蜜淨般若波羅
蜜淨故乃至檀那波羅蜜淨檀那波羅蜜淨
故內空淨內空淨故乃至无法有法空淨无
法有法空淨故四念處淨四念處淨故乃至
一切智淨一切智淨故一切種智淨何以故
是一切智淨一切種智淨不二不別无斷无
壞復次須菩提般若波羅蜜淨故色淨乃至
般若波羅蜜淨故一切智淨是般若波羅蜜
淨一切智淨不二不別故須菩提禪那波
羅蜜故乃至一切智淨毗梨耶波羅蜜羼提
波羅蜜尸羅波羅蜜檀那波羅蜜淨故乃至
一切智淨內空淨故乃至一切智淨四念處

波羅蜜尸羅波羅蜜[illegible]
一切智淨內空淨故乃至一切智淨四念處
淨故乃至一切智淨復次須菩提一切智淨
故乃至般若波羅蜜淨如是一一如先說復
次須菩提有為淨故无為淨何以故有為淨
无為淨不二不別无斷无壞故復次須菩提
過去淨故未來現在淨未來淨故過去現在
淨現在淨故過去未來淨何以故現在淨過
去未來淨不二不別无斷无壞故

摩訶般若波羅蜜歎淨品第卌一

尒時慧命舍利弗白佛言世尊是淨甚深佛
言畢竟淨故舍利弗言何法淨故是淨甚深
佛言色淨故是淨甚深受想行識淨故四念
處淨故乃至八聖道分淨故佛十力淨故乃
至十八不共法淨故菩薩淨佛淨故一切智
一切種智淨故是淨甚深世尊淨明佛言畢

竟淨故舍利弗言何法淨故是淨明佛言般
若波羅蜜淨故是淨明乃至檀那波羅蜜淨
故是淨明四念處乃至一切智淨故是淨明
世尊是淨不相續佛言畢竟淨故舍利弗言
何法不相續故是淨不相續佛言色不去不
相續故是淨不相續乃至一切種智不去不
相續故是淨不相續世尊是淨无垢佛言畢
竟淨故舍利弗言何法无垢故是淨无垢佛
言色性常淨故是淨无垢乃至一切種智性
常淨故是淨无垢世尊是淨无得无著佛言
畢竟淨故舍利弗言何法无得无著故是淨
无得无著佛言色无得无著故是淨无得无
著乃至一切種智无得无著故是淨无得无
著世尊是淨无生佛言畢竟淨故舍利弗言
何法无生故是淨无生佛言色无生故是淨
无生乃至一切種智无生故是淨无生世尊

何法无生故是淨无生佛言色无生故是淨
无生乃至一切種智无生故是淨无生世尊
是淨不生欲界中佛言畢竟淨故舍利弗言
云何是淨不生欲界中佛言欲界性不可得
故是淨不生欲界中世尊是淨不生色界中
佛言畢竟淨故舍利弗言云何是淨不生色
界中佛言色界性不可得故是淨不生色界
中世尊是淨不生无色界中佛言畢竟淨故
舍利弗言云何是淨不生无色界中佛言无
色界性不可得故是淨不生无色界中世尊
是淨无知佛言畢竟淨故舍利弗言云何是
淨无知佛言諸法鈍故是淨无知世尊色无
知是淨淨佛言畢竟淨故舍利弗言云何色
无知是淨淨佛言色自性空故色无知是淨
淨世尊受想行識无知是淨淨佛言畢竟淨
故舍利弗言云何受想行識无知是淨淨佛

言受想行識自性空故无知是淨淨世尊一切
法淨故是淨淨佛言畢竟淨故舍利弗言云
何一切法淨故是淨淨佛言一切法不可得
故一切法淨是淨淨世尊是般若波羅蜜
於薩婆若无益无損佛言畢竟淨故舍利弗
言云何般若波羅蜜於薩婆若无益无損佛
言法住相故般若波羅蜜於薩婆若无益无
損世尊是般若波羅蜜淨於諸法无所受佛
言畢竟淨故舍利弗言云何般若波羅蜜淨
於諸法无所受佛言法性不動故是般若波
羅蜜淨於諸法无所受尒時慧命須菩提白
佛言世尊我淨故色淨佛言畢竟淨故須菩
提言何因緣故我淨故色淨畢竟淨佛言我
无所有故色无所有畢竟淨世尊我淨故
受想行識淨佛言畢竟淨須菩提言何因緣
故我淨受想行識淨畢竟淨佛言我无所有

故我淨受想行識淨畢竟淨佛言我无所有
故受想行識无所有畢竟淨世尊我淨故檀
那波羅蜜淨我淨故尸羅波羅蜜淨我淨故
羼提波羅蜜淨我淨故毗梨耶波羅蜜淨我
淨故禪那波羅蜜淨世尊我淨故般若波羅
蜜淨世尊我淨故四念處淨世尊我淨故乃
至八聖道分淨世尊我淨故佛十力淨世尊
我淨故乃至十八不共法淨佛言畢竟淨故
須菩提言何因緣故我淨檀那波羅蜜淨我
淨乃至十八不共法淨佛言我无所有故檀
那波羅蜜无所有淨乃至十八不共法无所
有故淨世尊我淨故須陁洹果淨我淨故斯
陁含果淨我淨故阿那含果淨我淨故阿羅
漢果淨我淨故辟支佛道淨我淨故佛道淨
佛言畢竟淨須菩提言何因緣故我淨須陁
[illegible]阿那含果淨阿羅漢果

淨辟支佛道淨佛道淨佛言自相空故世尊
我淨故一切智淨佛言畢竟淨故須菩提言
何因緣故我淨故一切智淨佛言无相无念
故世尊以二淨故无得无着佛言畢竟淨須
菩提言何因緣故以二淨故无得无着是畢竟
淨佛言无垢无淨故世尊我无邊故色淨受
想行識淨佛言畢竟淨須菩提言何因緣故
我无邊故色淨受想行識淨佛言畢竟空无
始空故須菩提白佛言世尊若菩薩摩訶
薩能如是知是名菩薩摩訶薩般若波羅蜜
佛言畢竟淨故須菩提言何因緣故若菩薩
摩訶薩能如是知是名菩薩摩訶薩般若波
羅蜜佛言知道種故世尊若菩薩摩訶薩行
般若波羅蜜以方便力故作是念色不知色
受想行識不知識過去法不知過去法未來
法不知未來法現在法不知現在法佛言菩

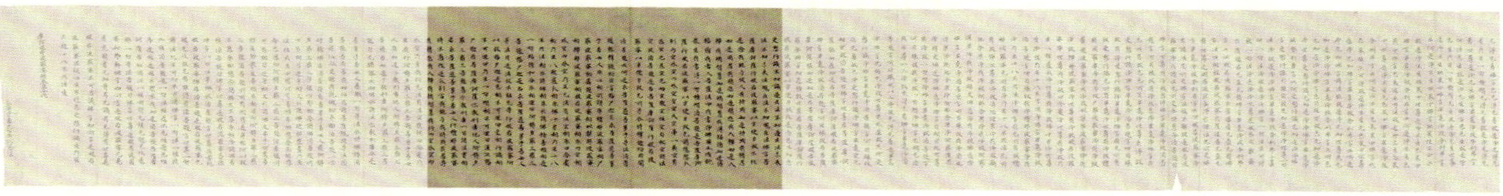

受想行識不知識過去法不知過去法未來
法不知未來法現在法不知現在法佛言菩
薩摩訶薩行般若波羅蜜以方便力故不作
是念我施与彼人我持戒如是持戒我脩忍
如是脩忍我精進如是精進我入禪如是入
禪我脩智慧如是脩智慧我得福德如是得
福德我當入菩薩法中我當淨佛國土成就
衆生我當得一切種智須菩提是菩薩摩訶
薩行般若波羅蜜以方便力故无諸憶想分
別內空外空內外空空空大空第一義空有
爲空无爲空无始空散空性空自相空諸法
空故須菩提是名菩薩摩訶薩行般若波
羅蜜以方便力故无所得尒時釋提桓因問
須菩提云何是求菩薩道善男子得法須菩
提語釋提桓因言憍尸迦如所求菩薩道善男

子善女人取心相可說取檀那波羅蜜相尸
羅波羅蜜相羼提波羅蜜相毗梨耶波羅蜜
相禪那波羅蜜相般若波羅蜜相取內空相
外空內外空乃至无法有法空相取四念處
相乃至八聖道分相取佛十力相乃至十八
不共法相取諸佛相取於諸佛種善根相是
一切福德和合取相迴向阿耨多羅三藐三
菩提憍尸迦是名求菩薩道善男子善女人
得法用是法故不能无得行般若波羅蜜何
以故憍尸迦是色相不可迴向受相行識相
不可迴向乃至一切智相不可迴向復次憍
尸迦若菩薩摩訶薩示教利喜他人阿耨多
羅三藐三菩提應示教利喜一切諸法實相
若求菩薩道善男子善女人行檀那波羅蜜
時不應作是分別言我施与我持戒我忍辱
我精進我入禪我脩智慧我行內空外空內

時不應作是分別言我施與我持戒我忍辱
我精進我入禪我脩智慧我行內空外空內
外空乃至我脩无法有法空我脩四念處乃
至我行阿耨多羅三藐三菩提善男子善女
人應如是示教利喜他人阿耨多羅三藐三
菩提若如是示教利喜阿耨多羅三藐三菩
提自无錯謬亦如佛所許法示教利喜令是
善男子善女人遠離一切㝵法尒時佛語須
菩提善哉善哉如汝爲諸菩薩說諸㝵法須
菩提汝今更聽我說微細㝵相須菩提一心
好聽佛告須菩提有善男子善女人發阿耨
多羅三藐三菩提心取相念諸佛須菩提所
可有相皆是㝵相又於諸佛從初發意乃至
法住於其中間所有善根取相憶念取相憶
念已迴向阿耨多羅三藐三菩提須菩提所

可有相皆是寻相又於諸佛及弟子所有善
根及餘衆生善根取相迴向阿耨多羅三藐
三菩提須菩提所可有相皆是寻相何以故
不應取相憶念諸佛亦不應取相念諸佛善
根須菩提白佛言世尊是般若波羅蜜甚深
佛言一切法常離故須菩提言世尊我當礼
般若波羅蜜佛告須菩提是般若波羅蜜无
起无作故无有能得者須菩提言世尊一切
諸法亦不可知不可得佛言一切法一性非
二性須菩提是一切法性是亦无性是无性
即是性是性不起不作如是須菩提菩薩摩
訶薩若知諸法一性所謂无性无起无作遠
離一切寻須菩提白佛言世尊是般若波羅
蜜知難解佛言如所言是般若波羅蜜无見
者无聞者无知者者无識者无得者世尊是

者无聞者无知者者者无識者无得者世尊是
般若波羅蜜不可思議佛言如所言是般若
波羅蜜不從心生不從色受想行識生乃至
不從十八不共法生

摩訶般若波羅蜜經卷第十六

高頭為亡妻元聰國所寫經

一校

BD01041

維摩詰所説經卷下

（後秦）鳩摩羅什 譯

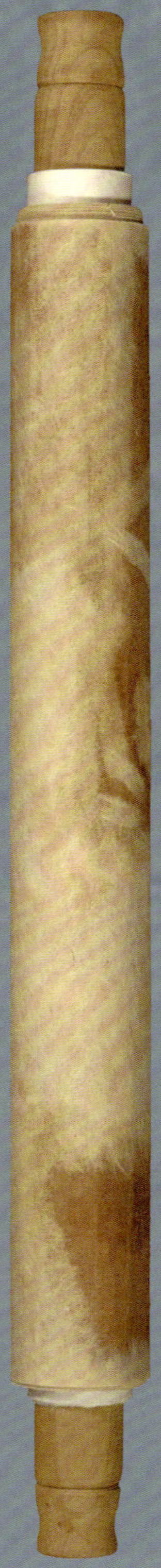

184.5cm × 26cm

就衆生淨
名爲三藐三佛陁名爲　　爲佛
陁阿難若我廣說此三句　　不能
盡受正使三千大千世界滿中衆生皆如阿
難多聞第一得念揔持此諸人等以劫之壽
亦不能受如是阿難諸佛阿耨多羅三藐三
菩提無有限量智慧辯才不可思議阿難白
佛我從今已往不敢自謂以爲多聞佛告阿
難勿起退意所以者何我說汝於聲聞中爲
冣多聞非謂菩薩且止阿難其有智者不應
限度諸菩薩也一切海渕尚可測量菩薩禪
定智慧揔持辯才一切功德不可量也阿難
汝等捨置菩薩所行是維摩詰一時所現神
通之力一切聲聞辟支佛於百千劫盡力變

化所不能作
尒時衆香世界菩薩來者合掌白佛言世尊
我等初見此土生下劣想今自悔責捨離是
心所以者何諸佛方便不可思議為度衆生
故隨其所應現佛國異唯然世尊願賜少法
還於彼土當念如來佛告諸菩薩有盡無
盡解脫法門汝等當學何謂為盡謂有為法何
謂無盡謂無為法如菩薩者不盡有為不住
無為何謂不盡有為謂不離大慈不捨大悲
深發一切智心而不忽忘教化衆生終不猒
惓於四攝法常念順行護持正法不惜軀命
種諸善根無有疲猒志常安住方便迴向求
法不懈說法無悋懃供諸佛不畏生死於苦
榮辱心無憂喜不輕未學敬學如佛墮煩惱

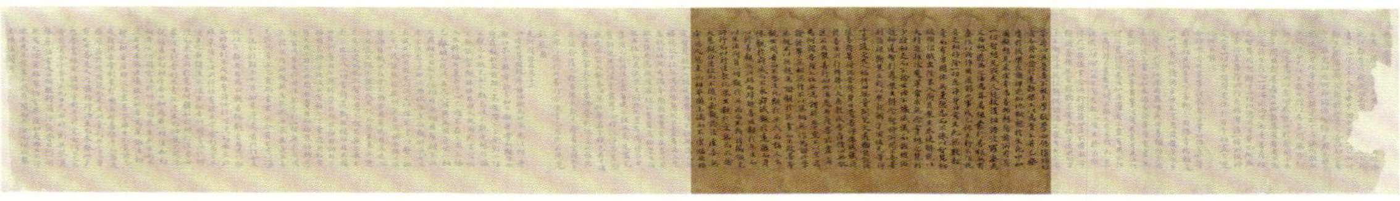

榮辱心無憂喜不輕未學敬學如佛墮煩惱
者令發正念於遠離樂不以爲貴不着己樂
慶於彼樂在諸禪定如地獄想於生死中如
園觀想見來求者爲善師想捨諸所有具
一切智想見毀戒人起救護想諸波羅蜜爲
父母想道品之法爲眷屬想發行善根無有
齊限以諸淨國嚴飾之事成己佛土行不限施
具足相好除一切惡淨身口意生死無數劫
意而有勇聞佛無量德志而不倦以智慧劍
破煩惱賊出陰界入荷負衆生永使解脫以
大精進摧伏魔軍常求無念實相之慧行
少欲知足而不捨世法不壞威儀而能隨俗
起神通智引導衆生得念總持所聞不妄善
別諸根斷衆生疑以樂說辯才演法无㝵淨

十善道受天人福修四無量開梵天道勸請說法
隨喜讚善得佛音聲身口意善得佛威儀深
修善法所行轉勝以大乘教成菩薩僧心無放
逸不失衆善行如此法是名菩薩不盡有
為何謂菩薩不住無為謂修學空不以空為
證修學無相無作不以無相無作為證修學
無起不以無起為證觀於無常而不猒善本
觀世間苦而不惡生死觀於無我而誨人不
惓觀於寂滅而不永寂滅觀於遠離而身
心修善觀無所歸而歸趣善法觀於無生而
以生法荷負一切觀於無漏而不斷諸漏觀无
所行而以行法教化衆生觀於空無而不捨
大悲觀正法位而不隨小乘觀諸法虛妄無
牢無人無主無相本願未滿而不虛福德禪

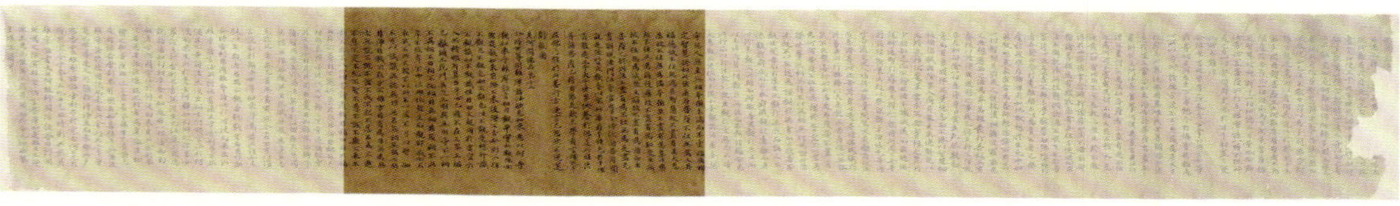

牢無人無主無相本願未滿而不虛福德禪
定智慧脩如此法是名菩薩不住無爲又具
福德故不住無爲具智慧故不盡有爲大慈
悲故不住無爲滿本願故不盡有爲集法藥
故不住無爲隨授藥故不盡有爲知衆生病
故不住無爲滅衆生病故不盡有爲諸正士
菩薩已脩此法不盡有爲不住無爲是盡无
盡解脫法門汝等當學尒時彼諸菩薩聞
說是法皆大歡喜以衆妙華若干種色若干種
香散遍三千大千世界供養於佛及此經法
并諸菩薩已稽首佛足歎未學有言釋迦牟
尼佛乃能於此善行方便言已忽然不現還
到彼國

見阿閦佛品第十二

尒時世尊問維摩詰汝欲見如来為以何等
觀如来乎維摩詰言如自觀身實相觀佛亦
然我觀如来前際不来後際不去今則不住
不觀色不觀色如不觀色性不觀受想行識
不觀識如不觀識性非四大起同於虛空六
入無積眼耳鼻舌身心已過不在三界三垢
已離順三脱門具足三明與無明等不一相
不異相不自相不他相非無相非取相不此
岸不彼岸不中流雖化衆生而觀寂滅亦不
永滅不此不彼不以此不以彼不可以智知
不可以識識無晦無明無名無相無強無弱
非淨非穢不在方不離方非有為非無為無
示無說不施不慳不戒不犯不忍不恚不進
不怠不定不亂不智不愚不誠不欺不来不

不怠不定不乱不智不愚不誠不欺不来不
去不出不入一切言諸道斷非福田非不福
田非供養非不應供養非取非捨非相非无
相同真際等法性不可稱不可量過諸稱量
非大非小非見非聞非覺非知離衆結縛等
諸智同衆生於諸法無分别一切無失無濁
無惱無作無起無生無滅無畏無憂無喜
无猒無着無已有無當有無今有不可以一切
言説分别顯示世尊如来身爲若此作如是
觀以斯觀者名爲正觀若他觀者名爲邪觀
介時舍利弗問維摩詰汝於何沒而来生此
維摩詰言汝所得法有沒生乎舍利弗言無
沒生也若諸法無沒生相云何問言汝於何
沒而来生此於意云何譬如幻師幻作男女

寧沒生邪舍利弗言無沒生也汝豈不聞佛
說諸法如幻相乎荅曰如是若一切法如幻
相者云何問言汝於何沒而来生此舍利弗
沒者為虛誑法壞敗之相者為虛誑法相
續之相菩薩雖沒不盡善本雖生不長諸惡
是時佛告舍利弗有國名妙喜佛号無動是
維摩詰於彼國沒而来生此舍利弗言未曾
有也世尊是人乃能捨清淨土而来樂此多
怒害處維摩詰語舍利弗於意云何日光出
時與冥合乎荅曰不也日光出時則無衆冥
維摩詰言夫日何故行閻浮提荅曰欲以明
照為之除冥維摩詰言菩薩如是雖生不淨
佛土為化衆生不與愚闇而共合也但滅衆
生煩惱闇耳

BD01042 佛名經（十六卷本）卷一〇

203.5cm × 25.5cm

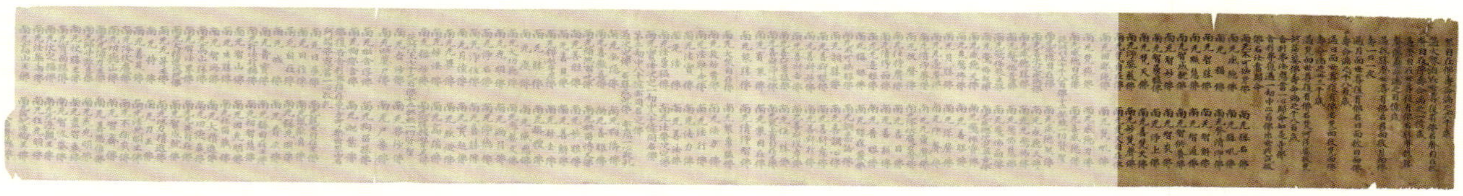

衆自在佛壽命滿足六千歲
過大衆自在世尊復有佛名聲自在彼
聲自在佛壽命滿足一億歲
過聲自在世尊復有佛名勝聲彼勝
聲佛壽命滿足百億歲
過彼勝聲世尊有佛名月面彼月面佛
壽一日一夜
過月面世尊復有佛名日面彼日面佛
壽命滿足千八百歲
過日面世尊復有佛名梵面彼梵面佛
壽命滿足卅三千歲
過梵面世尊復有佛名梵河莎婆彼梵
河莎婆佛壽命滿足廿八百歲

舍利弗汝應當一心歸命如是等佛
舍利弗復過一劫中二百佛出世我說彼
佛名汝當歸命
南无不可嫌身佛　南无稱名佛
南无威德佛　南无稱吼佛
南无稱佛　南无聲清淨佛
南无智勝佛　南无智解佛
南无黠慧佛　南无智通佛
南无智成就佛　南无智供養佛
南无智妙佛　南无智炎佛
南无智勇猛佛　南无淨上佛
南无梵天佛　南无善梵天佛
南无淨婆藪佛　南无妙梵聲佛
南无[illegible]佛　南无[illegible]

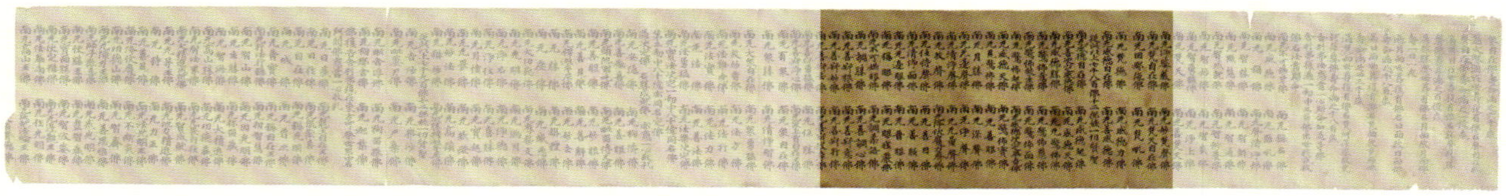

南无淨婆藪佛
南无妙梵聲佛
南无梵自在佛
南无梵天自在佛
南无因那陁佛
南无梵吼佛
南无梵德佛
南无威德力佛
南无威德自在佛
南无善威德佛
從此以上七千八百佛十二部經一切賢聖
南无威德自在佛
南无威德起佛
南无善決定威德佛
南无威德天佛
南无威德勝佛
南无无驚怖佛
南无驚怖意佛
南无驚怖慧佛
南无驚怖衆生佛
南无驚怖面佛
南无驚怖起佛
南无威德決定畢竟佛
南无威德天佛
南无驚怖寶佛

南无見驚怖佛　南无善眼佛
南无月勝佛　南无深聲佛
南无无邊聲佛　南无淨聲佛
南无清淨聲佛　南无无量聲佛
南无放聲佛　南无降伏魔力聲佛
南无住持聲佛　南无善目佛
南无清淨面佛　南无善照佛
南无无邊眼佛　南无普眼佛
南无稱眼佛　南无眼莊嚴佛
南无不可嫌眼佛　南无調柔語佛
南无調勝佛　南无善調心佛
南无善寂根佛　南无善寂意佛
南无善寂妙佛　南无善寂行佛
南无善寂去佛　南无善寂彼岸佛

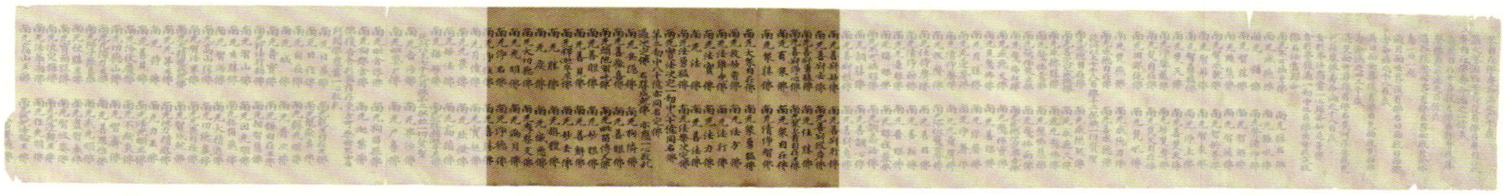

南无善寂妙佛　南无善寂行佛
南无善寂去佛　南无善寂彼岸佛
南无善寂勇猛佛　南无住勝佛
南无善寂淨心佛　南无衆上首自在王佛
南无有衆佛　南无衆自在佛
南无衆勝佛　南无清淨智佛
南无大衆自在佛　南无衆勇猛佛
南无放妙香佛　南无法方佛
南无法雜塊佛　南无法行佛
南无法寶佛　南无法力佛
南无法佛　南无善法佛
南无法勇猛佛　南无法樂決定佛
南无寶去決定一切中八十億同名佛

苐二劫中八十億亦同名定佛

過決定佛　名勝成就佛　亦應一心敬礼

南无安隱佛　南无拘隣佛

南无善歡喜佛　南无善眼佛

南无頭陁羅吒佛　南无毗留博叉佛

南无善眼佛　南无妙眼佛

南无善見佛　南无善解佛

南无釋迦牟尼佛　南无妙去佛

南无勝佛　南无旃檀佛

南无度佛　南无滅惡佛

南无大功德佛　南无摩梨支佛

南无光明佛　南无滿月佛

南无淨名佛　南无淨德佛

南无[illegible]佛　南无善勝佛

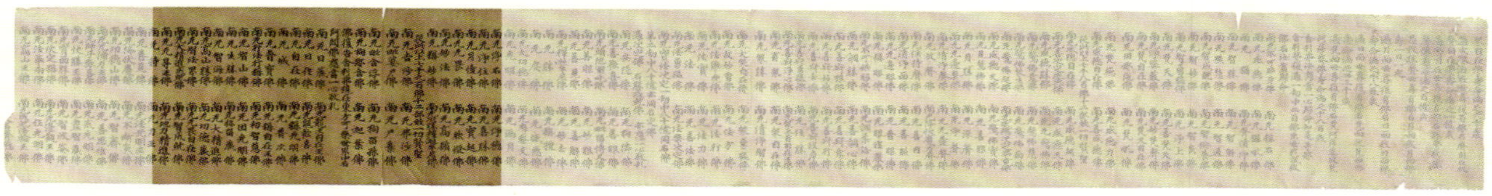

南无淨名佛　南无淨德佛
南无淨住佛　南无喜勝佛
南无月幢佛　南无寶起佛
南无无畏佛　南无然燈佛
南无妙法佛　南无高顛佛
南无稱妙佛　南无次勝釋迦牟尼佛
從此以上七千九百佛十二部經一切賢聖
南无吉沙佛　南无弗沙佛
南无毗婆尸佛　南无尸棄佛
南无毗舍浮佛　南无拘留孫佛
南无拘那含佛　南无迦葉佛
佛復告舍利弗現在東方可樂世界中有
阿閦佛應當一心敬礼

南无日藏佛　南无龍王自在王佛
南无日作佛　南无龍歡喜佛
南无自在佛　南无稱光明佛
南无城佛　南无普次佛
南无普寶佛　南无稱自在王佛
南无行法行稱佛　南无初智慧佛
南无智山佛　南无因光明佛
南无生勝佛　南无弥留藏佛
南无智海佛　南无大精進佛
南无高山勝佛　南无切德藏佛
南无智法界佛　南无无畏自在佛
南无大精進成就佛　南无智成就佛
南无无㝵王佛　南无地力精進佛
南无[illegible]持[illegible]佛　南[illegible]

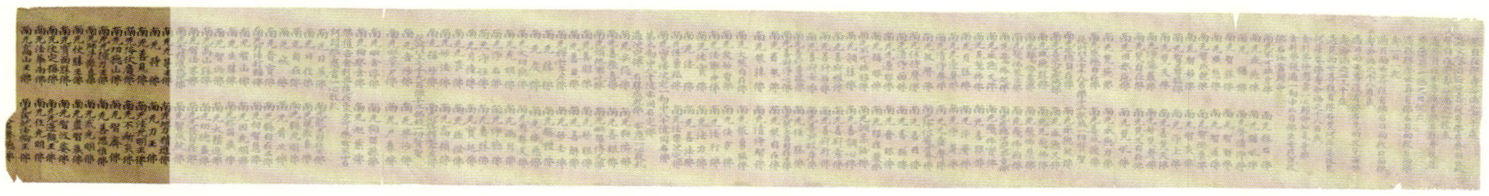

南无无畏王佛
南无持佛
南无善見佛
南无降伏魔佛
南无功德山佛
南无无障力王佛
南无師子歡喜佛
南无快勝王佛
南无寶面勝佛
南无決定稱佛
南无法華雨佛
南无高山王佛

南无地力精進佛
南无力王佛
南无法光明王佛
南无不斷炎佛
南无智齊佛
南无善思惟佛
南无武光明佛
南无盡智藏佛
南无智波婆佛
南无无邊觀王佛
南无住光明佛
南无成就法輪王佛
大名聲德佛

BD01043 妙法蓮華經卷一

（後秦）鳩摩羅什 譯

629.7cm × 26.5cm

王轉輪聖王等是
…曾…歡喜合掌一心觀佛尒時
如來…開白毫相光照東方万八千佛土
靡不周遍如今所見是諸佛土弥勒當知尒
時會中有二十億菩薩樂欲聽法是諸菩薩
見此光明普照佛土得未曾有欲知此光所
為因緣時有菩薩名曰妙光有八百弟子是
時日月燈明佛從三昧起因妙光菩薩說大
乘經名妙法蓮華教菩薩法佛所護念六十
小劫不起于座時會聽者亦坐一處六十小
劫身心不動聽佛所說謂如食頃是時衆中
无有一人若身若心而生懈惓日月燈明佛
於六十小劫說是經已即於梵魔沙門婆羅

門及天人阿脩羅衆中而宣此言如來於今
日中夜當入无餘涅槃時有菩薩名曰德藏
日月燈明佛即授其記告諸比丘是德藏菩
薩次當作佛号曰淨身多陁阿伽度阿羅訶
三藐三佛陁佛授記已便於中夜入无餘涅
槃佛滅度後妙光菩薩持妙法蓮華經滿八
十小劫為人演說日月燈明佛八子皆師妙
光妙光教化令其堅固阿耨多羅三藐三菩
提是諸王子供養无量百千万億佛已皆成
佛道其最後成佛者名曰然燈八百弟子中
有一人号曰求名貪著利養雖復讀誦衆經
而不通利多所忘失故号求名是人亦以種
諸善根因緣故得值无量百千万億諸佛供
養恭敬尊重讚歎弥勒當知尒時妙光菩薩

諸善根因緣故得值无量百千萬億諸佛
養恭敬尊重讚歎弥勒當知尒時妙光菩薩
豈異人乎我身是也求名菩薩汝身是也今
見此瑞與本无異是故惟忖今日如來當說
大乘經名妙法蓮華教菩薩法佛所護念尒
時文殊師利於大衆中欲重宣此義而說偈
言
我念過去世　无量无數劫　有佛人中尊　号日月燈明
世尊演說法　度无量衆生　无數億菩薩　令入佛智慧
佛未出家時　所生八王子　見大聖出家　亦隨修梵行
時佛說大乘　經名无量義　於諸大衆中　而為廣分別
佛說此經已　即於法座上　跏趺坐三昧　名无量義處
天雨曼陁華　天鼓自然鳴　諸天龍鬼神　供養人中尊
一切諸佛土　即時大震動　佛放眉間光　現諸希有事

此光照東方　万八千佛土　示一切衆生　生死業報處
有見諸佛土　以衆寶莊嚴　瑠璃頗梨色　斯由佛光照
及見諸天人　龍神夜叉衆　乾闥婆那羅　各供養其佛
又見諸如來　自然成佛道　身色如金山　端嚴甚微妙
如淨瑠璃中　內現真金像　世尊在大衆　敷演深法義
一一諸佛土　聲聞衆無數　因佛光所照　悉見彼大衆
或有諸比丘　在於山林中　精進持淨戒　猶如護明珠
又見諸菩薩　行施忍辱等　其數如恒沙　斯由佛光照
又見諸菩薩　深入諸禪定　身心寂不動　以求無上道
又見諸菩薩　知法寂滅相　各於其國土　說法求佛道
尒時四部衆　見日月燈佛　現大神通力　其心皆歡喜
各各自相問　是事何因緣　天人所奉尊　適從三昧起
讚妙光菩薩　汝為世間眼　一切所歸信　能奉持法藏
如我所說法　唯汝能證知　世尊既讚歎　令妙光歡喜

如我所說法　唯汝能證知　世尊既讚歎　令妙光歡喜
說是法華經　滿六十小劫　不起於此座　所說上妙法
是妙光法師　悉皆能受持　佛說是法華　令衆歡喜已
尋即於是日　告於天人衆　諸法實相義　已為汝等說
我今於中夜　當入於涅槃　汝一心精進　當離於放逸
諸佛甚難值　億劫時一遇　世尊諸子等　聞佛入涅槃
各各懷悲惱　佛滅一何速　聖主法之王　安慰无量衆
我若滅度時　汝等勿憂怖　是德藏菩薩　於无漏實相
心已得通達　其次當作佛　號曰為淨身　亦度无量衆
佛此夜滅度　如薪盡火滅　分布諸舍利　而起无量塔
比丘比丘尼　其數如恒沙　倍復加精進　以求无上道
是妙光法師　奉持佛法藏　八十小劫中　廣宣法華經
是諸八王子　妙光所開化　堅固无上道　當見无數佛

供養諸佛已　隨順行大道　相繼得成佛　轉次而授記
最後天中天　號曰燃燈佛　諸仙之導師　度脫无量衆
是妙光法師　時有一弟子　心常懷懈怠　貪著於名利
求名利无猒　多遊族姓家　棄捨所習誦　廢忘不通利
以是因緣故　號之為求名　亦行衆善業　得見无數佛
供養於諸佛　隨順行大道　具六波羅蜜　今見釋師子
其後當作佛　號名曰弥勒　廣度諸衆生　其數无有量
彼佛滅度後　懈怠者汝是　妙光法師者　今則我身是
我見燈明佛　本光瑞如此　以是知今佛　欲說法華經
今相如本瑞　是諸佛方便　今佛放光明　助發實相義
諸人今當知　合掌一心待　佛當雨法雨　充足求道者
諸求三乘人　若有疑悔者　佛當為除斷　令盡无有餘

妙法蓮華經方便品第二

尒時世尊從三昧安詳而起告舍利弗諸佛

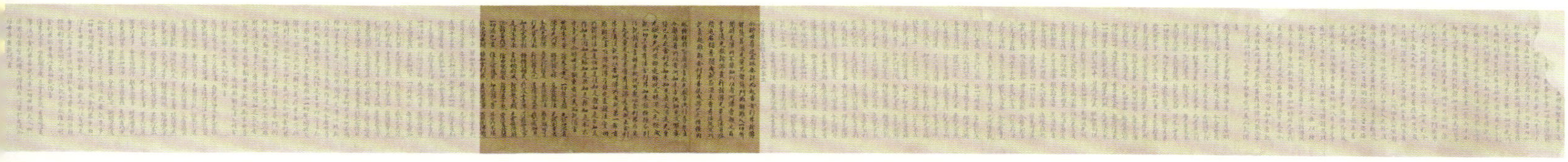

爾時世尊從三昧安詳而起告舍利弗諸佛
智慧甚深无量其智慧門難解難入一切聲
聞辟支佛所不能知所以者何佛曾親近百
千万億无數諸佛盡行諸佛无量道法勇猛
精進名稱普聞成就甚深未曾有法隨宜所
說意趣難解舍利弗吾從成佛已來種種因
緣種種譬喻廣演言教无數方便引導衆生
令離諸著所以者何如來方便知見波羅蜜
皆已具足舍利弗如來知見廣大深遠无量
无礙力无所畏禪定解脫三昧深入无際成
就一切未曾有法舍利弗如來能種種分別
巧說諸法言辭柔軟悅可衆心舍利弗取要
言之无量无邊未曾有法佛悉成就止舍利

弗不須復說所以者何佛所成就第一希有
難解之法唯佛與佛乃能究盡諸法實相
所謂諸法如是相如是性如是體如是力如是
作如是因如是緣如是果如是報如是本末
究竟等尒時世尊欲重宣此義而說偈言
世雄不可量　諸天及世人　一切衆生類　无能知佛者
佛力无所畏　解脫諸三昧　及佛諸餘法　无能測量者
本從无數佛　具足行諸道　甚深微妙法　難見難可了
於无量億劫　行此諸道已　道場得成果　我已悉知見
如是大果報　種種性相義　我及十方佛　乃能知是事
是法不可示　言辭相寂滅　諸餘衆生類　无有能得解
除諸菩薩衆　信力堅固者　諸佛弟子衆　曾供養諸佛
一切漏已盡　住是最後身　如是諸人等　其力所不堪
假使滿世間　皆如舍利弗　盡思共度量　不能測佛智

假使滿世間　皆如舍利弗　盡思共度量　不能測佛智
正使滿十方　皆如舍利弗　及餘諸弟子　亦滿十方剎
盡思共度量　亦復不能知　辟支佛利智　无漏冣後身
亦滿十方界　其數如竹林　斯等共一心　於億无量劫
欲思佛實智　莫能知少分　新發意菩薩　供養无數佛
了達諸義趣　又能善說法　如稻麻竹葦　充滿十方剎
一心以妙智　於恒河沙劫　咸皆共思量　不能知佛智
不退諸菩薩　其數如恒沙　一心共思求　亦復不能知
又告舍利弗　无漏不思議　甚深微妙法　我今已具得
唯我知是相　十方佛亦然　舍利弗當知　諸佛語无異
於佛所說法　當生大信力　世尊法久後　要當說真實
告諸聲聞衆　及求緣覺乘　我令脫苦縛　逮得涅槃者
佛以方便力　示以三乘教　衆生處處着　引之令得出

尒時大衆中有諸聲聞漏盡阿羅漢阿若憍
陳如等千二百人及發聲聞辟支佛心比丘
比丘尼優婆塞優婆夷各作是念今者世尊
何故慇懃稱歎方便而作是言佛所得法甚
深難解有所言說意趣難知一切聲聞辟支
佛所不能及佛說一解脫義我等亦得此
法到於涅槃而今不知是義所趣尒時舍利弗
知四衆心疑自亦未了而白佛言世尊何因
何緣慇懃稱歎諸佛第一方便甚深微妙難
解之法我自昔來未曾從佛聞如是說今者
四衆咸皆有疑唯願世尊敷演斯事世尊
何故慇懃稱歎甚深微妙難解之法尒時舍
利弗欲重宣此義而說偈言
慧日大聖尊　久乃說是法　自說得如是　力無畏三昧

利弗欲重宣此義而說偈言
慧日大聖尊　久乃說是法　自說得如是　力无畏三昧
禪定解脫等　不可思議法　道場所得法　无能發問者
我意難可測　亦无能問者　无問而自說　稱歎所行道
智慧甚微妙　諸佛之所得　无漏諸羅漢　及求涅槃者
今皆墮疑網　佛何故說是　其求緣覺者　比丘比丘尼
諸天龍鬼神　及乾闥婆等　相視懷猶豫　瞻仰兩足尊
是事為云何　願佛為解說　於諸聲聞眾　佛說我第一
我今自於智　疑惑不能了　為是究竟法　為是所行道
佛口所生子　合掌瞻仰待　願出微妙音　時為如實說
諸天龍神等　其數如恒沙　求佛諸菩薩　大數有八万
又諸万億國　轉輪聖王至　合掌以敬心　欲聞具足道
尒時佛告舍利弗止止不須復說若說是事
一切世間諸天及人皆當驚疑舍利弗重白

佛言世尊唯願說之唯願說之所以者何是
會无數百千万億阿僧祇衆生曾見諸佛諸
根猛利智慧明了聞佛所說則能敬信尒時
舍利弗欲重宣此義而說偈言
法王无上尊　唯說願勿慮　是會无量衆　有能敬信者
佛復止舍利弗若說是事一切世間天人阿
脩羅皆當驚疑增上慢比丘將墜於大坑尒
時世尊重說偈言
止止不須說　我法妙難思　諸增上慢者　聞必不敬信
尒時舍利弗重白佛言世尊唯願說之唯願
說之今此會中如我等比百千万億世世已
曾從佛受化如此人等必能敬信長夜安隱
多所饒益尒時舍利弗欲重宣此義而說偈
言

多所饒益爾時舍利弗欲重宣此義而說偈
言
无上兩足尊　願說第一法　我為佛長子　唯垂分別說
是會无量眾　能敬信此法　佛已曾世世　教化如是等
皆一心合掌　欲聽受佛語　我等千二百　及餘求佛者
願為此眾故　唯垂分別說　是等聞此法　則生大歡喜
爾時世尊告舍利弗汝已慇懃三請豈得不
說汝今諦聽善思念之吾當為汝分別解說
說此語時會中有比丘比丘尼優婆塞優婆
夷五千人等即從座起禮佛而退所以者何此
輩罪根深重及增上慢未得謂得未證謂
證有如此失是以不住世尊嘿然而不制止
爾時佛告舍利弗我今此眾无復枝葉純
有貞實舍利弗如是增上慢人退亦佳矣汝今

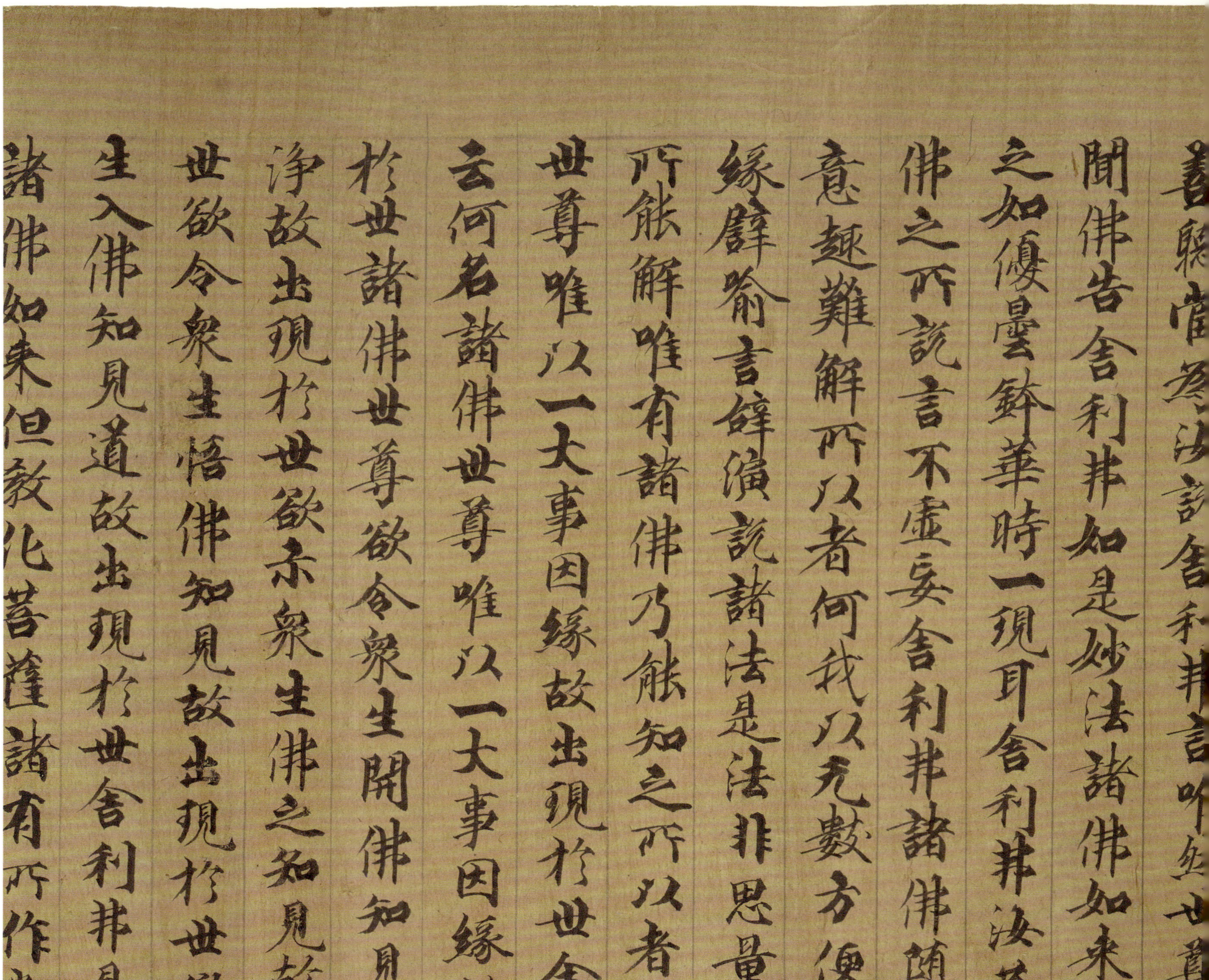

善聽當爲汝說舍利弗言唯然世尊願樂欲
聞佛告舍利弗如是妙法諸佛如來時乃說
之如優曇鉢華時一現耳舍利弗汝等當信
佛之所說言不虛妄舍利弗諸佛隨宜說法
意趣難解所以者何我以无數方便種種因
緣譬喻言辭演說諸法是法非思量分別之
所能解唯有諸佛乃能知之所以者何諸佛
世尊唯以一大事因緣故出現於世舍利弗
云何名諸佛世尊唯以一大事因緣故出現
於世諸佛世尊欲令衆生開佛知見使得清
淨故出現於世欲示衆生佛之知見故出現於
世欲令衆生悟佛知見故出現於世欲令衆
生入佛知見道故出現於世舍利弗是爲諸
諸佛如來但教化菩薩諸有所作常爲一事

生入佛知見道故出現於世舍利弗是為諸
諸佛如來但教化菩薩諸有所作常為一事
唯以佛之知見示悟衆生舍利弗如來但以
一佛乘故為衆生說法无有餘乘若二若三
舍利弗一切十方諸佛法亦如是舍利弗過
去諸佛以无量无數方便種種因緣譬喻言
辭而為衆生演說諸法是法皆為一佛乘故
是諸衆生從諸佛聞法究竟皆得一切種智
舍利弗未來諸佛當出於世亦以无量无數
方便種種因緣譬喻言辭而為衆生演說諸
法是法皆為一佛乘故是諸衆生從佛聞法
究竟皆得一切種智舍利弗現在十方无量
百千万億佛土中諸佛世尊多所饒益安樂
衆生是諸佛亦以无量无數方便種種因緣

譬喻言辭而爲衆生演說諸法是法皆爲一
佛乘故是諸衆生從佛聞法究竟皆得一切
種智舍利弗是諸佛但教化菩薩欲以佛之
知見示衆生故欲以佛之知見悟衆生故欲
令衆生入佛之知見故舍利弗我今亦復如是
知諸衆生有種種欲深心所著隨其本性以
種種因緣譬喻言辭方便力故而爲說法舍
利弗如此皆爲得一佛乘一切種智故舍利
弗十方世界中尚無二乘何況有三舍利弗
諸佛出於五濁惡世所謂劫濁煩惱濁衆生
濁見濁命濁如是舍利弗劫濁亂時衆生垢
重慳貪嫉妬成就諸不善根故諸佛以方
便力於一佛乘分別說三舍利弗若我弟子
自謂阿羅漢辟支佛者不聞不知諸佛如來

便力於一佛乘分別說三舍利弗若我弟子
自謂阿羅漢辟支佛者不聞不知諸佛如來
但教化菩薩事此非佛弟子非阿羅漢非辟
支佛又舍利弗是諸比丘比丘尼自謂已得
阿羅漢是冣後身究竟涅槃便不復志求阿
耨多羅三藐三菩提當知此輩皆是增上慢
人所以者何若有比丘實得阿羅漢若不信
此法无有是處除佛滅度後現前无佛所以
者何佛滅度後如是等經受持讀誦解義
者是人難得若遇餘佛於此法中便得決了舍
利弗汝等當一心信解受持佛語諸佛如來
言无虛妄无有餘乘唯一佛乘尒時世尊欲
重宣此義而說偈言
比丘比丘尼　有懷增上慢　優婆塞我慢　優婆夷不信

如是四眾等　其數有五千　不自見其過　扵戒有缺漏
護惜其瑕疵　是小智已出　眾中之糟糠　佛威德故去
斯人尠福德　不堪受是法　此眾无枝葉　唯有諸貞實
舍利弗善聽　諸佛所得法　无量方便力　而為眾生說
眾生心所念　種種所行道　若干諸欲性　先世善惡業
佛悉知是已　以諸緣譬喻　言辭方便力　令一切歡喜
或說修多羅　伽陀及本事　本生未曾有　亦說扵因緣
譬喻并祇夜　優婆提舍經　鈍根樂小法　貪著扵生死
扵諸无量佛　不行深妙道　眾苦所惱亂　為是說涅槃
我設是方便　令得入佛慧　未曾說汝等　當得成佛道
所以未曾說　說時未至故　今正是其時　決定說大乘
我此九部法　隨順眾生說　入大乘為本　以故說是經
有佛子心淨　柔軟亦利根　无量諸佛所　而行深妙道
為此諸佛子　說是大乘經　我記如是人　來世成佛道

有佛子心淨　柔軟亦利根　无量諸佛所　而行深妙道
為此諸佛子　說是大乘經　我記如是人　來世成佛道
以深心念佛　脩持淨戒故　此等聞得佛　大喜充遍身
佛知彼心行　故為說大乘　聲聞若菩薩　聞我所說法
乃至扵一偈　皆成佛无疑　十方佛土中　唯有一乘法
无二亦无三　除佛方便說　但以假名字　引導扵眾生
說佛智慧故　諸佛出扵世　唯此一事實　餘二則非真
終不以小乘　濟度扵眾生　佛自住大乘　如其所得法
定慧力莊嚴　以此度眾生　自證无上道　大乘平等法
若以小乘化　乃至扵一人　我則墮慳貪　此事為不可
若人信歸佛　如來不欺誑　亦无貪嫉意　斷諸法中惡
故佛扵十方　而獨无所畏　我以相嚴身　光明照世間
无量眾所尊　為說實相印　舍利弗當知　我本立誓願
欲令一切眾　如我等无異　如我昔所願　今者已滿足

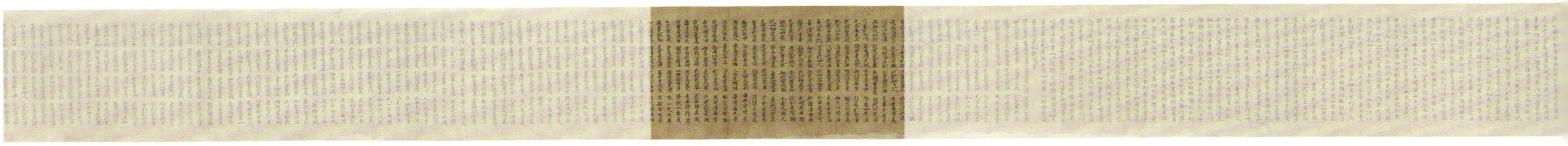

化一切眾生　皆令入佛道　若我遇眾生　盡教以佛道
无智者錯亂　迷惑不受教　我知此眾生　未曾脩善本
堅著於五欲　癡愛故生惱　以諸欲因緣　墜墮三惡道
輪迴六趣中　備受諸苦毒　受胎之微形　世世常增長
薄德少福人　眾苦所逼迫　入邪見稠林　若有若无等
依止此諸見　具足六十二　深著虛妄法　堅受不可捨
我慢自矜高　諂曲心不實　於千万億劫　不聞佛名字
亦不聞正法　如是人難度　是故舍利弗　我為設方便
說諸盡苦道　示之以涅槃　我雖說涅槃　是亦非真滅
諸法從本來　常自寂滅相　佛子行道已　來世得作佛
我有方便力　開示三乘法　一切諸世尊　皆說一乘道
今此諸大眾　皆應除疑惑　諸佛語无異　唯一无二乘
過去无數劫　无量滅度佛　百千万億眾　其數不可量
如是諸世尊　種種緣譬喻　无數方便力　演說諸法相

過去无數劫　无量滅度佛　百千万億種　其數不可量
如是諸世尊　種種緣譬喻　无數方便力　演說諸法相
是諸世尊等　皆說一乘法　化无量眾生　令入於佛道
又諸大聖主　知一切世間　天人羣生類　深心之所欲
更以異方便　助顯第一義　若有眾生類　值諸過去佛
若聞法布施　或持戒忍辱　精進禪智等　種種脩福德
如是諸人等　皆已成佛道　諸佛滅度已　若人善軟心
如是諸眾生　皆已成佛道　諸佛滅度已　供養舍利者
起万億種塔　金銀及頗梨　車𤦲與馬瑙　玫瑰瑠璃珠
清淨廣嚴飾　莊校於諸塔　或有起石廟　栴檀及沉水
木櫁并餘材　塼瓦泥土等　若於曠野中　積土成佛廟
乃至童子戲　聚沙為佛塔　如是諸人等　皆已成佛道
若人為佛故　建立諸形像　刻雕成眾相　皆已成佛道
或以七寶成　鍮石赤白銅　白鑞及鈆錫　鐵木及與泥

或以膠漆布　嚴飾作佛像　如是諸人等　皆已成佛道
綵畫作佛像　百福莊嚴相　自作若使人　皆已成佛道
乃至童子戲　若草木及筆　或以指爪甲　而畫作佛像
如是諸人等　漸漸積功德　具足大悲心　皆已成佛道
但化諸菩薩　度脫无量眾　若人於塔廟　寶像及畫像
以華香幡蓋　敬心而供養　若使人作樂　擊鼓吹角貝
簫笛琴箜篌　琵琶鐃銅鈸　如是眾妙音　盡持以供養
或以歡喜心　歌唄頌佛德　乃至一小音　皆已成佛道
若人散亂心　乃至以一華　供養於畫像　漸見无數佛
或有人禮拜　或復但合掌　乃至舉一手　或復小低頭
以此供養像　漸見无量佛　自成无上道　廣度无數眾
入无餘涅槃　如薪盡火滅　若人散亂心　入於塔廟中
一稱南无佛　皆已成佛道　於諸過去佛　在世或滅後

一稱南无佛 皆已成佛道 於諸過去佛 在世或滅後
若有聞是法 皆已成佛道 未來諸世尊 其數无有量
是諸如來等 亦方便說法 一切諸如來 以无量方便
度脫諸衆生 入佛无漏智 若有聞法者 无一不成佛
諸佛本誓願 我所行佛道 普欲令衆生 亦同得此道
未來世諸佛 雖說百千億 无數諸法門 其實爲一乘
諸佛兩足尊 知法常无性 佛種從緣起 是故說一乘
是法住法位 世間相常住 於道場知已 導師方便說
天人所供養 現在十方佛 其數如恒沙 出現於世間
安隱衆生故 亦說如是法 知第一寂滅 以方便力故
雖示種種道 其實爲佛乘 知衆生諸行 深心之所念
過去所習業 欲性精進力 及諸根利鈍 以種種因緣
譬喻亦言辭 隨應方便說 今我亦如是 安隱衆生故
以種種法門 宣示於佛道 我以智慧力 知衆生性欲

方便說諸法　皆令得歡喜　舍利弗當知　我以佛眼觀
見六道衆生　貧窮无福慧　入生死險道　相續苦不斷
深著扵五欲　如犛牛愛尾　以貪愛自蔽　盲瞑无所見
不求大勢佛　及與斷苦法　深入諸耶見　以苦欲捨苦
為是衆生故　而起大悲心　我始坐道場　觀樹亦經行
扵三七日中　思惟如是事　我所得智慧　微妙㝡第一
衆生諸根鈍　著樂癡所盲　如斯之等類　云何而可度
尒時諸梵王　及諸天帝釋　護世四天王　及大自在天
并餘諸天衆　眷屬百千万　恭敬合掌礼　請我轉法輪
我即自思惟　若但讚佛乘　衆生沒在苦　不能信是法
破法不信故　墜扵三惡道　我寧不說法　疾入扵涅槃
尋念過去佛　所行方便力　我今所得道　亦應說三乘
作是思惟時　十方佛皆現　梵音慰喻我　善哉釋迦文

作是思惟時　十方佛皆現　梵音慰喻我　善哉釋迦文
第一之導師　得是无上法　隨諸一切佛　而用方便力
我等亦皆得　最妙第一法　為諸衆生類　分別說三乘
少智樂小法　不自信作佛　是故以方便　分別說諸果
雖復說三乘　但為教菩薩　舍利弗當知　我聞聖師子
深淨微妙音　喜稱南无佛　復作如是念　我出濁惡世
如諸佛所說　我亦隨順行　思惟是事已　即趣波羅柰
諸法寂滅相　不可以言宣　以方便力故　為五比丘說
是名轉法輪　便有涅槃音　及以阿羅漢　法僧差別名
從久遠劫來　讚示涅槃法　生死苦永盡　我常如是說
舍利弗當知　我見佛子等　志求佛道者　无量千万億
咸以恭敬心　皆來至佛所　曾從諸佛聞　方便所說法
我即作是念　所以出於世　為說佛慧故　今正是其時
舍利弗當知　鈍根小智人　著相憍慢者　不能信是法

今我喜无畏　於諸菩薩中　正直捨方便　但說无上道
菩薩聞是法　疑網皆已除　千二百羅漢　悉亦當作佛
如三世諸佛　說法之儀式　我今亦如是　說无分別法
諸佛興出世　懸遠值遇難　正使出于世　說是法復難
无量无數劫　聞是法亦難　能聽是法者　斯人亦復難
譬如優曇華　一切皆愛樂　天人所希有　時時乃一出
聞法歡喜讚　乃至發一言　則為已供養　一切三世佛
是人甚希有　過於優曇華　汝等勿有疑　我為諸法王
普告諸大眾　但以一乘道　教化諸菩薩　无聲聞弟子
汝等舍利弗　聲聞及菩薩　當知是妙法　諸佛之秘要
以五濁惡世　但樂著諸欲　如是等眾生　終不求佛道
當來世惡人　聞佛說一乘　迷惑不信受　破法墮惡道
有慚愧清淨　志求佛道者　當為如是等　廣讚一乘道

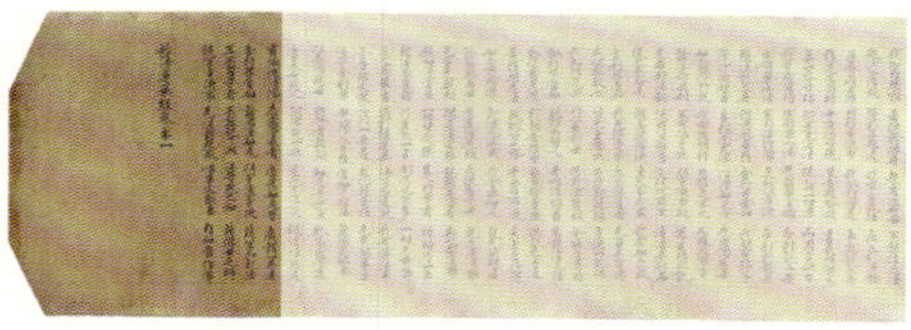

有慚愧清淨　志求佛道者　當爲如是等　廣讚一乘道
舍利弗當知　諸佛法如是　以万億方便　隨冝而説法
其不習學者　不能曉了此　汝等既已知　諸佛世之師
隨冝方便事　无復諸疑惑　心生大歡喜　自知當作佛

妙法蓮華經卷第一

BD01044　維摩詰所説經卷上

（後秦）鳩摩羅什　譯

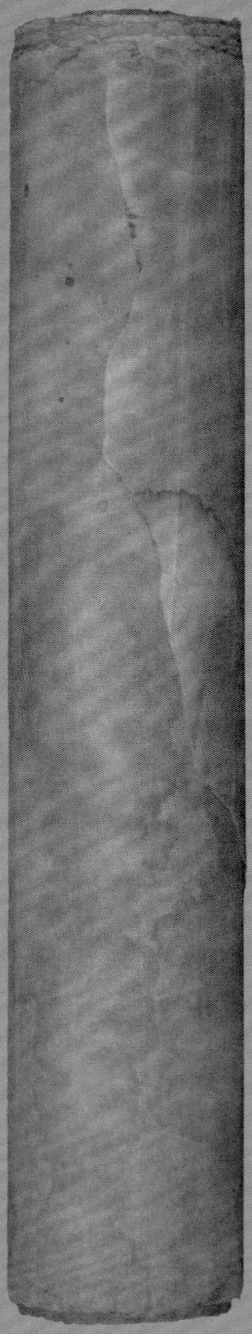

847cm × 25cm

令奉世尊此
天諸龍神所居宮　乾
悉見世間諸所有　十力哀
衆覩希有皆歎佛　今我稽首三界
大聖法王衆所歸　淨心觀佛靡不欣
各見世尊在其前　斯則神力不共法
佛以一音演說法　衆生隨類各得解
皆謂世尊同其語　斯則神力不共法
佛以一音演說法　衆生各各隨所解
普得受行獲其利　斯則神力不共法
佛以一音演說法　或有恐畏或歡喜
或生猒離或斷疑　斯則神力不共法
稽首十方大精進　稽首已得无所畏

稽首佛於不共法　稽首一切大導師
稽首能斷衆結縛　稽首已到於彼岸
稽首能度諸世間　稽首永離生死道
悉知衆生來去相　善於諸法得解脫
不著世間如蓮華　常善入於空寂行
達諸法相无罣㝵　稽首如空无所依
尒時長者子寶積說此偈已白佛言世尊是
五百長者子皆已發阿耨多羅三藐三菩提
心願聞得佛國土清淨唯願世尊說諸菩
薩淨土之行佛言善哉寶積乃能為諸菩薩
問於如來淨土之行諦聽諦聽善思念之當為
汝說於是寶積及五百長者子受教而聽佛
言寶積衆生之類是菩薩佛土所以者何菩
薩隨所化衆生而取佛土隨所調伏衆生而
取佛土隨諸衆生應以何國入佛智慧而取

薩隨所化衆生而取佛土隨所調伏衆生而
取佛土隨諸衆生應以何國入佛智慧而取
佛土隨諸衆生應以何國起菩薩根而取佛
土所以者何菩薩取於淨國皆爲饒益衆生
故譬如有人欲於空地造立宮室隨意无
㝵若於虛空終不成能菩薩如是爲成就衆
生故願取佛國願取佛國者非於空也寶積
當知直心是菩薩淨土菩薩成佛時不諂衆
生來生其國深心是菩薩淨土菩薩成佛時
具足功德衆生來生其國大乘心是菩薩淨
土菩薩成佛時大乘衆生來生其國布施是
菩薩淨土菩薩成佛時一切能捨衆生來生
其國持戒是菩薩淨土菩薩成佛時行十善
道滿願衆生來生其國忍辱是菩薩淨土菩

薩成佛時卅二相莊嚴衆生來生其國精進
是菩薩淨土菩薩成佛時懃脩一切功德衆
生来生其國禪定是菩薩淨土菩薩成佛時
攝心不乱衆生来生其國智慧是菩薩淨土
菩薩成佛時正定衆生來生其國四无量心
是菩薩淨土菩薩成佛時成就慈悲喜捨衆
生来生其國四攝法是菩薩淨土菩薩成佛
時解脱所攝衆生来生其國方便是菩薩淨
土菩薩成佛時於一切法方便无㝵衆生来
生其國卅七道品是菩薩淨土菩薩成佛時
念處正懃神足根力覺道衆生来生其國迴
向心是菩薩淨土菩薩成佛時得一切具足
功德國土說除八難是菩薩淨土菩薩成佛
時國土无有三悪八難自守戒行不譏彼闕

BD01044　維摩詰所説經卷上

時國土无有三惡八難自守戒行不譏
是菩薩淨土菩薩成佛時國土无有犯禁之
名十善道是菩薩淨土菩薩成佛時命不中
夭大富梵行所言誠諦常以濡語眷屬不離
善和諍訟言必饒益不嫉不恚正見衆生来
生其國如是寶積菩薩隨其直心則能發行
隨其發行則得深心隨其深心則意調伏隨
意調伏則如說行隨如說行能迴向隨其迴
向則有方便隨其方便則成就衆生隨成就
衆生則佛土淨隨佛土淨則說法淨隨說法
淨則智慧淨隨智慧淨則其心淨隨其心淨
則一切功德淨是故寶積若菩薩欲得淨土
當淨其心隨其心淨則佛土淨
尒時舍利弗承佛威神作是念若菩薩心淨
則佛土淨者我世尊本為菩薩時意豈不淨

而是佛土不淨若此佛知其念即告之言於
意云何日月豈不淨耶而盲者不見對曰不
也世尊是盲者過非日月咎舍利弗衆生罪
故不見如来佛國嚴淨非如来咎舍利弗我
此淨土而汝不見尒時螺髻梵王語舍利弗
勿作是意謂此佛土以為不淨所以者何我
見釋迦牟尼佛土清淨譬如自在天宮舍利
弗言我見此土丘陵坑坎荊棘沙礫土石諸
山穢惡充滿螺髻梵言仁者心有高下不依
佛慧故見此土為不淨耳舍利弗菩薩於一
切衆生悉皆平等深心清淨依佛智慧則能
見此佛土清淨於是佛以足指案地即時三
千大千世界若干百千珎寶嚴餝譬如寶莊
嚴佛无量功德寶莊嚴土一切大衆歎未曾

嚴佛无量功德寶莊嚴土一切大衆歎未曾
有而皆自見坐寶蓮華佛告舍利弗汝且觀
是佛土嚴淨舍利弗言唯然世尊本所不見
本所不聞今佛國土嚴淨悉現佛語舍利弗
我佛國土常淨若此爲欲度斯下劣人故示
是衆惡不淨土耳譬如諸天共寶器食隨其
福德飯色有異如是舍利弗若人心淨便見
此功德莊嚴當佛現此國土嚴淨之時寶積
所將五百長者子皆得无生法忍八万四千
人發阿耨多羅三藐三菩提心佛攝神足於
是世界還復如故求聲聞乘三万二千天及
人知有爲法皆悉无常遠塵離垢得法眼
淨八千比丘不受諸法漏盡意解

方便品第二

尒時毗耶離大城中有長者名維摩詰已曾

供養无量諸佛深殖善本得无生忍辯才无
导遊戲神通逮諸揔持獲无所畏降魔勞
怨入深法門善於智度通達方便大願成就
了衆生心之所趣又能分別諸根利鈍久於
佛道心以淳淑決定大乘諸有所作能善思
量住佛威儀心大如海諸佛咨嗟弟子釋
梵世主所敬
欲度人故以善方便居毗耶離資財无量攝
諸貧民奉戒清淨攝諸毀禁以忍調行攝
諸恚怒以大精進攝諸懈怠一心禪寂攝諸亂
意以決定慧攝諸无智雖為白衣奉持沙門
清淨律行雖處居家不著三界示有妻子
常脩梵行現有眷屬常樂遠離雖服寶飾
以相好嚴身雖服飲食而以禪悅為味若至博

以相好嚴身雖服飲食而以禪悅爲味若至愽
弈戲處輒以度人受諸異道不毀正信雖明
世典常樂佛法一切見敬爲供養中最執持
正法攝諸長幼一切治生諧偶雖獲俗利不
以喜悅遊諸四衢饒益衆生入治正法救護
一切入講論處導以大乘入諸學堂誘開童
矇入諸婬舍示欲之過入諸酒肆能立其志
若在長者長者中尊爲說勝法若在居士
居士中尊斷其貪着若在刹利刹利中尊教
以忍辱若在婆羅門婆羅門中尊除其我慢若
在大臣大臣中尊教以正法若在王子王子中
尊示以忠孝若在內宮內宮中尊化正宮女
若在庶民庶民中尊令興福力若在梵天
梵天中尊誨以勝慧若在帝釋帝釋中尊

示現无常若在護世護世中尊護諸衆生
維摩詰以如是等无量方便饒益衆生其以
方便現身有疾以其疾故國王大臣長者居
士婆羅門等及諸王子并餘官屬无數千人
皆往問疾其往者維摩詰因以身疾廣為說
法諸仁者是身无常无強无力无堅速朽之
法不可信也為苦為惱衆病所集諸仁者如
此身明智者所不怙是身如聚沫不可撮磨
是身如泡不得久立是身如炎從渴愛生是
身如芭蕉中无有堅是身如幻從顛倒起是
身如夢為虛妄見是身如影從業緣現是
身如響屬諸因緣是身如浮雲須臾變滅
是身如電念念不住是身无主為如地是身无
我為如火是身无壽為如風是身无人為如水
是身不實四大為家是身為空離我我所是

我為如火是身无壽為如風是身无人為如水
是身不實四大為家是身為空離我我所是
身无知如草木瓦礫是身无作風力所轉是
身不淨穢惡充滿是身為虛僞雖假以澡浴
衣食必歸磨滅是身為灾百一病惱是身如
丘井為老所逼是身无定為要當死是身如
毒虵如怨賊如空聚陰界諸入所共合成諸
仁者此可患猒當樂佛身所以者何佛身者
即法身也從无量功德智慧生從戒定慧解
脫解脫知見生從慈悲喜捨生從布施持戒
忍辱柔和懃行精進禪定解脫三昧多聞智
慧諸波羅蜜生從方便生從六通生從三明生
從三十七道品生從正觀生從十力四无所
畏十八不共法生從斷一切不善法集一

切善法生從真實生從不放逸生從如是无
量清淨法生如来身諸仁者欲得佛身斷一
切衆生病者當發阿耨多羅三藐三菩提心
如是長者維摩詰為諸問病者如應說法
令无數千人皆發阿耨多羅三藐三菩提心

弟子品第三

尒時長者維摩詰自念寢疾于床世尊大
慈寧不垂愍佛知其意即告舍利弗汝行詣維
摩詰問疾舍利弗白佛言世尊我不堪任
詣彼問疾所以者何憶念我昔曾於林中宴坐
樹下時維摩詰来謂我言唯舍利弗不必是
坐為宴坐也夫宴坐者不於三界現身意是
為宴坐不起滅定而現諸威儀是為宴坐不
捨道法而現凡夫事是為宴坐心不住内亦
不在外是為宴坐於諸見不動而脩行卅

捨道法而現凡夫事是為宴坐心不住內亦
不在外是為宴坐於諸見而不動而脩行卅
七品是為宴坐不斷煩惱而入涅槃是為宴
坐若能如是坐者佛所印可時我世尊聞是
語嘿然而心不能加報故我不任詣彼問疾
佛告大目揵連汝行詣維摩詰問疾目連白
佛言世尊我不堪任詣彼問疾所以者何憶
念我昔入毗耶離大城於里巷中為諸居士
說法時維摩詰來謂我言唯大目連為白衣
居士說法不當如仁者所說夫說法者當如
法說法无衆生離衆生垢故法无有我離我
垢故法无壽命離生死故法无有人前後際
斷故法常寂然滅諸相故法離於相无所緣
故法无名字言語斷故法无有說離覺觀故

本書係「敦煌文獻系統性保護整理出版工程」項目成果

二〇二一—二〇三五年國家古籍工作規劃重點出版項目

「十四五」國家重點出版物出版規劃項目

國家古籍整理出版專項經費資助項目

中國國家圖書館藏敦煌文獻

中國國家圖書館　編

第七一册

BD01049～BD01062

國家圖書館出版社

DUNHUANG MANUSCRIPTS IN THE NATIONAL LIBRARY OF CHINA

071

BD01049 ~ BD01062

compiled by the

National Library of China

National Library of China Publishing House

顧問

方廣鋁　郝春文　榮新江　李際寧

編纂出版

張志清　魏崇　陳紅彦　殷夢霞　薩仁高娃

謝冬榮　劉波　林世田　廖生訓

編纂

林世田　薩仁高娃　常藎心　于瑞　劉毅超

烏心怡　劉波　劉炳梅　周升川　劉婷

程佳羽　沈艷麗　高雅

編輯

潘竹　程魯潔　黄鑫　苗文菓

審稿

孫彦　耿素麗　宋志英　鄧咏秋

凡例

一　本書刊布中國國家圖書館藏敦煌文獻，以館藏編號爲序編排。

二　館藏編號采用「BD+ 流水號」格式，如 BD00001, BD16579 等。背面在編號後加 v 表示。一個編號包含多件文獻者，編號後分别綴以字母 A, B, C 等。一件文獻含有多個内容者，以數字 -1, -2, -3 等標明順序。

三　圖版有縮印或放大處另加説明，尺寸超出本書幅面的以摺葉形式呈現。

四　卷軸裝、梵夾裝、經摺裝等裝幀形制的敦煌文獻，各附外觀圖像。

五　每件文獻依次呈現外觀、正面、背面等。背面僅刊布有文字、圖像或其他要素的圖版，而略去素紙部分，背面圖版同樣以從右到左順序編排。凡有外題者，遵從以上原則。

六　除個别特殊情况外，爲保證閲讀連貫、流暢，圖版儘量通欄呈現。

七　各葉上方附該件文獻全圖，以高亮形式顯示本葉大圖在全卷中的位置。部分長卷文獻全圖衹能分多段呈現時，在上段末以❮符標示下段接續。卷尾内容不足一葉時，文獻全圖使用該圖卷尾部分，亦以❮符標示。背面圖版文字與正面文字方向相反時，文獻全圖按原貌顯示，正文翻轉呈現，以便閲讀研究，用↻符標示。

八　文獻題名大體沿用中國國家圖書館此前所編多部敦煌文獻目録的考證，部分吸收學界最新研究成果略作調整和完善。文獻題名綜合參考原卷首題、尾題、外題確定，如原卷題名與該文獻正式名稱不同，則采用正式名稱；無題名者，或比定題名，或擬定新名。非漢文文獻在題名前標注語種。有分卷不同等其他情况者，括注於文獻名稱後。

九　本書著録使用通行繁體字，涉及原文中的人名、地名等，必要時保留原字形。

About this publication

1. The documents are presented in shelfmark order.
2. The shelfmarks are in the form BD plus a running number, eg. BD00001, BD16579, &c. If a given shelfmark contains multiple documents, these are distinguished by the letters A, B, C, &c. If a document has multiple contents, they are distinguished by the numbering 1, 2, 3, &c. The verso side of an item is indicated by the letter v.
3. If it has been necessary to reduce or enlarge the size of an illustration, the dimensions are indicated. If the size of an illustration exceeds the size of the book, a folding sheet is used.
4. If the document is a scroll, a folded sutra, or has a stitched binding, a picture of the whole object is provided to show its external appearance.
5. The cover, front, and back of each document are reproduced in sequence. The back of a document is only reproduced if it contains text, illustrations, or other markings, and it is oriented from right to left. If it is blank it is not reproduced.
6. Except in a few special cases, the lines of text are reproduced unbroken to make them coherent and easier to read.
7. An illustration of the complete document is reproduced at the top of each page, and the section where the main illustration appears is highlighted in order to indicate its position. If it has only been possible to reproduce a long scroll in sections, the direction symbol ❮ has been used to indicate where one illustration ends and the next one begins. If the end of the scroll occupies less than one page, the direction symbol ❮ is used to indicate its position in the illustration of the complete document. If the text on the back of the document has a different orientation from the text on the front, it is reproduced as it is, but is also rotated (indicated with the rotation symbol ◉) so that it can be read easily.
8. The titles of the documents generally conform with those already established by the Library, but in some cases have been amended by drawing on the most recent scholarly research. The titles are derived firstly from the beginning of the text, then from the end of the text, and lastly from the cover. If the title of a document differs from its authoritative form, the authoritative form is used; and if a document has no title, one is either supplied by comparison with similar documents, or a new one is devised. If the document is not in Chinese, its language is indicated before the title. If the number of juan is different from that of the authoritative version, or if there are other irregularities, this is noted.
9. The documents in the book are in traditional Chinese characters. Where the title contains personal or place names, the original characters used for these names are retained.

(Translated by David Helliwell)

第七一册目録

BD01049 大般涅槃經卷三九

（北凉）曇無讖 譯

661.6cm × 27cm

善法爲受
二種一作身我二常
法不入地獄循諸善法
佛言善男子如汝所説我
者若作身中當知无常若作身
瞿曇我所立我亦在作中亦是常法瞿
人失火燒舍宅時其主出去不可説言舍宅
被燒主亦被燒我法亦尒時而此作身雖是无
常當无常時我則出去是故我我亦遍亦常佛
言善男子如汝説我亦遍亦常是義不然
何以故遍有二種一者常二者无常復有二
色二无色是故若言一切有者亦常亦
无常亦色亦无色若言舍主得出不名无常

是義不然何以故舍不名主主不名舍異燒
異出故得如是我則不介何以故我即是色
色即是我无色即我我即无色云何而言色
无常時我則得出善男子汝意若謂一切衆
生同一我者如是則違世出世法何以故世
間法名父母子女若我是一父即是子子即
是父母即是女女即是母惡即是親親即是
惡此即是彼彼即是此是故若說一切衆生
同一我者是即違背世出世法先足言我亦
不說一切衆生同於一我乃說一人各有一
佛言善男子若言一人各有一我是爲多
我是義不然何以故如汝先說我遍一切若
遍一切一切衆生業根應同天得見時佛
得亦見天得作時佛得亦作天得聞時佛得
亦聞一切者法皆亦如是若天得見非佛得見

淂已見天淂作時佛淂已作天淂聞時佛淂
已聞一切諸法皆已如是若天淂見非佛淂見
者不應說我遍一切處若不遍者是則无常
先尼言瞿曇一切衆生我遍一切法与非法
不遍一切以是義故佛淂作果天淂作異是
故瞿曇不應說言佛淂見時天淂應見佛淂
聞時天淂應聞佛言善男子法与非法非業
作耶先尼言瞿曇是業所作佛言善男子若法
法是業作者即是同法云何言異何以
故佛淂業處有天淂我天淂業處有佛淂我
是故佛淂作時天淂已作法与非法已應如
是善男子是故一切衆生法与非法若如是
者所淂果報已應不異善男子從子出果是
子終不思惟分別我唯當作婆羅門果不与
刹利毗舍阤首而作果也何以故從子出果

終不歎尋如是四性法与非法亦復如是不
能分別我瞿曇与佛得作果不与天得作果
作天得果不作佛得果何以故業平等故先
尼言瞿曇譬如一室有百千燈炷雖有異
明則无差燈炷別異喻法非法其明无差喻
衆生我佛言善男子汝說燈明以喻我者是
義不然何以故室異燈異是燈光明亦在炷
邊亦遍室中汝所言我若如是者法非法邊
俱應有我我中亦應有法非法若法非法无
有我者不得說言遍一切處若俱有者何得
復以炷明為喻善男子汝意若謂炷之与
明真實別異何因緣故炷增明盛炷枯明滅
是故不應以法非法喻於燈炷光明无差喻
於我也何以故法非法我三事即一先尼言

於我也何以故法非法我三事即一先尼言
瞿曇汝引燈喻是事不吉何以故燈喻若吉
我已先引如其不吉何故復說善男子我所
引喻都亦不作吉以不吉隨汝意說是喻亦
說離炷有明即炷有明汝心不等故說燈炷
喻法非法明則喻我是故情汝炷即是明離
炷有明法即有我我即有法非法即我我即
非法汝今何故但受一邊不受一邊如是喻
者於汝不吉是故我今還以教汝善男子如
是喻者即是非喻是非喻故於我則吉於汝
不吉善男子汝意若謂若我不吉汝亦不吉
是義不然何以故見世間人自刀自害自作他
用汝所引喻亦復如是於我則吉於汝不吉
先尼言瞿曇汝先情我心不平等今汝所說

亦不平等何以故瞿曇今者以吉向已不吉
向我以是唯之真是不平佛言善男子如我
不平能破汝不平是故汝平我之不平即是
吉也我之不平破汝不平令汝得平即是我
平何以故同諸聖人得平等故先尼言瞿曇
我常是平汝云何言壞我不平一切衆生平
等有我云何言我是不平耶善男子汝亦說
言當受地獄當受餓鬼當受畜生當受人天
我若先遍五道中者云何方言當受諸趣汝
亦說言父母和合然後生子若子先有云何
復言和合已有是故一人有五趣身若是五
處先有有身者何因緣故爲身造業是故不
平善男子汝意若謂我是作者是義不然何以
故若我作者何因緣故自作苦事然今衆生

故若我作者何因緣故自作苦事然今眾生
實有受苦是故當知我非作者若言是苦非
我所作不從因生一切諸法亦當如是不從
因生何因緣故說我作耶善男子眾生苦樂
實從因緣如是苦樂能作憂喜憂時无喜喜
時无憂或喜或憂智人云何說是常耶善男
子汝說我常若是常者云何說有十時別異
常法不應有歌羅邏乃至老時虛空常法尚
无一時況有十時善男子我者非是歌羅邏
時乃至老時云何說有十時別異
善男子若我作者是我亦有盛時衰時眾生
亦有盛時衰時若我尒者云何是常善男子
若我作者云何一人有利有鈍善男子我若
作者是我能作身業口業口業若是我所作